国家安全学

学科建设工程系列丛书

政治安全概论

高祖贵·主 编

时 事 出 版 社

北 京

国家安全学学科建设工程系列丛书

《政治安全概论》

主　编

高祖贵

出版说明

国家安全是安邦定国的重要基石，是实现“两个一百年”奋斗目标和中华民族伟大复兴中国梦的重要保障。

进入新时代，我国国家安全内涵和外延比历史上任何时候都要丰富，时空领域比历史上任何时候都要宽广，内外因素比历史上任何时候都要复杂。内部安全和外部安全相互叠加，传统安全和非传统安全相互交织，“黑天鹅”“灰犀牛”事件时有发生，维护国家安全的任务更加艰巨。正是在对时代发展大势的科学准确把握中，在对中国特色国家安全道路的不懈探索中，总体国家安全观应运而生，为从党和国家工作全局上认识国家安全、定位国家安全、把握国家安全提供了强大思想武器。

总体国家安全观是系统完整、逻辑严密、相互贯通的科学理论体系，其顺应时代之变、满足理论之需、切合实践之要，科学回答了维护和塑造国家安全所面临的一系列重大问题，是马克思主义国家安全理论中国化的最新成果，是中国共产党和中国人民捍卫国家主权、安全、发展利益百年奋斗实践经验和集体智慧的结晶。总体国家安全观是习近平新时代中国特色社会主义思想的“国家安全篇”，是我们党深刻总结中外历史经验教训，在新时代创立并不断推动完善的中国特色国家安全理论，是新时代国家安全工作的根本遵循和行动指南。

在此背景下，2020 年 12 月国务院学位委员会决定设立交叉学科门类并下设国家安全学一级学科。国家安全学作为服务总体国家安全观的综合性、交叉性核心支撑学科，以统筹国家安全与发展的根本性、全局性重大风险安全问题及应对为研究对象，致力于培养具有宏观、全局和全球战略思维以及具备观大势、察风险、谋远略、控全局能力的国家安全复合型专门人才。国家安全学下设四个二级学科：国家安全思想与理论、国家安全战略、国家安全治理和国家安全技术。

为加强做好推动国家安全学学科建设，国家安全学学科评议组根据国务院学位办相关要求，认真学习贯彻总体国家安全观，为创建具有鲜明中国特色的国家安全学，切实加强和支撑国家安全学学科体系及教材建设，提高人才培养特色、质量和水平的力度，组织首批国家安全学博士和硕士学位授权点单位资深专家学者，集中精力，勠力同心，共同撰写国家安全学学科建设工程系列丛书。

该丛书的编写坚持以总体国家安全观为统领，以“四个二级学科”和国家安全“二十个重大领域”分别为研究撰写对象，从构建学科知识图谱入手，明确学科核心知识点及其演化与逻辑，兼具古今中外时空维度，学理性与实用性并重，理论阐释与实证分析并举，是国家安全学学科体系建设的一项基础性关键性工作，有助于构建好跨门类交叉的国家安全学知识体系和课程体系，探索闯出中国特色国家安全学学科建设新路径，为推进国家安全体系和能力现代化提供学理支撑及人才支持。

本套系列丛书可用于教材及科研、实务工作学习参考。

由于水平有限，书中难免有不当之处，欢迎读者批评指正。

国家安全学学科评议组

目　录

绪　论

2014 年 4 月 15 日，习近平总书记主持召开中央国家安全委员会第一次会议，首次提出总体国家安全观，强调以政治安全为根本。2020 年 12 月，习近平总书记在中央政治局第二十六次集体学习时再次提出，坚持把政治安全放在首要位置，维护政权安全和制度安全，更加积极主动做好各方面工作。离开了政治安全，国家安全就无从谈起。面对中华民族伟大复兴战略全局和世界百年未有之大变局，政治安全的重要性达到了新的历史高度。政治安全能够提供稳定的国内环境和坚强的制度保障，为以中国式现代化推进中华民族伟大复兴、实现第二个百年奋斗目标保驾护航。只有坚定不移地维护政治安全，才能巩固党的执政地位，实现国家长治久安和人民安居乐业。维护政治安全的重大现实促使我们加强学理化阐释，做好相关研究。

第一节　政治安全的研究对象

对世界上任何一个国家而言，政治安全都是最根本和最基础的需求。我国政治安全涉及国家主权、政权、制度和意识形态的稳固，核心是政权安全、制度安全、意识形态安全，最根本的就是维护中国共产党的领导和执政地位、维护中国特色社会主义制度、巩固马克思主义在意识形态领域的指导地位。如果政治安全得不到保障，国家必然会陷入四分五裂、一盘散沙的局面，中华民族伟大复兴就无从谈起。[①] 因此，我国政治安全研究

① 中共中央宣传部、中央国家安全委员会办公室：《总体国家安全观学习纲要》，学习出版社、人民出版社 2022 年版，第 58 页。

的对象主要包括三个方面：

一是政权安全。列宁认为，“一切革命的根本问题是国家政权问题”。[①]放眼世界，各国政府的首要任务都是确保执政期间政权的稳定性和独立性，防止他国干涉内政和颠覆政权。维护政权安全是头等大事。没有政权安全，国家所有活动都将难以开展，由此也会陷入持续的动荡，国家独立富强也就无从谈起。冷战结束后，美国在世界各地肆无忌惮策动“颜色革命”，大搞“街头政治”，扶持亲美政权，最突出的案例包括2003年格鲁吉亚的“玫瑰革命”、2004年乌克兰的“橙色革命”以及2005年吉尔吉斯斯坦的“郁金香革命”等。据统计，数十年来，美国中央情报局至少推翻或试图推翻超过50个其他国家的合法政府。1946—2000年，美国曾81次试图对45个国家的选举施加影响，借以实现政权更替。[②] 与政权密切相关的是政党。《中华人民共和国宪法》明确规定，“中国共产党领导是中国特色社会主义最本质的特征”。[③] 自新中国成立尤其是冷战结束以来，美西方就急于改变中国共产党在中国的执政地位，始终没有停止西化中国的脚步。在中国共产党的领导下，中国不断挫败国外势力的干涉，始终保持政权稳定。党的领导始终是中国特色社会主义各项事业的主心骨。政权安全面临的风险挑战以及如何维护政权安全等构成政权安全研究的主要内容。

二是制度安全。制度优势是一个国家的最大优势，制度竞争是国家间最根本的竞争，制度稳则国家稳。制度反映了一个国家的性质、政体形式、国家机构的组织方式和活动原则等，其产生反映了各国的历史和现实发展进程。当今世界存在多种政治制度，既有中国所代表的社会主义制度，也有美欧等所代表的资本主义制度，以及其他各国依据自身环境和特征建立的独特制度。习近平总书记指出：“一个国家走的道路行不行，关键要看是否符合本国国情，是否顺应时代发展潮流，能否带来经济发展、社会进步、民生改善、社会稳定，能否得到人民支持和拥护，能否为人类

---

① 中共中央马克思恩格斯列宁斯大林著作编译局编译：《列宁选集》第3卷，人民出版社1995年版，第19页。

② 田文林：《美国为何热衷策动“颜色革命”》，《人民论坛》2023年第9期，第92页。

③ 《中华人民共和国宪法》，中国政府网，2018年3月22日，https：//www.gov.cn/guoqing/2018－03/22/content_5276318.htm。

进步事业作出贡献。”[①] 然而，美国以建设所谓“民主制度”和“人权”为由，不遗余力向其他国家和地区推销本国制度体系，企图改造其他国家和地区的政治制度以适应美国的战略需求。中国特色社会主义制度是党和人民在长期实践探索中形成的科学制度体系，是我国国家治理一切工作和活动的依据，包括人民代表大会制度的根本政治制度，以及中国共产党领导的多党合作和政治协商制度、民族区域自治制度以及基层群众自治制度等基本政治制度。这些制度及其执行能力集中体现我国国家治理体系和治理能力，是我国必须长期坚持的。这些制度面临的风险挑战以及如何应对这些风险挑战，同样是制度安全研究的重点所在。

三是意识形态安全。习近平总书记强调，意识形态工作是党的一项极端重要的工作。我们必须把意识形态工作的领导权、管理权、话语权牢牢掌握在手中，任何时候都不能旁落，否则就要犯无可挽回的历史性错误。[②] 意识形态关乎旗帜、关乎道路、关乎国家政治安全。历史和现实反复证明，搞乱一个社会、颠覆一个政权，往往先从意识形态领域打开缺口，先从搞乱人们思想入手。思想防线被攻破了，其他防线就很难守住。在意识形态领域斗争中，我们没有任何妥协、退让的余地，必须取得全胜。[③] 尽管一国可能同时存在多种意识形态，但主流意识形态只有一种，意识形态安全就是要保证一国主流意识形态不受侵害。冷战以来，资本主义和社会主义两种意识形态的较量长期存在，甚至出现了美苏按照意识形态划分阵营的两极世界。冷战结束后，美国仍然长期鼓吹意识形态对立，对世界各国进行资本主义意识形态输出，使这些国家在思想上成为美国的“附庸”。中国的主流意识形态是马克思主义，以及马克思主义中国化的最新成果。马克思主义及其中国化时代化的最新成果所面临的风险挑战以及如何应对这些风险挑战，构成意识形态安全研究的主要内容。

---

① 《习近平著作选读》第二卷，人民出版社 2023 年版，第 543 页。

② 中共中央文献研究室编：《习近平关于社会主义文化建设论述摘编》，中央文献出版社 2017 年版，第 21 页。

③ 中共中央宣传部、中央国家安全委员会办公室：《总体国家安全观学习纲要》，学习出版社、人民出版社 2022 年版，第 61 页。

第二节　政治安全研究的历程

在中国共产党人的百年奋斗历程中，政治安全的内涵和外延不断丰富发展，政治安全研究随之不断演进。早在 1945 年党的七大上，毛泽东就已经认识到维护政治安全的必要性，特别是多次提到 1944 年发生的英军在希腊反动政府邀请下进攻希腊共产党、干涉希腊内政的“斯科比事件”，认为国民党与外国势力联手扼杀中国共产党，“他们并且希望某些同盟国的将领们在中国境内执行英国斯科比将军在希腊所执行的职务。他们对于斯科比和希腊反动政府的屠杀事业，表示欢呼”。① 因此，毛泽东在党的七大的结论中明确指出，“出了斯科比，中国变成希腊”，明确了外部势力对共产党政权构成的现实威胁。

新中国成立后，以毛泽东为首的中国共产党人高度关注政治安全特别是新生政权的安全，大力防止帝国主义及国内反动派相互勾结颠覆政权。1949 年 6 月，毛泽东在新政治协商会议筹备会议上提出：“帝国主义者及其走狗中国反动派对于他们在中国这块土地上的失败，是不会甘心的。他们还会要相互勾结在一起，用各种可能的方法，反对中国人民……中国必须独立，中国必须解放，中国的事情必须由中国人民自己作主张，自己来处理，不容许任何帝国主义国家再有一丝一毫的干涉。”② 1957 年，毛泽东在《关于正确处理人民内部矛盾的问题》中提出：“专政的第一个作用，就是压迫国家内部的反动阶级、反动派和反抗社会主义革命的剥削者，压迫那些对于社会主义建设的破坏者，就是为了解决国内敌我之间的矛盾……专政还有第二个作用，就是防御国家外部敌人的颠覆活动和可能的侵略。在这种情况出现的时候，专政就担负着对外解决敌我之间的矛盾的任务。”③

20 世纪 80 年代末 90 年代初，政治安全的内涵进一步丰富，制度安全的重要性日益凸显并逐渐发展为政治安全的重要支柱。东欧剧变、苏联解

---

① 《毛泽东选集》第 3 卷，人民出版社 1991 年版，第 1051 页。
② 《毛泽东选集》第 4 卷，人民出版社 1991 年版，第 1465 页。
③ 《毛泽东文集》第 7 卷，人民出版社 1999 年版，第 207 页。

体，近半个世纪美苏对抗的两极格局分崩瓦解，社会主义在世界范围内遭受严重挫折，西方国家渲染的“历史终结论”等甚嚣尘上。在此背景下，以美国为首的西方国家对中国实施制裁，妄图以压促变。因此，中国政治安全再一次面临严峻的外部考验，在这个历史时期，是否继续坚持社会主义道路成为中国需要做出的关键抉择。1987 年，邓小平一针见血地指出全盘“西化”对于中国社会主义道路的危险，“打着拥护开放、改革的旗帜，想把中国引导到搞资本主义。这种右的倾向不是真正拥护改革、开放政策，是要改变我们社会的性质”。① 1989 年，邓小平再次强调：“是否坚持社会主义道路和党的领导是个要害。整个帝国主义西方世界企图使社会主义各国都放弃社会主义道路，最终纳入国际垄断资本的统治，纳入资本主义的轨道。现在我们要顶住这股逆流，旗帜要鲜明。因为如果我们不坚持社会主义，最终发展起来也不过成为一个附庸国，而且就连想要发展起来也不容易。”②

进入 21 世纪，面对西方国家对社会主义的攻击，党和国家领导集体进一步对政治安全的内涵进行阐述，特别是加强了对意识形态安全的关注。江泽民表示：“在当代中国，爱国主义与社会主义是统一的。中国人历来讲民族气节，中国人民从来没有、今后也决不会屈从于任何外来压力，决不会放弃社会主义道路和民族独立来换取别人的施舍。”③ “如果放弃马克思主义的指导地位，在指导思想上搞多元化，势必导致人心大乱、天下大乱，给党和国家带来灾难。这是绝不允许的。任何一个社会的思想领域，总是由那个社会的统治阶级的思想占统治地位的。任何一个国家的统治阶级，为了巩固其政治统治，都要竭力维护和发展其占统治地位的意识形态。”④ 胡锦涛也强调，面对意识形态领域的复杂形势，如果我们不敏感、不研究，不能采取切实可行的应对措施，不能有效引导社会思潮和社会舆论，就会削弱党执政的思想基础，甚至会危及党的执政地位。⑤ 社会主义和资本主义在意识形态领域中的较量和斗争依然是长期的、复杂的，有时甚至是非常尖锐的，在西方国家加紧向全世界传播他们的价值理念的情况

---

① 《邓小平文选》第 3 卷，人民出版社 1993 年版，第 229 页。
② 《邓小平文选》第 3 卷，人民出版社 1993 年版，第 311 页。
③ 《江泽民文选》第 1 卷，人民出版社 2006 年版，第 68 页。
④ 《江泽民文选》第 3 卷，人民出版社 2006 年版，第 86 页。
⑤ 《胡锦涛文选》第 2 卷，人民出版社 2016 年版，第 527 页。

下，作为世界上最大的社会主义国家，我国将长期面对西方敌对势力的西化与分化的政治图谋。[①]

新时代以来，党的十八大报告提出，道路关乎党的命脉，关乎国家前途、民族命运、人民幸福。中国特色社会主义是当代中国发展进步的根本方向，只有中国特色社会主义才能发展中国。国际环境的变化则对我国的政治安全构成越来越严峻的挑战。美国对华遏制打压不断升级，通过各种手段企图颠覆中国共产党的领导和中国特色社会主义制度，中国政治安全面临的外部压力持续上升。美国在各类战略报告中大肆抹黑中国共产党，企图分化党和人民的关系，发起网络意识形态渗透，通过社会热点事件和舆论制造骚乱，散布错误言论，对华发动认知战和舆论战。美国还支持"藏独""疆独"等民族分裂势力，资助并鼓动其反对党的领导。面对这样的国际环境和国内复杂局面，习近平总书记高度重视政治安全，明确了政治安全的内涵主要包括政权安全、制度安全、意识形态安全，并且以各类文件的形式将政治安全的概念固定下来，成为系统化理论化的思想。《中共中央关于党的百年奋斗重大成就和历史经验的决议》提出，必须发扬不信邪、不怕鬼的精神，同企图颠覆中国共产党领导和我国社会主义制度、企图迟滞甚至阻断中华民族伟大复兴进程的一切势力斗争到底，坚定维护国家政权安全、制度安全、意识形态安全。[②] 2021 年 11 月，中共中央政治局会议审议《国家安全战略（2021—2025 年）》提出，必须坚持把政治安全放在首要位置，要坚定维护国家政权安全、制度安全、意识形态安全，严密防范和坚决打击各种渗透颠覆破坏活动。[③] 此外，习近平总书记还把党的建设作为政治安全的重要内容，提出全面从严治党首先要从政治上看，政治问题要从政治上来解决。随着互联网技术的兴起，网络意识形态成为意识形态领域的新内容，互联网也是意识形态斗争的最前沿与主阵地。在此背景下，习近平总书记高度重视网络意识形态安全，强调没有网

---

① 胡锦涛：《用"三个代表"重要思想武装头脑指导实践推动工作》，《求是》2004 年第 1 期，第 6 页。

② 《中共中央关于党的百年奋斗重大成就和历史经验的决议（全文）》，中国政府网，2021 年 11 月 16 日，https：//www. gov. cn/zhengce/2021 - 11/16/content_5651269. htm。

③ 《中共中央政治局会议审议〈国家安全战略（2021—2025 年）〉〈军队功勋荣誉表彰条例〉和〈国家科技咨询委员会 2021 年咨询报告〉习近平主持》，中国政府网，2021 年 11 月 18 日，https：//www. gov. cn/xinwen/2021 - 11/18/content_5651753. htm。

络安全就没有国家安全，过不了互联网这一关，就过不了长期执政这一关。这些内容都极大丰富了政治安全的内涵和外延，使其在理论和实践中臻于完善。

政治安全内涵和外延的这个演化进程就决定了我国政治安全研究的基本发展历程。

第三节　政治安全研究的学科特点

国家安全学是一门新兴学科，作为这一学科的重要组成部分，政治安全研究的特点尤其值得关注。目前有不少国家都将国家安全学作为学科，但基本都没有将政治安全研究作为学科或专业单列。这一事实表明，政治安全研究的特点具有鲜明的中国特色，是中国对国家安全理论体系和学科发展的独特贡献。

政治安全研究具有复合性的特点。从主体上看，政治安全研究超越了此前仅依靠国家和政府的状态，表现出多元主体的特征，既包括政府、政党、职能部门，也包括社会组织乃至个人，并且各主体之间存在共同的目标导向和情感纽带。此前，高度敏感性导致政治安全研究和维护政治安全的工作主要集中在国家和政府层面，主体较为单一。随着意识形态安全重要性的提升，政治安全研究逐渐从秘密化走向大众化，从业务实践进入理论阐释，从政府职能部门走向学校课堂，特别是青年学生已经成为重点群体和新生力量，需要充分发挥其主动性，推动其积极投入政治安全研究和维护政治安全的工作之中。对此，习近平总书记强调，要坚持政治性和学理性相统一，以透彻的学理分析回应学生，以彻底的思想理论说服学生，用真理的强大力量引导学生。① 从客体上看，尽管名为政治安全，但其囊括了政治之外的诸多内容，如社会、文化、军事等多个领域。特别需要注意的是，政治安全研究不是这些领域的简单叠加，而是这些领域研究在理论和实践层面的交织复合。政治安全研究需要综合这些领域的理论和实践，以政治为线索进行贯通，将其与这些领域的学科特征进行结合，从而构建出相对完备的政治安全研究体系。

---

① 《习近平谈治国理政》第三卷，外文出版社2020年版，第330页。

政治安全研究强调政治性，具有鲜明的政治指向和价值导向。维护国家安全就是要实现国家长治久安，政治考量在国家安全学的研究和维护国家安全的工作实践中始终牢牢占据主导地位。社会科学有的领域声称要以“价值中立”作为原则。与这些领域的研究不同，国家安全学从一开始就是具有价值取向的学科，其政治属性尤其突出。相较于国家安全学其他领域，政治安全研究的政治取向更为鲜明，服务对象更加明确，但两者都是为了维护国家政权、政治制度、主流意识形态不受干扰破坏。我国的国家安全学和政治安全研究都是在中国共产党的领导之下和中国特色社会主义制度之下发展，否则就会迷失发展方向而无从入手。

政治安全研究具有整体性的特点，这就决定了政治安全研究同样具有鲜明的整体性。在全球化和信息化进程的长期作用下，传统安全和非传统安全问题交织重叠现象越发凸显。我们今天面对的风险不只是某个风险、某种风险，越来越多的是各种风险传导叠加升级形成的复杂风险综合体。其他领域的安全风险常常会外溢到政治安全领域，出现牵一发而动全身的局面。例如，经济不安全将影响社会政治稳定，为外部势力干涉甚至动摇我国政治安全根基提供可乘之机。反之，整体性意味着政治安全如果得以确保，其他安全风险将相应处于可控范围，愈演愈烈的风险将大为下降。因此，政治安全研究需要有大局观和系统观，需要对整体形势做出准确判断，及时识别政治安全所面临的现实威胁和潜在威胁并进行深入系统的研究，做到未雨绸缪。

政治安全研究实现了其他相关学科的有机综合。国家安全学是社会科学和自然科学相结合的交叉学科，与之密切相关的一级学科主要包括：法学门类下的政治学、社会学、法学、公安学，军事学门类下的军事思想及军事历史、战略学，管理学门类下的管理科学与工程、公共管理，工学门类下的安全科学与工程、公安技术、网络空间安全等，哲学、历史学、经济学门类下的有关学科在某些方面也与国家安全学存在着交叉并具有共同点。① 政治学是国家安全学不可动摇的基础与核心，法学是支持国家安全学建设的有力保障，管理学、图书情报学和公安学是国家安全学的主要研

---

① 程琳：《加强国家安全学学科建设及人才培养的几点思考》，《国家安全研究》2022 年第 1 期，第 77 页。

究支撑，应用经济学是国家安全学研究的重要内容。① 作为国家安全学学科的一个重要组成部分，政治安全研究也延续了这些特征。具体而言，政治安全研究是以政治学为内核，以马克思主义理论、党的建设为关键支柱。政治安全研究是关于政治的专业，与政治学的关联最为紧密。政治安全研究的核心之一是政权安全，事关中国共产党的执政地位。而党的建设关乎党是否能够永葆生机和保持执政地位，因此政治安全研究与党建学科紧密相关。政治安全研究的又一个核心是意识形态安全，马克思主义在我国意识形态领域处于指导地位，因此政治安全研究也与马克思主义理论的研究息息相关。政治安全研究要同政治学、党建学科、马克思主义理论三者融会贯通，形成相互促进的有机体。

政治安全研究是国家安全学其他具体领域学科的统领。习近平总书记强调，贯彻总体国家安全观，要坚持把政治安全放在首要位置。② 当前，国家安全面临的各种风险日益交织叠加，政治安全与其他国家安全具体领域的界限变得越来越模糊。任何其他具体领域的议题一旦政治化，就会被赋予新的意义和定位。例如，新冠疫情本身属于生物安全议题，但美国等西方国家将生物安全议题政治化，试图以此攻击中国共产党的领导和中国的政治制度，因此对该议题的研究就迫切需要超越生物安全领域，上升到政治安全层面来展开。

总之，政治安全研究作为中国特色国家安全理论体系的重要内容，正在成为国家安全学、总体国家安全观理论和实践的重要组成部分，以及中国特色哲学社会科学体系的重要组成部分。

---

① 李丽华等：《国家安全学学科交叉属性研究——基于交叉测度理论》，《国家安全研究》2023 年第 5 期，第 43—44 页。

② 《习近平谈治国理政》第四卷，外文出版社 2022 年版，第 391 页。

第一章 政治安全的科学内涵

政治安全是国家安全的根本。政治安全涉及国家主权、政权、政治制度和意识形态的稳固，是一个国家最根本的需求，是一切国家生存和发展的基础条件。[①] 政治安全对外追求国家的独立自主，对内确保良好的政治秩序，为其他领域国家安全提供了主权保证、政权保证、制度保证和思想引领。

第一节 政治安全的含义

政治是经济最集中的表现，是各阶级之间的斗争。[②] 可以说，政治伴随国家的产生而出现，政治安全也就自此而始。但在实践中，人们意识到政治安全并开展研究却是 20 世纪 90 年代中后期的事情。政治安全从哪里来、如何界定、又有什么样的特点，诸如此类最基本的问题，也就成为研究政治安全的基础。

一、政治安全观的演变

国家安全是一个完整体系，政治安全是其中的重要领域。政治安全出现很晚的一个重要原因是，国家安全作为一个完整的概念迟至 1943 年才见诸文献。是年美国思想家沃尔特·李普曼在其著作《美国外交政策：共和

---

① 全国干部培训教材编审指导委员会组织编写：《全面践行总体国家安全观》，人民出版社、党建读物出版社 2019 年版，第 71 页。

② 中共中央马克思恩格斯列宁斯大林著作编译局编译：《列宁选集》第 4 卷，人民出版社 1995 年版，第 308 页。

国的盾牌》一书中首次提出“国家安全”的概念。李普曼认为：“一个国家的安全就是当一个国家不牺牲其合法利益就可以避免战争，而一旦国家的合法利益面临挑战，它能够借助战争保护它们。”① 此时的国家安全本质上就是军事安全。二战之后，随着美苏争霸的开启，安全研究盛极一时。这时人们关注的焦点依然是战争现象，国家安全的研究基本上等同于“军事力量的控制和使用、威胁的研究”。② 一言以蔽之，人们认为军事安全就是国家安全，安全的主体是国家，主要的威胁是战争，实现安全的手段则是应对战争的战争。对国家安全的这一认知基本上持续了整个冷战时期。

20 世纪 90 年代之后，非传统安全问题出现，在逐渐取代军事安全成为各国安全战略关注重点的同时，也促使人们将威胁来源由国家行为体转向非国家行为体。由此带来的结果是，国家安全的领域不断丰富，并开始由高政治转向低政治，而且高政治问题和低政治问题之间已经没有严格的等级之分，“所有问题都附属于军事安全的时代不复存在”。③ 安全的主体日渐多元，国家不同领域开始成为安全的指涉对象，国家安全也越来越呈现出一个具有丰富内涵和外延的系统。在这样的时代背景下，作为国家安全重要领域的政治安全引起人们的关注，并逐渐成为国家安全研究的一个焦点。④

近年来，人们对政治安全的认识不断深化，但观点多元且相去甚远，择其要者考察如下。

一是国家是政治安全的主体，政治安全是国家在“政治”领域的安全。在现代社会，尽管政治和政治安全的主体早已不再局限于国家，但对

---

① Walter Lippmann，“Us Foreign Policy：Shield of the Republic”，New York：Johnson Reprint Corp，1971，p. 8.

② Stephen M. Walt，“The Renaissance of Security Studies”，International Studies Quarterly，Vol. 35，No. 2，1991，pp. 211 – 239.

③ ［美］罗伯特·基欧汉、约瑟夫·奈著，门洪华译：《权力与相互依赖》，北京大学出版社 2002 年版，第 27 页。

④ 在国外，哥本哈根学派的代表人物巴瑞·布赞和奥利·维夫、迪·怀尔德于 1998 年出版《安全性：分析新框架》（*Security：A New Framework for Analysis*）一书，将安全区分为军事领域、环境领域、经济领域、社会领域和政治领域五种类型的安全。在国内，杨建英教授于 1999 年在《国家安全通讯》第 12 期，发表《政治制度安全：国家安全的核心》一文，比较早地开展了对政治安全的研究。

于政治安全指涉的对象而言，政治安全的“主体”首先是国家。同样地，国家安全的领域也越来越广泛，但政治安全是国家安全的最根本象征，是国家在政治方面免于国家内外和政治内外各种因素侵害和威胁的状态。① 从结构上看，政权安全是政治安全的内核，主权安全是政治安全的外延，国家作为一个整体是政治安全的主体。因此，政治安全就是国家政治发展与政治稳定的良性互动和动态平衡。② 由此，政治安全的核心内容就是主权国家有效防范来自外部的政治干预、压力和颠覆以及内部敌对势力的破坏活动，确保国家政治制度稳定和意识形态的指导地位，维护国家主权和领土完整，增强国际地位。

二是政权稳定是政治安全的核心。政权是国家最核心的象征，国家政权问题也就成为政治的核心问题。政治安全的一个重要标志就是，民众不会因国家政权的完整性受到威胁而产生恐惧心理。在国家的政治实践中，政权通常表现为公共权力的组织方式和运行方式，这些方式在不同国家和地区呈现出不同的特点和特征，因此在一些国家和地区，政治安全又具体表现为执政党长期执政的问题。③

三是政治安全的内容就是保障国家基本政治制度的稳定。具体而言，就是要确保国家基本政治制度不动摇、政治秩序相对稳定、政治体系连续有序发展，以推动稳定与发展的动态平衡。政治制度作为一种兼具结构性和进程性的因素，划定了政治权力的边界，并为其运行提供了可以预期的规则规范和民众心理环境。政治稳定在相当程度上取决于政治制度的发达程度，④ 从这个意义上讲，制度对政治安全起着核心的保障作用，政治制度崩溃也就成为政治不安全的极端表现。

四是意识形态安全论。思想不安全是最大的不安全，意识形态安全是政治安全的核心。意识形态作为一个国家政治安全的灵魂，其对于培育民众政治认同感、维系社会控制力、维护国家政治安全的作用显而易见。尤为值得关注的是，当前社会思潮日渐多元、内外思想碰撞日益激烈、个体

---

① 刘跃进：《政治安全的内容及在国家安全体系中的地位》，《国际安全研究》2016 年第 6 期，第 7 页。

② 刘跃进：《国家安全学》，中国政法大学出版社 2004 年版，第 109 页。

③ 郑永年：《改革及其敌人》，浙江人民出版社 2011 年版，第 192 页。

④ ［美］塞缪尔 · P. 亨廷顿著，王冠华、刘为等译：《变化社会中的政治秩序》，上海人民出版社 2008 年版，序言。

权利诉求不断高涨，实现政治安全需要高度的政治认同感。政治认同感是实现政治安全的深层因素，政治认同感能够使社会公众感到自己是社会的一员，提高了公众对政治系统的归属感，并使社会成员对政治系统和社会治理更为宽容，从而得到一种心理上的满足感，使政治安全更有保障和更为持久。主流意识形态的思想引领、共识缔造、道德重塑甚至价值重构功能更是其他政治因素无法替代的。在这种趋势下，意识形态的核心作用不是在下降，而是在上升。

二、政治安全的界定

政治安全指一个国家由主权、政权、政治制度和意识形态组成的政治体系相对处于没有危险和不受威胁的状态，以及面对风险和挑战时能够及时有效防范、应对，从而确保国家良好政治秩序的能力。① 对于这一概念应做如下理解。

一是政治体系是政治安全的主体。马克思主义认为，政治就是各阶级之间的斗争。政治安全首先是占据统治地位的阶级的安全。也可以说，政治安全最初级的含义就是，政治上处于统治地位的阶级能够对被统治阶级实施稳定的、有效的统治，被统治阶级没有意愿或者没有能力推翻其统治。这是政治安全最原初的表现，统治阶级也就是政治安全原初的主体。

但当统治阶级掌握了公共权力，开始运用公共权力治理国家、管理民众之事、进行资源的权威性分配和与其他国家开展国际交往的时候，政治就不再仅仅表现为各阶级之间的“斗争”，而进一步具体化为代表统治阶级利益和意志的主权、政权、制度、意识形态等政治要素构成的政治体系。因此，在现代国家的语境下，政治安全的主体就是这些政治要素共同组成的政治体系。基于同样的逻辑，国家不能构成政治安全的主体，一方面，国家本质上是阶级统治的工具，统治显然不能仅局限在政治领域。另一方面，国家安全的领域是多方面的，如果政治安全的主体是国家，那么其他领域安全的主体又是谁，如果不同领域的安全主体都是国家，那么它们之间的区隔就变得难以表达。

什么是政治体系？政治体系是政治行为主体所依赖存在的制度形式，

① 全国干部培训教材编审指导委员会组织编写：《全面践行总体国家安全观》，人民出版社、党建读物出版社 2019 年版，第 70 页。

是政治行为主体与政治制度的有机统一。它不仅包括政府机构和国家体系，还包括它们之间的互动关系。[①] 政治体系包括两方面内容：一是社会政治组织，也就是政治行为体。它是人们通过或试图通过政治权力实现自己的利益和权利而按照一定原则和规则结成的集合体。二是政治制度。它是政治权力按照不同的利益要求，为实现社会政治的有序运行而对各种政治力量之间的关系和活动方式所作的法定规约，它既包括根本政治制度及其构成原则，又包括具体政治制度及其构成原则。政治体系发挥作用的根本原因在于，一方面它体现了统治阶级的统治意志，能够实现统治阶级的利益诉求；另一方面社会政治组织和政治制度也是人们有效地聚合政治利益要求，实现政治权利的重要途径、方式和工具。

二是政治安全是一种状态，但首先是一种能力。从状态的角度看，政治安全有两种情景：一种是政治体系处于良好状态，表现为结构合理、功能配合、运转协调、变化有序；另一种是政治体系免于国内外各种因素威胁的状态，表现为主权不受侵犯、政权有效运转、政治制度稳定和意识形态得到维护，[②] 从而确保国家良好的政治秩序。这两种状态当然可以定义为安全，从逻辑上讲，安全往往关乎生存，指涉对象（国家、政府、领土与社会等）免于“存在性威胁”，就是安全。[③] 但是，安全状态不是天然生成的，即便是天然生成，也不必然能够经久地持续下去。实际上，正如绝对安全不存在一样，一定程度上的不安全是任何事物存在的正常场景，这也是它们必须保持持续发展的内在驱动力量，否则将被时代和历史淘汰。由不安全进入实现安全的状态，就需要安全主体具有缔造和维持这种状态的能力。因此，正常的逻辑是我们一定程度上具备了缔造安全的能力，才能看到（或者想象）并描述一种所谓安全的状态。同其他领域的安全逻辑一样，政治安全首先是一种安全能力，然后才是这种能力缔造出来的一种安全状态。

三、政治安全的特点

同其他领域的安全类型一样，政治安全就其特点而言，是主观性和客

---

① 杨光斌主编：《政治学导论》，中国人民大学出版社 2000 年版，第 95 页。

② 沈伟烈、陆俊元主编：《中国国家安全地理》，时事出版社 2001 年版，第 12 页。

③ ［英］巴瑞·布赞、［丹麦］奥利·维夫、迪·怀尔德著，朱宁译：《新安全论》，浙江人民出版社 2003 年版，第 29 页。

观性的结合、特殊性与普遍性的统一。但除此之外，政治安全还有一些基于其内在逻辑的独特特征。

一是安全地位的根本性。这里的根本性是指政治安全在国家安全体系和国家发展过程中的位置和所发挥的作用。“政治安全是国家安全的根本”,[①] 其原因有三。首先，政治安全是国家安全的本质要素。在现代政治语境中，人民、土地和主权是现代民族国家的三个基本构成要素，国家建构的过程也是这三大要素形成的过程。其中，主权是政治性要素，也是国家与前国家社会区别开来，并区别于各种非国家社会组织的根本标志。这说明两点：第一，人民、土地虽然是国家的必备要素，却不是国家的本质所在，国家的本质是以主权为根本特征的政治存在。[②] 第二，政治是国家的基本构成要素，它内生于国家形成的过程，是与国家相伴而生的。政治安全也由此成为国家安全的本质要素。其次，政治安全是国家生存和发展的基础。从安全的角度看，政治安全、经济安全、文化安全和军事安全共同构成现代国家安全最核心的四大领域。其中，政治安全是最为核心的组成部分，也是经济安全、军事安全、文化安全得以实现的政治保障。从更普遍的意义上看，对于任何国家来说，实现政治安全、政权稳固、主权独立和领土完整都是其生存和发展的基础。最后，政治安全是国家获取必要的国际生存发展空间的前提。现代民族国家的一个重要身份是国际体系的成员，是地球大家庭中的一员，是人类命运共同体的一分子。这一身份确立的标志就是实现了主权独立，国家主权为国际社会一致接受、认同和尊重。作为主权独立并被尊重主权安全的国家，除获得主权范围内的物理空间，还可以参与全球治理的进程，获得规则空间和未来发展的战略空间。这也是当今国际政治不同于以往的地方。

二是安全实现方式的间接性。从政治安全的定义上看，政治安全所要实现的目标，就是由主权、政权、政治制度和意识形态等政治要素构成的政治体系免于“存在性威胁”，从而处于一种持续稳定的良好状态。做一个简单的设想，如果我们加强政治体系的创新和建设，从而使之适应国内环境的变化，那么这个目标应该就可以实现。这是逻辑上的推理，但在实

---

① 《习近平谈治国理政》第三卷，外文出版社 2020 年版，第 218 页。

② 刘跃进：《政治安全的内容及在国家安全体系中的地位》，《国际安全研究》2016 年第 6 期，第 17 页。

践当中并非如此。我们知道，政治是经济的集中体现，没有经济就没有政治；没有人民就没有国家，同样也就没有政治。政治是派生并从属于经济和人民的，政治安全也从属和服务于经济安全和人民安全。因此，政治安全实现的基本方式有二：一是大力解放和发展生产力，在生产力发展的过程中，调整政治体系不适宜甚至阻碍生产力发展的环节，从而使政治体系与经济社会发展处于一种相匹配的状态。也就是说，政治安全的实现其实是以经济安全的实现为条件和方式的。二是保障和实现人民参与政治的权利。在今天，虽然政治行为体多元多样，但国家主权是人民主权，公共权力是人民同意，政治活动是人民参与。也就是说，政治体系不管如何设计，其结构如何调整，归根结底是为了人民的政治权利得到最大限度的保障和实现。这也是政治体系免于"威胁"的最终出路。这其实说明，政治虽然与国家相伴相生，但它本身并不是目的而是手段，政治安全也只能通过其他间接的方式来实现其所要追求的安全目标。

三是地区国别的差异性。政治安全的主体是国家，但不同的国家因为其所选择的政治道路不同，其政治体系在构成上并不一致，特别是政治制度和意识形态的差异更为明显，这就导致不同国家对政治安全的界定、对安全风险的判断以及实现安全的方式的选择可能完全不同，这是政治安全存在国别差异性的根本原因。比较有代表性的就是政党与政权的互动。现代政治主要表现为政党政治，执掌政权是所有政党的核心政治目标。从逻辑上讲，政党作为政治体系的组成因素，主要政党尤其是执政党在国家政治生活中扮演着举足轻重的角色，执政党的执政理念和方针政策对国家社会生活的各个方面都有着重大的影响，执政党的更替在理论上存在着影响甚至改变国家性质和基本制度的可能。基于此，政党建设和政党执掌国家政权之后的执政安全必然是政治安全的重要部分。但在具体政治实践当中，并非所有的国家都是这样。在由一个政党长期执政的国家，能否实现执政安全是能否实现政治安全的重要体现和基本保证，两者具有高度的一致性。但在政党轮流坐庄的西方国家，执政党的执政安全与否和国家的政治安全之间并不存在必然的因果联系。究其原因，西方任何一个主要政党所代表的只是某些阶层的少数人而不是最广大人民群众的利益，他们的执政行为对另外一部分人而言并不意味着利益安全，而他们的下台恰恰是利益安全得以实现的前提。如果在西方国家政治安全的视域中，存在着执政安全的认知，那就是资产阶级政党实现长期执政，而不是民主党、共和党又或者哪个党执政。由此一来，它们更为关注的是，设计了政党轮流执政的政治制度以及指导制定这套制度的政治思想的安全，而非某一个政党自身的建设及其执政与否的安全。

四是安全重要性和紧迫性的凸显与国际环境演变密切相关。政治安全的重要性毋庸置疑，但这种重要性并不总被人们关注，因为重要并不意味着紧迫，它的凸显跟国际环境的演变密切相关。一种国际环境是出现两种不同社会制度对立并存，此时政治安全的重要性就会凸显出来。在奴隶制度与封建制度、封建制度与资本主义制度对立并存之际，都出现了两种制度之间你死我活的尖锐斗争。20 世纪，人类社会首次出现社会主义制度与资本主义制度的对立并存，两种制度的斗争自社会主义政权建立就从来没有停止过。① 另一种国际环境则是大国关系趋于紧张，此时政治安全的紧迫性会呈现出来。在冷战时期，美苏两国始终处于战略紧张的状态，两国都高度重视自己的政治安全，保障政治安全的紧迫性始终存在。同时，美苏为赢得霸权竞争的优势，总是向那些具有地缘战略价值的国家进行扩张和渗透，试图以此将其纳入自己的阵营。对于这些国家而言，维护政治安全不仅是重要的，更是紧迫的。随着冷战的结束，大国关系趋于缓和，客观上政治安全的重要性依然存在，但其紧迫性已大大降低。其他领域的安全如经济安全在国家安全体系中的关注度，因为经济发展的紧迫性而超过了政治安全。这一演变轨迹在包括中国在内的发展中国家和新兴市场国家中表现得尤为明显。由此，人们关注政治安全不仅是因为它如何重要，更主要的原因还在于国际环境的演变让政治安全的紧迫性同步凸显出来，成为国家安全的优先关注领域。

第二节　政治安全的基本范畴

政治安全的内涵是政治体系在既定的物理空间内有效防范化解各种政治干预、压力、颠覆和破坏活动。据此我们可以将政治安全分为对外和对内两个方面：对外的政治安全主要指主权独立和领土完整，这被视为主权

---

① 王灵桂：《政治安全是中国特色国家安全道路的根本特征》，《国家安全研究》2022 年第 1 期，第 27 页。

安全；对内的政治安全主要指政权巩固，其构成主要包括政权安全、政治制度安全和意识形态安全。综合起来，政治安全的范畴包括国家主权安全、政权安全、政治制度安全和意识形态安全四个方面。

一、主权安全

主权是现代民族国家形成的基本标志，也是现代国家区别于其他社会政治组织的最重要属性。主权是指国家在其领土范围内独立自主地处理自己的对内和对外事务的最高权力，包括对内最高管辖权，对外独立权、平等权和自卫权。① 对内最高，对外独立是其基本特征。作为一种权力，主权不同于政权的地方，在于主权是一个国际法和国际政治的概念，侧重于表达国家行为体作为国际体系成员的条件性和公共权力对外使用时所呈现出来的权利特征。政治与国家相伴相生，主权与现代民族国家同时出现。换言之，主权是公共权力在民族国家时期的一种特殊表现形式。

主权安全是指国家行使主权的权利不受到外部势力的威胁和侵害。主权安全是国家政治体系构建、存续和发展的前提，是政治安全得以实现的基本保障。主权安全实现后，对内，国家拥有最高统治权，能够根据自己的意愿选择发展道路和发展模式，能够根据自己的实际国情构建适宜自己的政治体系。对外，国家能够独立自主地制定和实施对外战略，平等参与国际事务，防止他国的武力威胁，使国格受到应有的尊重，从而在为政治体系缔造良好的国际环境的同时，也扩大了政治体系的国际影响力。

从更宽泛的视野看，只有确立并保障了国家的主权安全，国家发展、社会进步、人民福祉提高等一切美好生活的因素才有可能变为现实。这对饱受侵略和压迫的包括中国在内的广大发展中国家而言，感受最为深刻，因此极为珍视国家主权的独立和安全。毛泽东在新中国成立前夕强调："中国的事情必须由中国人民自己作主张，自己来处理，不容许任何帝国主义国家再有一丝一毫的干涉。"② 改革开放之后，尽管经济建设成为国家的中心工作，但邓小平不止一次讲："国家的主权、国家的安全要始终放在第一位。"③ 进入新时代以来，世界百年未有之大变局加速演进，国际环

① 陈岳：《国际政治学概论》，中国人民大学出版社 2006 年版，第 85—86 页。
② 《毛泽东选集》第 4 卷，人民出版社 1991 年版，第 465 页。
③ 《邓小平文选》第 3 卷，人民出版社 1993 年版，第 348 页。

境的不确定性和不稳定性急剧增加，习近平更是多次强调："我们决不会坐视国家主权、安全、发展利益受损，决不会允许任何人任何势力侵犯和分裂祖国的神圣领土。"① "以更强大的能力、更可靠的手段捍卫国家主权、安全、发展利益。"②

时代在发展，国家主权所面临的环境也在发生显著变化。实现和塑造国家的主权安全，固然要有强有力的手段有效应对来自外部的威胁，但同国家其他领域的安全有所不同的是，政治领域所关注的核心问题是对主权的非军事威胁。③ 因此，维护国家主权安全，还有两点值得我们仔细考察：一是全球化的深入发展和全球治理的蓬勃兴起，在一定程度上对传统国家主权带来冲击。国际社会围绕国家主权的争论再度兴起，主权演变论、主权可分论、道德相互依存论、主权弱化论、主权让渡论、人权高于主权论，甚至"坏主权论""主权过时论"等声音此起彼伏。这些论说表达了一些学者对主权理论的再思考，表明国际社会对于国家主权的既有共识在弱化和分化，这就对用什么样的方式和手段来维护我们所界定的主权，提出了新的课题。二是如何实现人权与主权的有机统一。对于任何国家而言，经济社会和国家政治发展进步的一大标志就是人民权利意识的觉醒。理论上讲，一切公共权力都源于人民，没有人民的同意就谈不上权力的合法性，因而国家主权本质上是"人民的主权"。主权的运用是要更好地保障和维护人民的权利，而不是相反。人权和主权之间并不是天然地彼此对立。但问题在于，人权的微观性、多元性和主权的宏观性、整体性之间的巨大落差显而易见，如何在实践中更多、更好地找到两者的平衡，已成为实现主权安全时所面临的最复杂的内部课题。

二、政权安全

国家政权是阶级斗争的产物和工具，是指统治阶级实行统治的权力以及行使这种权力的各种国家机关。阶级性、强制性和普遍的约束性是国家政权最为显著的特征。在国家政治生活中，政权是政治上层建筑的核心和

---

① 《习近平谈治国理政》第四卷，外文出版社 2022 年版，第 78 页。

② 《习近平谈治国理政》第四卷，外文出版社 2022 年版，第 11 页。

③ ［英］巴瑞·布赞、［丹麦］奥利·维夫、迪·怀尔德著，朱宁译：《新安全论》，浙江人民出版社 2003 年版，第 191 页。

主体，也是政治体系中最为基本的设置。在政治体系的运行过程中，政权把整个政治结构和各种政治要素结合起来，成为控制社会的强大机构，并且通过这个机构实现对全部社会生活的控制和管理。可以说，政权直接决定着国家的政治生活和政治体系的有效运行。正是因为如此，列宁指出："一切革命的根本问题是国家政权问题。"① 政权问题始终是政治的核心问题，一切政治斗争和政治活动都是围绕着国家政权进行的。有了政权就会有一切，丧失政权就将丧失一切。

正因为如此，政治安全实质上就是政权安全，政权安全在国家安全体系中居于核心地位和最高层次。政权安全就是指国家政权能够有效抵御和防范各种因素的干扰和威胁，确保政权不被颠覆，并处于稳定持续的良好运行状态。政权安全虽然表现为政权运行的稳定性、持续性，但其实质是政权的合法性问题。这也是任何政权都会面临的根本问题。

在政治学理论中，政权合法性始终是研究者关注的重点。韦伯认为，合法性是对政治统治的一种信仰或者说是信任。"任何一种统治都试图唤醒和培养人们对其合法性的信念，一切权力都要求为自身辩护"。② 让·马克·夸克则从统治者和被统治者互动的角度论证了合法性的内涵及其运行逻辑，认为："合法性是对被统治者与统治者关系的评价。它是政治权力和其遵从者证明自身合法性的过程，是对统治权力的认可。" 通过系统研究，夸克进一步提出政权合法性的三个要素：被统治者的首肯、价值观念和社会的认同、符合法律蕴含的价值观。③ 这给我们以启示，政权合法性其实是一个完整的体系，至少包括权力合法性、法制合法性和绩效合法性三个方面。

关于权力合法性。在这一方面，最大的问题是恩格斯所指出的："国家的本质特征，是和人民大众分离的公共权力。"④ 也就是说，权力的合法

① 中共中央马克思恩格斯列宁斯大林著作编译局编译：《列宁选集》第 3 卷，人民出版社 1995 年版，第 19 页。

② ［德］尤尔根·哈贝马斯著，刘北成、曹卫东译：《合法化危机》，上海人民出版社 2000 年版，第 127 页。

③ ［法］让·马克·夸克著，佟心平、王远飞译：《合法性与政治》，中央编译出版社 2002 年版，第 2 页。

④ 中共中央马克思恩格斯列宁斯大林著作编译局编译：《马克思恩格斯文集》第 4 卷，人民出版社 2009 年版，第 135 页。

性关键在于人民的同意，政权合法性的根本在于如何实现人民大众和公共权力的再次结合。在这一方面，当代中国的探索非常值得总结。这就是习近平多次指出的："中国共产党的领导，就是支持和保证人民当家作主。"[1]党领导人民群众当家作主，归根结底就是时刻保障全体人民当家作主的政治权利和政治权力不被侵蚀和破坏，时刻保障全体国民政治权利的安全。这就是最大的政权安全和最大的政权合法性。

我们还需要关注权力来源的社会认同和政党政治。首先，要树立"公共权力的人民属性"的社会认同。现代国家政治，一个基本的学术常识是"人民是一切权力的所有者，没有人民的同意就没有权力的合法性"。学术常识变成社会共识，形成社会认同，需要在宪法中确立"权力来源于民众的同意"的基本理念。宪法是体现这种认同的最高表现，宪法规定也是国家政权合法性最重要的来源。

其次，现代政治主要表现为政党政治。确保权力的合法性，一个基本前提就是，政党作为权力的行使者必须是人民利益的忠实代表。权力属于人民，但在实践中，人民并不直接行使自己的权力，而是将公共事务的直接管理权让渡给政党。由此，执政党执政仅仅是权力所有者授权执政党掌握和管理权力的行为。政党的存续与执政安全就取决于政党能否时刻忠实代表人民的利益，从而赢得"人民的继续同意"。正如习近平指出的那样："一个政党，一个政权，其前途和命运最终取决于人心向背。如果我们脱离群众、失去人民拥护和支持，最终也会走向失败。"[2] 政党本质上是特定阶级利益的集中代表者，是特定阶级政治力量中的领导力量，是各阶级的政治中坚分子为了夺取或巩固国家政治权力而组成的政治组织。[3] 政党要赢得"人民的同意"，一是要保持政党的"人民属性"，始终保持与人民群众的紧密联系。对此，毛泽东曾指出："我们共产党人区别于其他任何政党的又一个显著的标志，就是和最广大的人民群众取得最密切的联系。全心全意地为人民服务，一刻也不脱离群众；一切从人民的利益出发，而不

① 习近平：《在庆祝全国人民代表大会成立60周年大会上的讲话（2014年9月5日）》，《人民日报》2014年9月6日，第1版。

② 《习近平谈治国理政》，外文出版社2014年版，第15—16页。

③ 景跃进、张小劲主编：《政治学原理》，中国人民大学出版社2015年版，第239页。

是从个人或小集团的利益出发。"① 二是要始终坚守"人民同意"的底线，必须坚持人民至上的红线。邓小平同志曾深刻指出："同资产阶级的政党相反，工人阶级的政党不是把人民群众当作自己的工具，而是自觉地认定自己是人民群众在特定的历史时期为完成特定的历史任务的一种工具……它是人民群众的全心全意的服务者，它反映人民群众的利益和意志，并且努力帮助人民群众组织起来，为自己的利益和意志而斗争。确认这个关于党的观念，就是确认党没有超乎人民群众之上的权力。"②

关于法治合法性。这是指当一个政权将法治作为全体社会群体包括国家精英的信仰，任何政治领导人或者政府都必须是通过定期选举而产生时，这个政权则构建在法治程序的合法性基础之上。现代政治就是民主和法治，民主保障了国家权力的来源，法治则规定了国家权力的安排。在实践中，法治以宪法为基础，加上合理的制度和政治程序，就构成国家政权合法性的基本要素。曾有学者如是总结："以宪法为基础的法治，由通过自由选举产生的国民代表制定法规，通过自由选举产生政府的基本架构的体制，这样它才在价值尺度上被视为正统。"③ 一句话来概括，就是法治不仅是依法行使权力，更主要的是权力授权要依法产生。

关于政绩合法性。它是指政治统治的有效性或能力，反映的是一个政权满足社会需求的执政能力，主要通过满足人们利益诉求的程度来影响民众对政权的认同感。治理绩效是政治合法性的重要基础，其逻辑在于，治理绩效会直接影响到民众对政权尤其是执政者的认识和感受。长期的积极的治理绩效，不仅能满足人们的利益需求，更主要的是能够在民众心中形成并强化一种"这才是人民的政府"的观念，从而将服从公权力的管理视为理所当然。这就使得政权的合法性建立在了人们普遍认同的坚实基础上。

三、政治制度安全

国家政治制度是指统治阶级为实现阶级专政而采取的统治方式、方法的总和，包括国家政权的组织形式、国家结构形式、政党制度及选举制度

① 《毛泽东选集》第 3 卷，人民出版社 1991 年版，第 1094—1095 页。

② 《邓小平文选》第 1 卷，人民出版社 1989 年版，第 217—218 页。

③ ［日］山口定著，韩铁英译：《政治体制》，经济日报出版社 1991 年版，第 40 页。

等。政治制度是多层次的结构，内层是国体，中层是政体、国家结构形式以及政党、公民政治行为的基本准则等，外层是一系列具有明显可操作性的规则、程序、方式等。[①] 总体上看，政治制度是国体与政体的统一。

在国家的政治体系中，政治制度明确公共权力的来源，规定公共权力的运行。这就使得政治制度成为政治体系核心的结构性要素，也由此成为影响社会发展和政治稳定的关键因素。邓小平深刻地意识到这一点，他强调指出，制度问题带有根本性、全局性、稳定性和长期性。[②] 拿破仑也曾说过，人是根本无法把握未来的，只有制度才能决定一国的未来。当然政治制度还拥有更为具体的功能，比如，实现政治稳定。民主制度本身有效地解决了政治权力的和平更替问题，能够保障最基本的公民权利和自由，为公民的政治参与提供了合法的、制度化的渠道，从而避免因对统治权力无序的、暴力的争夺和普遍的压迫的存在而引发政治动荡的可能。再比如，达成政治目标。各政党与政府都有自己鲜明的政治纲领和施政措施，规定本党和政府的政治目标、任务、方针、政策和具体实施步骤，集中反映它所代表的阶级或社会集团的根本利益。政治制度则是这一目标和任务得以实现的唯一途径和重要保证。从整个国家层面看，“没有强有力的政治制度，社会便缺乏去确定和实现自己共同利益的手段。创建政治制度的能力就是创建公共利益的能力”。[③] 正是因为如此，政治制度安全不仅是政治安全的重要组成部分，更是政治安全的根本保障。

政治制度安全就是确保国家根本政治制度不被破坏，并保持政治制度的长期稳定运行。实现政治制度安全，表面上看就是要确保政治制度结构合理，运行有效。实际上，政治制度远非仅仅是一种政治统治的工具，它首先要体现出一种价值，也就是在全社会、全体国民之间实现正义。正义性制度不但可以框定人民性，也是衡量合法性和有效性的标准。没有正义这一价值导向，一个政权体系和政治制度的合法性就会受到质疑。在价值的视域下，政治制度是有好坏之分的，它们的运行效果截然不同。邓小平高度重视制度建设，其中一个重要的原因就是，“制度好可以使坏人无法

---

① 浦兴祖：《当代中国政治制度》，复旦大学出版社 2004 年版，前言，第 1 页。

② 《邓小平文选》第 3 卷，人民出版社 1993 年版，第 333 页。

③ ［美］塞缪尔·P. 亨廷顿著，王冠华、刘为等译：《变化社会中的政治秩序》，上海人民出版社 2008 年版，第 17 页。

任意横行，制度不好可以使好人无法充分做好事，甚至会走向反面”。[①]

体现正义的政治制度是实现制度安全的前提，因为它可以得到全体人民的认同甚至上升为一种政治信仰。但仅有体现正义的价值尚不足以实现制度安全。政治制度作为政治体系的有机组成部分，有它自身的运行逻辑，那就是制度化程度的高低跟制度运行带来的收益成正比，制度化程度越高政治收益也就越高，反之亦然。更进一步看，低制度化带来低收益，受损的最终还是评价制度的普通民众。对于他们而言，不能带来收益的制度，不管它结构多么合理，必然是一种坏的不道德的制度。反映到政府层面，“制度化程度低下的政府不仅仅是个弱的政府，而且还是一个坏的政府……在复杂的社会中，人们需要有道德基石的政治制度”。[②]

道德的制度、制度化程度的高低等，这些描述政治制度的词汇其实说明一个基本的道理，政治制度都是有生命力的，实现制度安全就要尊重制度发展演变的生命周期。从一般意义的制度周期上看，任何制度都是关照一定的现实的，因此制度在设立之初必然是适应客观环境需要的，是生机勃勃充满活力的。但它作为人的行为规范，在一定时期内总要保持相对的稳定性，这样才能让规范社会化，进而发挥作用。问题在于，社会存在是变动不居的，随着社会的发展进步，制度的活力逐渐下降甚至丧失，不再能够有效规范人们的行为甚至成为人们创新行为的桎梏。由此我们看到，制度确立并不断成熟的同时，也逐渐具有保守性和惰性，最终走向僵化，制度本身也就逐渐成为它继续存在的最大障碍。这就是说，制度也有生成、发展、创新，以及被其他制度所取代的问题。

具体到政治制度领域，其演变的轨迹也大致如此。政治制度如果不能对社会的发展变化及时做出回应，那么必将跟不上社会转型的需要，从而导致制度成为社会转型的桎梏或给转型社会留下太多的制度真空，导致政府权威的丧失和政治主体的无所适从。特别是对一些后发展中国家和地区而言，“政治上的首要问题就是政治制度化的发展落后于社会和经济变革”。[③] 这就意味着，实现制度安全必须注重制度创新。一个国家的政治制

---

① 《邓小平文选》第 2 卷，人民出版社 1994 年版，第 333 页。

② ［美］塞缪尔·P. 亨廷顿著，王冠华、刘为等译：《变化社会中的政治秩序》，上海人民出版社 2008 年版，第 19 页。

③ ［美］塞缪尔·P. 亨廷顿著，王冠华、刘为等译：《变化社会中的政治秩序》，上海人民出版社 2008 年版，第 4 页。

度试图为社会发展提供规则，那么它就必须在自我革新与不断开放中进步。对于这一点，钱穆曾如此总结："政治制度是现实的，每一制度，必须针对现实，时时刻刻求其能变动适应。任何制度，断无二三十年而不变的，更无二三百年而不变的。"① 其中的道理深刻而具体。

四、意识形态安全

意识形态就是共同体所有成员共同具有的认识、思想、信仰、价值等。② 在现代政治学语境和现代政治生活中，一个政党和政体，尤其是近现代的政党和政体，没有意识形态是不可想象的。其党章、政纲、体制不仅规定了意识形态的性质，同时也是意识形态的产物。在国家的政治体系中，无论是主权、政权还是政治制度，无一不是意识形态的具体化，主权政权是核心，制度是保障，意识形态则是整个体系的灵魂，决定着整个政治体系的价值偏好，左右着整个体系的前行方向。展开来说体现在三个方面：一是发挥意识形态对统治地位合法化的辩护功能，维护政权的合法性。事实上，只有那些具有合理性和先进性内涵的意识形态，才能获得民众广泛的接受和认同，唤起民众对政权的感情和信仰，拥有对政权的道德归属感，从而奠定和巩固政权的合法性。二是将自己的意识形态渗透到社会公众之中，使其普遍接受，在培养社会成员政治认同感的同时，为后续的政治行动提供大规模社会政治动员。三是无论保持政治独立性还是向外扩张，意识形态都是国家手中不可替代的战略工具。塞缪尔·亨廷顿就坚持认为"普世主义是西方对付非西方社会的意识形态"。③ 基于历史经验和现实发展的总结，习近平多次强调指出："意识形态关乎旗帜、关乎道路、关乎国家政治安全。"④

意识形态安全是指一个国家的主流意识形态相对处于没有危险和不受内外威胁的状态，以及保障持续安全状态的能力。从状态维度看，意识形态安全指一个国家意识形态领域所呈现出的主流意识形态的"安全"现

① 钱穆：《中国历代政治得失》，生活·读书·新知三联书店 2001 年版，第 53 页。

② 杨光斌主编：《政治学导论》，中国人民大学出版社 2000 年版，第 74 页。

③ ［美］塞缪尔·亨廷顿著，周琪等译：《文明的冲突与世界秩序的重建》，新华出版社 2010 年版，第 45 页。

④ 中共中央党史和文献研究院编：《习近平关于总体国家安全观论述摘编》，中央文献出版社 2018 年版，第 111—112 页。

状；从能力维度看，意识形态安全指一个国家在面对各种挑战威胁下所具有的使主流意识形态能够并将持续“安全”的能力或力量。[①] 意识形态安全是政治安全的灵魂，当一个政治体系的主流意识形态受到威胁则构成政治安全深层次的危险。这说明，一是社会成员尤其是统治精英群体中可能出现了信仰危机。堡垒最容易从内部被攻破，当统治精英的信仰开始动摇时，政治动荡事实上已经从思想上开始了。正如亨廷顿所言，对一个传统社会的稳定来说，构成主要威胁的，并非来自外国军队的侵略，而是来自外国观念的侵入，印刷品比军队和坦克推进得更快更深入。[②] 二是提高了政治动员和集体行动的成本。意识形态处于安全状态，意味着全体社会成员拥有共同的价值观念和价值取向，可以最大限度保障全体成员集体行为的一致性。意识形态处于不安全状态，表明“行为的一致性”因为思想的不统一而不复存在，此时国家在需要社会动员和采取集体行动时，不得不依赖强制性手段而非政治说服。这反过来增加了社会成员对政权的不满和对立情绪，政权的合法性危机出现了。也正是因为如此，马基雅维利断言，造就最强大国家的首要条件不在于造枪炮，而在于能够造就其国民的坚定信仰。

意识形态说到底是做人的思想工作，在内部实现共同体成员认知的一致，让其他社会成员认同自己的理念。因此，认同是意识形态安全的核心因素，认同危机是意识形态安全的最大威胁。这种危机产生的原因有二：一是同制度一样，难以跟上经济社会生活的发展进步，意识形态陷入僵化甚至是自我封闭的困局，难以产生思想上的吸引力和实践上的说服力。二是来自其他意识形态的竞争。主要表现就是“认同竞争”，主流意识形态要通过各种方式影响和争取、引导和塑造民众对自身的认同；非主流意识形态则通过各种方式阻碍或消除民众对主流意识形态的认同。当主流意识形态陷入自我僵化甚至自我封闭时，不仅这种竞争不可避免，而且后果也就具有了更大的不确定性。

---

① 唐爱军：《论新时代意识形态安全》，《马克思主义研究》2022 年第 6 期，第 125—135 页。

② ［美］塞缪尔·P. 亨廷顿著，王冠华、刘为等译：《变化社会中的政治秩序》，上海人民出版社 2008 年版，第 41 页。

第三节　政治安全风险的内涵和外延

政治安全的实现得益于两个方面，一是政治体系通过自我革新和自我建设，从而处于结构合理、功能配合、运转协调、变化有序的良好状态。[①]二是有效防范应对政治体系所面临的安全风险和现实挑战，实现政治安全。我们知道，安全就是一种不受威胁、没有恐惧的状态。谈政治安全既要看实现安全的过程，也要看实现政治安全时所面临的安全风险。

一、政治安全风险的界定

在安全研究的逻辑链条中，当一个问题对一个指涉对象（国家、政府、领土和社会等）造成了“存在性威胁”（Existential Threat），安全问题就出现了。[②] 我们把这个逻辑链条翻转，就可以看出，“存在性威胁”就是安全风险。这其实告诉我们判断政治安全风险的一种方法，就是从“安”中寻“危”。如前所述，政治安全是指国家政治体系处于良好的状态，能够有效地应对来自国外和国内的各种威胁、颠覆和破坏。[③] 那我们就首先还原一下政治安全的实现过程。

西方政治学源自柏拉图和亚里士多德，在他们那里，政治起源于并且需要服务于人们对美好生活的追求。“就我们个人来说以及就社会全体来说，主要的目的就在于谋取优良的生活。”[④] 实现了这样的目标也就实现了政治安全，如何实现政治安全则取决于政体的性质和优劣程度。也就是说，最优政体就是实现政治安全的方式。与这种理想化的设计不同，马基雅维利并不关心政体的优劣，而更关注于政治手段。他认为，统治者为了实现持久

---

① 虞崇胜、李舒婷：《政治安全视野下的反腐倡廉制度建设》，《理论探讨》2012年第2期，第11页。

② ［英］巴瑞·布赞、［丹麦］奥利·维夫、迪·怀尔德著，朱宁译：《新安全论》，浙江人民出版社2003年版，第29页。

③ 虞崇胜、张星：《制度创新：维护政治安全的根本路径》，《江苏行政学院学报》2014年第3期，第87页。

④ ［古希腊］亚里士多德著，吴寿彭译：《政治学》，商务印书馆1965年版，第130页。

的统治，也就是最原初意义上的政治安全，可以选择任何有价值的手段。

霍布斯、洛克和卢梭等人则倾向于从被统治者的角度来定义政治安全的实现，他们认为持久的政治统治有赖于被统治者的“同意”。因为“即使是最强者也不足以强到永远做主人，除非他把自己的强力转化为权力，把服从转化为义务”。[①] 卢梭的重大发现意味着，政治安全问题转化为权力来源的合法性问题，只有统治集团具有合法性，政治安全才是可能的。

马克斯·韦伯延续了这一研究议程并提出了著名的合法性理论，他将合法统治分为三种类型：一是传统型统治，建立在相信传统的神圣性和由传统授命实施权威的统治者的合法性之上。二是克里斯马型统治，建立在个人的非凡牺牲以及由他所默示和创立的制度的神圣性或者英雄气概、楷模样板之上；三是法理型统治，建立在相信统治者所规定的章程、制度和指令的合法性之上，他们是合法授命进行统治的。[②] 政治权力的合法性本质上是政治意识形态的外在体现，合法的权力来源固然可以降低人们对权力的抗拒，但并不必然意味着就要接受它。李普塞特认为持久统治的实现和政治权力的“有效性”密切相关，尤其是政治权力推动经济发展的实际效能直接影响到合法性的建立和维护。李普塞特就此指出：“合法性是指政治系统使人们产生和坚持现存政治制度是社会最适宜制度之信仰的能力。”[③] 这样一来，政治安全的实现路径就变成了合法性加有效性。

但亨廷顿对此质疑，他认为，把合法性建立在政绩基础上的努力可能会产生政绩困局现象，[④] 进而导致资源的浪费和政治信用的消解。因此，“对新兴政治的政治建设而言，真正的诀窍不是去获得自己的合法性地位，而是如何去创设一套牢固的政治制度，以便提前为这种合法性奠定坚实的基础”。[⑤] 由此合理的制度设计也就成为政治安全实现的重要路径。

---

① ［法］卢梭著，何兆武译：《社会契约论》，商务印书馆 2003 年版，第 9 页。

② ［德］马克斯·韦伯著，林荣远译：《经济与社会》（上卷），商务印书馆 1997 年版，第 241 页。

③ ［美］西摩·马丁·李普塞特著，张绍宗译：《政治人：政治的社会基础》（最新增订版），上海人民出版社 1997 年版，第 55 页。

④ ［美］塞缪尔·亨廷顿著，刘军宁译：《第三波：二十世纪后期民主化浪潮》，上海三联出版社 1998 年版，第 228 页。

⑤ ［美］安东尼·奥罗姆著，张华青、何俊志、孙嘉明等译：《政治社会学导论》（第 4 版），上海人民出版社 2006 年版，第 270 页。

这些研究者的论说，其实是分别从政体、意识形态和政治制度这些国家政治体系的不同构成部分出发，分别论述了实现政治安全也就是政治体系良好运行状态的路径，而反过来如果这些实现路径面临着“存在性威胁”而无法持续走下去时，则意味着政治安全风险出现了。由此，我们认为，政治安全风险是指政治体系及其构成部分在运行过程中面临的“存在性威胁”。因为这些“存在性威胁”，不仅政治体系运行出现混乱和中断，而且政治体系与经济基础也处于不相适应的状态。

二、政治安全风险的特点

安全关乎生存，政治安全关乎国家生存的根本。这是政治安全最显著的特征，但也是这一点在很大程度上影响甚至决定了政治安全风险的两大特点。

一是政治安全风险的判断具有高度的主观性。安全风险判断的主观性是指，某些问题被认为是安全问题，不仅是因为存在某种客观的威胁，还因为那些问题在主观上被当作一种威胁提了出来。政治体系作为政治安全的主体具有一般普遍性，也就是说，不管国家形态、结构和发展阶段存在何种差异，任何国家政治安全的主体都是由主权、政权、制度和意识形态共同组成的政治体系。但是每个国家选择的政治道路不一样，即便选择同样的政治道路，国情不同、发展阶段有别又使政治制度、意识形态、政权结构这些政治体系组成部分之间存在着较大差异。比如，同样是资本主义国家，在国家结构上，美国、加拿大、印度、俄罗斯、巴西、阿根廷等国家选择联邦制，法国、日本、北欧国家则是单一制。在行政机构上，美国是总统制，英国、德国、日本、意大利、北欧国家是内阁制，法国则采取混合制。概而言之，世界上不存在完全相同的政治制度，也不存在适用一切国家的政治制度模式。① 这种客观差异的存在意味着，对于不同国家而言，政治安全的指涉对象仅仅是拥有相同的称谓，但其具体内涵差别极大甚至完全不一样。这就导致一种局面：一个国家存在的政治安全风险对另外一个国家而言，可能根本与风险无涉。比如，对于一党执政的国家而言，党的执政安全是国家政治安全的核心内容，但在政党轮流坐庄的国家看来，一党长期执政不仅不是政治安全，恰恰相反，是一种政治安全的风

① 《习近平谈治国理政》第二卷，外文出版社 2017 年版，第 286 页。

险，因为这会严重威胁它们眼中的民主传统和民主的标准。尽管大家可能都承认影响政党执政的威胁是客观存在的，但在它是否为国家政治安全风险的判断上，却走向完全相反的方向。

政治安全风险判断高度主观性的出现跟国家的实力和所处的国际环境密切相关。如前所述，安全不仅是一种良好的状态，还是一种实现这种状态的能力。也就是说，国家有多大的能力就有多高的安全，能力的大小决定着安全程度的高低。更进一步讲，风险是由能力决定的，如果“存在性威胁”出现了，但它超出了国家能力解决的范畴，此时它尽管肯定会带来负面的冲击，那也并不是风险。因为我们不能指望国家解决它根本解决不了的问题。因此，风险就是我们意识到了并有能力及时解决的威胁。比如，政治制度化程度比较低会影响国家的政治运行，它是不是政治安全风险？对于制度构建能力强的国家而言，它确实是政治安全的风险。但对于制度构建能力弱的国家而言，就可能不是政治安全的风险。更极端地看，资本主义政治制度远比封建主义制度优越，资本主义国家制度化程度也远比封建主义国家高，但我们不能指望封建主义国家构建一套优越的资本主义制度去提高其国家的制度化水平，因为它根本就不具备那样的能力。结果就是，国家能力的差异带来安全风险判断的不同。

影响政治安全风险判断的另一个因素就是国际环境。前文我们已经有过详细论述，两种不同的政治制度并立，大国处于激烈竞争状态，这两种国际环境会让政治安全的问题更加凸显。其结果就是，一种政治制度和处于竞争中的一个大国会成为另一种政治制度和另一个大国的政治安全风险。最为典型的就是冷战时期的美苏两国和当前的中美两国。比如，处于地缘竞争中的中美两国，不管人们在主观上多么不愿意，但事实却是，双方都在一定程度上变成对方眼中的政治安全威胁。但在其他国家看来，不管是中国还是美国并没有出现根本性的变化，两国也没有对它们的政治安全构成威胁。

二是政治安全风险的影响具有高度的体系性。政治安全的主体是主权、政权、制度和意识形态组成的政治体系。有两点需要注意：其一是政治体系虽然由这四个政治要素构成，但它本身已经形成一个以政权和制度为核心的有机整体。其二是这四个要素之间也是紧密相连，甚至互为对方存在或发展的条件。主权框定了政权、制度和意识形态活动的物理范围，制度则规定了权力的运行方式、为意识形态和主权的维护提供了保障，意识形态规定了制度的价值、解释了主权和政权的来源与合法性，政权则是其他三个要素存在和发展的基础。这表明，政治体系作为一个外部形态和内部联系都统一的有机体，其存在的方式就是整体性。由此带来的一个结果就是，政治安全风险的指涉对象可能是针对政治体系中的某一个构成要素，但其产生的消极影响的对象却是整个体系，而非局限于风险所指向的那个领域。可以说，领域层面的风险产生了体系性的影响，这是政治安全风险所特有的一种特点。这也是政治安全是国家安全的根本，应对政治安全风险不容有半点懈怠的原因。

三、政治安全风险的类型

政治安全风险指涉的对象是政治体系，据此我们可以根据政治体系所承受的“存在性威胁”的来源对政治安全风险加以整理分类，进行更为深入和有针对性的分析。在此之前，我们需要明确一点，政治体系不是在真空，而是在具体的环境中运行的，由此，政治体系及其运行环境其实也构成了一个系统。这样一来，我们可以把政治安全风险分为以下三类。

第一类是运行环境带来的安全风险，也就是来自政治体系外部的风险。这类风险中比较典型的有二：一是前文中已多有论述的国际环境变化对国家政治安全的影响。当两个大国处于激烈竞争状态时，一个大国的政治体系构成要素会对另外一个大国的政治安全带来负面的影响，从而成为其政治安全的风险。比如，冷战时期处于尖锐对峙状态的美苏两国，彼此都将对方视为威胁。二是损害国家主权的行为。在这一方面我们比较熟悉的是国家的领土主权，这关系到政权的合法性和国家生存的物理空间、国际空间等，任何国家都很难在这个问题上有灵活的回旋空间。如果说领土主权还是传统主权诉求，接下来的两件事情则对主权安全提出全新的挑战。一件是全球化。全球化本质上是生产要素的全球性流动，它一方面促进国家利益的全球分布，也就是海外利益的拓展，另一方面带来日益紧迫的全球治理。海外利益一定程度上是主权利益在国家范围之外的拓展，全球治理则要求国家主权一定程度上的让渡，以便形成更为有效的全球治理行动。同样一个国家，海外利益要求它向外伸张主权，全球治理则要求它进行必要的主权收缩，不管哪种形式都是对传统主权的挑战。如何应对这一挑战，不仅关系到国家的国际声誉，更涉及主权本身的定位。另外一件就是高新技术的发展。特别是数字技术、信息技术的发展带来一系列新的主权形态，如数据主权、网络主权、信息主权等。这类主权问题不仅涉及对新形态主权内涵的界定，更关系到国家未来的战略生存和发展空间，这些无疑都是未来国家政治和国际政治的核心议题。

第二类是政治体系自身存在的安全风险。政治体系是国家上层建筑的集中体现，从这个角度看，政治安全就是政治体系与经济基础相适应的稳定状态；反之，政治体系与经济基础不相匹配，必然意味着政治不安全，政治安全的风险出现了。但需要注意的是，经济基础是客观的，政治体系是主观的，寻找原因需要从政治体系中找答案，而不是相反。这也表明，政治安全最大的风险就是让经济基础去适应政治体系，以此寻求政治的合法性。由此我们也可以讲，不能促进生产力发展，不能促进科技创新，就是政治体系已经陷入不安全状态的表现。

政治体系是由主权、政权、制度和意识形态构成的整体，体系自身的风险其实也是各组成部分面临的风险。主权领域的安全风险问题前面已有论述。在政权领域，政权安全的最大风险就是合法性危机。我们知道，政权合法性是政治合法性的前提，政治合法性主要通过民众对政权的认可和拥护程度表现出来。当被统治者相信某种权力关系是正当的时候，该种统治便是正当的政治系统。① 当然，政权合法性是一个集合性概念，包括公共权力的合法来源、权力运行的实际绩效和权力运行的制度规范等。国家宪法对“权力源于人民的同意”的规定，基本上解决了权力来源的合法性问题。由此看来，政权安全风险主要源自权力运行产生的实际绩效和制度对权力运行的规范。就权力实绩而言，除了促进经济社会发展和生态生活环境改善之外，在政治领域，权力运行最大的实绩就是要切实保障人民的政治权利。如果人民的政治权利受到破坏，就会从根本上动摇政权的根基，因为这样的公共权力既背离了“人民同意”的原则，也脱离了“服务人民”的宗旨。归根结底，政治是为人服务的，是保障国民安全和利益的手段和方法。离开了这一点，政治就失去根基和存在的意义，更遑论政治安全的实现。

至于制度对权力运行的规范，本身也属于政治制度领域探讨的范畴。在这一领域里，制度僵化是最值得关注的风险。制度僵化是指制度处于保

---

① ［德］马克斯·韦伯著，阎克文译：《经济与社会》（第一卷），上海人民出版社 2010 年版，第 127—129、318—321 页。

守僵硬的状态，缺乏弹性和灵活性，对社会需求的反应迟钝，资源配置的效率受到抑制。当政治权力集中在个人或少部分人手中且不存在有效的约束时，制度僵化的现象就在所难免。所以专制盛行或民主不够是制度僵化的深层根源。① 制度是政治体系运行的规范和保障，制度僵化的危害是多方面的，损害治理绩效、危害政治稳定、危害政权合法性等，但它最深远的危害是造成无效制度过剩与有效制度短缺同时存在的独特现象，长期的制度僵化既增添了制度变迁甚至是制度崩溃的风险，也抬高了制度创新的成本。

在意识形态领域，认同危机尤为值得关注，这也是意识形态领域最大的风险。认同危机一方面源于其他意识形态的竞争；另一方面是意识形态的广纳性（包容性）和开放性不够，不仅不允许不同政治思想的存在，还不能及时借鉴、容纳和吸收其他政治思想的优秀成果，从而陷入一种自我封闭、自我论证、自我强化的自我束缚困境，进而大大降低塑造共识和对政权合法性辩护的能力。应对认同危机，确保意识形态安全，归根结底在于始终保持意识形态的先进性，使其能够呈现经济社会发展的新动态、新趋势，特别是能够汇聚经济社会发展所带来的新的政治因素。同时还要保持意识形态的纯粹性，思想的魅力不仅在于其高尚，还在于其纯粹，不掺杂其他的动机，能够始终与广大人民群众站在一起。最后一点是要保持意识形态的开放性，今天的世界是一个相互依存、命运与共的世界，各国各地的生产要素是联结在一起的，这是客观的经济基础。因此作为上层建筑的意识形态只有保持开放性，吸收借鉴一切优秀文明的成果，才能跟上经济社会发展的步伐，才能适应生产力发展的要求。同时也只有开放借鉴才能更好地去除原有思想体系中已经陈旧过时的因素。

第三类是政治体系与运行环境互动产生的风险。就像政治离不开经济一样，政治体系的维系也依赖外部环境的支持，这是一个基本的事实。当前政治体系的外部环境可以分国内环境和国际环境两种。对于政治体系与国内环境的互动而言，如果政治体系失去对社会系统所应具有的强大整合和动员能力的话，其将不可避免地陷入一种自我萎缩的境地。因为经济社会的发展会不断产生新的具有政治诉求的社会力量，如果政治体系不能及

① 虞崇胜、张星：《制度创新：维护政治安全的根本路径》，《江苏行政学院学报》2014 年第 3 期，第 88 页。

时吸纳它们或者规范它们的政治行为，就意味着社会不稳定和政治不确定因素的增加。与此同时，如果政治体系的价值和文化不能对这些新生社会力量产生足够的吸引力，就意味着意识形态的结构已经出现缺失，需要及时吸纳新的文化元素和思想理念。这两种能力的缺失，其实是政治体系在运行中会经常遇到的两种安全风险。

对于政治体系与国际环境的互动而言，需要警惕的安全风险有两个：一是容易出现过度安全化和掉入泛安全化的陷阱。安全化的过程是对安全指涉对象建构一种“存在性威胁”，并号召人们采取特殊的应对方式去消除这种威胁。① 过度安全化就是过度以安全为理由，提高某些问题在国家议事日程中的优先性，进而获取更多的国家资源。如前所述，国际环境对政治安全的影响非常显著。处于制度竞争和大国竞争中的国家，在竞争对手施加政治安全压力和政治安全不容有失（意即绝对安全）的安全预设的双重压力下，极易产生将涉及政治安全的议题在国家重大议程中的优先顺序提前的冲动。事实上，当国家这么做时又因为外部的安全压力，几乎遇不到大的阻力。长此以往，不仅过度安全化出现了，国家还会不必要地不断扩大安全议题，最终以安全为名绑架了整个国家，造成资源的错配和浪费，导致国内政治的保守化和国际交往的封闭趋向，从而掉入“泛安全化陷阱”。② 二是如何保持政治独立性的风险。当前国家与外部世界的关系与以往最大的不同就是，全球化的背景下，国家与世界的相互依赖、相互影响前所未有地加深。一方面两者很难截然分开，另一方面对于国家而言，只有更好更深地融入世界，才能获取更加充沛的发展动力。而更好更深地融入外部世界就需要重视外部世界的制度、规范和标准，重视外部世界对国家的评价尤其是对政治体系的评价。如果一味地以外部标准为标准去改造自己适应世界，则自己的政治特色和独立性必然丧失，政治安全也将不复存在。如果一味地强调自己的政治特色，彰显自己在政治领域的独特性，则又有可能被外部世界拒绝接纳，进而走向自我孤立的境地，政治体系也因为失去了交流借鉴而不可避免地走向僵化，从而演变成一种在时间

---

① ［英］巴瑞·布赞、［丹麦］奥利·维夫、迪·怀尔德著，朱宁译：《新安全论》，浙江人民出版社 2003 年版，第 43 页。

② 张超、吴白乙：《“泛安全化陷阱”及其跨越》，《国际展望》2022 年第 2 期，第 27—29 页。

维度上延长了的风险。对于广大发展中国家和新兴市场国家而言，保持政治独立性的风险尤为值得重视，因为西方国家虽然在世界财富版图中地位有所下降，但依然在世界体系中保持着优势地位，并操纵着国际话语权。

第二章　政治安全的理论基础

坚持守正创新是中国共产党推进思想和理论发展的重要经验。习近平总书记关于政治安全的重要论述有着深刻的理论基础，既有马克思主义提供的立场、观点和方法，也有中国传统文化蕴含的精神给养，还有历代中国共产党人对政治安全的探索与实践经验。全面梳理政治安全的思想和理论基础，对于深入理解习近平总书记关于政治安全的重要论述，深刻把握总体国家安全观关于维护政治安全的重要部署，有着重要的理论意义。

第一节　马克思主义关于政治安全的立场观点方法

习近平总书记指出："马克思主义始终是我们党和国家的指导思想，是我们认识世界、把握规律、追求真理、改造世界的强大思想武器。"① 马克思、恩格斯虽然没有撰写国家安全方面的专门著作，但是辩证唯物主义和历史唯物主义的世界观和方法论为中国共产党人提供了重要的思维和方法。同时，马克思主义思想体系中还蕴含着丰富的国家安全思想，为中国共产党人思考和把握政治安全提供了深刻的理论启示。

一、辩证唯物主义和历史唯物主义的方法论

恩格斯深刻指出："马克思的整个世界观不是教义，而是方法。"② 习

---

① 习近平：《在纪念马克思诞辰200周年大会上的讲话》，人民出版社2018年版，第15页。

② 习近平：《在纪念毛泽东同志诞辰120周年座谈会上的讲话》，《人民日报》2013年12月27日，第2版。

近平总书记也强调："我们要坚持和运用辩证唯物主义和历史唯物主义的世界观和方法论，坚持和运用马克思主义立场、观点、方法，坚持和运用马克思主义关于世界的物质性及其发展规律，……真正把马克思主义这个看家本领学精悟透用好。"① 辩证唯物主义和历史唯物主义是中国共产党人的世界观和方法论，自然也是我们认识和维护国家安全的思维和方法。

坚持世界统一于物质原理，始终贯彻以实事求是为核心的思想方法。世界物质统一性原理是辩证唯物主义最基本、最核心的观点，是马克思主义哲学的基石。恩格斯指出："世界的真正的统一性在于它的物质性，而这种物质性不是由魔术师的三两句话所证明的，而是由哲学和自然科学的长期的和持续的发展所证明的。"② 把握世界统一于物质原理，最重要的就是坚持一切从客观实际出发，坚持理论联系实际。"实事求是，是马克思主义的根本观点，是中国共产党人认识世界、改造世界的根本要求，是我们党的基本思想方法、工作方法、领导方法。"③ 实事求是，要求全党必须始终从客观实际出发分析问题和解决问题，正确认识我国基本国情和社会主要矛盾的新变化新特点，正确研判世界大变局背景下国家安全面临的国内国际环境和风险挑战，据此全面分析中国政治安全面临的形势、任务和战略部署。

坚持社会存在与社会意识关系原理，正确认识加强制度和意识形态建设的必要性和重要性。社会存在决定社会意识，社会意识形成后又对社会存在具有能动的反作用。加强政权建设、制度建设和意识形态建设，能够为经济和社会建设的有序推进提供更好的制度保障、舆论共识和社会环境。中国共产党始终把组织建设、思想建设放在党的建设重要位置，实际上就是在强调思想、理论、制度对实践的巨大能动反作用。党的二十大报告中强调，要"不断彰显中国特色社会主义制度优势，不断增强社会主义现代化建设的动力和活力，把我国制度优势更好转化为国家治理效能"。

---

① 习近平：《在庆祝中国共产党成立 100 周年大会上的讲话》，《人民日报》2021 年 7 月 2 日，第 2 版。

② 中共中央马克思恩格斯列宁斯大林著作编译局编译：《马克思恩格斯文集》第 9 卷，人民出版社 2009 年版，第 47 页。

③ 习近平：《在纪念毛泽东同志诞辰 120 周年座谈会上的讲话》，《人民日报》2013 年 12 月 27 日，第 2 版。

同时指出，“意识形态工作是为国家立心、为民族立魂的工作”。[①] 所有这些都是对社会意识相对独立性和反作用原理的自觉运用和发展。

坚持运用矛盾运动的基本原理，注重强调问题导向并掌握矛盾分析方法。矛盾是普遍存在的，是事物发展的根本动力。人的认识活动和实践活动，从根本上说就是不断认识矛盾、不断解决矛盾的过程。增强问题意识、坚持问题导向，就是承认矛盾的普遍性、客观性，就是要善于认识和化解风险和挑战。当前中国面临的政治安全，既有一些深层次的体制机制问题，也有文化、宗教、舆论、意识形态等领域的具体问题；既有对中国特色社会主义制度自信不足的问题，也有境外势力对华意识形态渗透问题。很多矛盾是躲不开也绕不过去的，必须有迎难而上、攻坚克难的心理准备。积极面对矛盾、解决矛盾，还要分清主次，注意把握好主要矛盾和次要矛盾、矛盾的主要方面和次要方面的关系，做到纲举目张、提纲挈领；还要坚持发展而非静止、全面而非片面、系统而非零散、普遍联系而非单一孤立的思维，善于处理局部和全局、当前和长远、重点和非重点的关系，在权衡利弊中趋利避害、作出最为有利的战略抉择。

坚持人民群众是历史创造者的观点，始终践行以群众路线为核心的领导方法。群众观点是马克思主义政党秉持的基本观点。马克思和恩格斯在《神圣家族》中指出：“历史活动是群众的活动，随着历史活动的深入，必将是群众队伍的扩大。”[②] 他们在写于1848年的《共产党宣言》中指出：“过去的一切运动都是少数人的，或者为少数人谋利益的运动。无产阶级的运动是绝大多数人的，为绝大多数人谋利益的独立的运动。”[③] “共产党人为工人阶级的最近的目的和利益而斗争，但是他们在当前的运动中同时代表运动的未来。”[④] 我们党在革命岁月中形成了一切为了群众、一切依靠

① 习近平：《高举中国特色社会主义伟大旗帜　为全面建设社会主义现代化国家而团结奋斗——在中国共产党第二十次全国代表大会上的报告》，人民出版社2022年版，第27、43页。

② 中共中央马克思恩格斯列宁斯大林著作编译局编译：《马克思恩格斯文集》第1卷，人民出版社2009年版，第287页。

③ 中共中央马克思恩格斯列宁斯大林著作编译局编译：《马克思恩格斯选集》第1卷，人民出版社2012年版，第411页。

④ 中共中央马克思恩格斯列宁斯大林著作编译局编译：《马克思恩格斯选集》第1卷，人民出版社2012年版，第434页。

群众和从群众中来、到群众中去的群众路线，带领人民群众不断取得革命和建设事业的伟大胜利。国家安全特别是政治安全，其重要目标就是着眼人民安全，为实现中华民族伟大复兴、实现全体中国人民的根本福祉提供更加有力的保障，创造更加有利的条件。

二、关于世界历史的理论

生产力决定生产关系，经济基础决定上层建筑，是马克思主义的基本原理，深刻揭示了人类社会发展的内在规律。马克思明确指出："人们按照自己的物质生产率建立相应的社会关系，正是这些人又按照自己的社会关系创造了相应的原理、观念和范畴。"① 在历史唯物主义那里，社会存在是第一性的，它的发展决定社会意识的发展，是社会意识发展的基础。社会意识归根结底源于社会存在，但又会对社会存在的变迁发展产生巨大的能动作用，在这一规律的支配下，社会存在和社会意识相互作用着推动人类社会发展。随着人类社会的生产力的变革和飞跃，生产关系也在发生质的变化，并反过来作用于生产力的进步，由此导致人类社会由原始社会，依次过渡到奴隶社会、封建社会、资本主义社会、社会主义社会，最终进入共产主义社会。

实现人类解放是马克思全部思想的主题。致力于实现人自由而全面的发展，建立起自由人的联合体，是马克思主义崇高的奋斗目标和价值追求。马克思和恩格斯指出："代替那存在着阶级和阶级对立的资产阶级旧社会，这个新社会将是这样一个联合体，在那里，每个人的自由发展是一切人的自由发展的条件。"② 在马克思和恩格斯看来，无产阶级革命胜利之后，无产阶级将取得公共权力，并利用这一权力"使生产资料摆脱了它们迄今具有的资本属性，使它们的社会性质有充分的自由得以实现"。③ 这些"自由人"真正摆脱了人身依附，在政治上完全平等，在生产资料上共同占有，能以自由劳动者的身份按照合理计划自觉联合起来从事劳动，进而

---

① 中共中央马克思恩格斯列宁斯大林著作编译局编译:《马克思恩格斯选集》第1卷，人民出版社2012年版，第222页。

② 中共中央马克思恩格斯列宁斯大林著作编译局编译:《马克思恩格斯选集》第1卷，人民出版社2012年版，第422页。

③ 中共中央马克思恩格斯列宁斯大林著作编译局编译:《马克思恩格斯文集》第3卷，人民出版社2009年版，第566页。

形成以“每个人的自由发展是一切人的自由发展的条件”的“自由人的联合体”。自由人的联合体的最终建立，就是要“使社会的每一个成员都能完全自由地发展和发挥他的全部才能和力量，并且不会因此而危及这个社会的基本条件”。[①]

中国共产党人坚持马克思主义的世界历史理论，深刻把握了人类社会的历史发展规律。正是因为对社会发展规律的科学认识和矢志不渝的追求，中国共产党人从一开始就有着为中国和世界求解放的崇高理想，就有着为天下劳苦群众谋幸福的初心使命。这是我们党维护政治安全、坚定捍卫中国特色社会主义制度的重要认识基础。

三、关于无产阶级专政的思想

《共产党宣言》明确指出：“至今一切社会的历史都是阶级斗争的历史。”[②] 在资本主义社会中，无产阶级是受压迫阶级，他们在经济和政治上处于被剥削和被压迫的地位，要想改变这种地位，无产阶级必须通过革命推翻资产阶级的统治，建立起无产阶级专政的民主共和国。在《马克思致约瑟夫·魏德迈》的信中，马克思正式使用“无产阶级专政”这一概念。他指出：“阶级的存在仅仅同生产发展的一定历史阶段相联系；阶级斗争必然要导致无产阶级专政；这个专政不过是达到消灭一切阶级和进入无阶级社会的过渡。”[③] 这表明，无产阶级反对资产阶级的斗争最终必将导致无产阶级专政，而推翻资产阶级和一切剥削阶级的专政，代之以无产阶级专政，将是历史发展的必然趋势和内在要求。

其一，建立和巩固无产阶级政权，必须打碎旧的国家机器。无产阶级专政是代表工人阶级和广大劳动群众根本利益、同旧政权根本对立的新型国家政权。无产阶级在取得革命胜利后，要保卫政权安全，必须打碎旧的国家机器。马克思在《法兰西内战》中指出，“工人阶级不能简单地掌握

---

① 中共中央马克思恩格斯列宁斯大林著作编译局编译：《马克思恩格斯全集》第42卷，人民出版社1979年版，第373页。

② 中共中央马克思恩格斯列宁斯大林著作编译局编译：《马克思恩格斯选集》第1卷，人民出版社2012年版，第400页。

③ 中共中央马克思恩格斯列宁斯大林著作编译局编译：《马克思恩格斯选集》第4卷，人民出版社2012年版，第426页。

现成的国家机器，并运用它来达到自己的目的”。[①] 同时，恩格斯在为《法兰西内战》所写“导言”中指出，“工人阶级一旦取得统治权，就不能继续运用旧的国家机器来进行管理……应当铲除全部旧的、一直被利用来反对工人阶级的压迫机器”。[②]

其二，建立和巩固无产阶级政权，必须形成坚强有力的领导核心。马克思、恩格斯在总结巴黎公社失败的教训时指出，缺乏集中、权威的领导核心以及由此带来的内部不团结是导致巴黎公社最终失败的重要原因。巴黎公社领导成员分为多数派和少数派，内部宗派斗争极大削弱了革命力量，给反对公社的敌人可乘之机。马克思指出：“革命应当是团结的，巴黎公社的伟大经验这样教导我们。”[③] 正是出于对党的领导的认识，总体国家安全观强调党对国家安全工作的绝对领导，完善集中统一、高效权威的国家安全领导体制，这是维护国家安全和社会安定的根本保证。

其三，建立和巩固无产阶级政权，必须建立无产阶级专政的强大经济基础。马克思和恩格斯认为，无产阶级在夺取政权之后的重要任务是“把一切生产工具集中在国家即组织成为统治阶级的无产阶级手里，并且尽可能快地增加生产力的总量”[④]，以实现全部生产方式的变革。马克思、恩格斯的论述告诉我们，经济发展是政治安全的物质基础，必须尽力壮大无产阶级专政的物质基础，这是巩固政治制度、维护政治安全的基础和前提。

其四，建立和巩固无产阶级政权，必须高度重视意识形态安全。马克思、恩格斯认为，无产阶级和资产阶级的对立和斗争不仅表现在经济、政治领域，而且体现在思想文化领域特别是意识形态领域。“工人比起资产阶级来，说的是另一种方言，有不同的思想和观念，不同的习俗和道德原则。”[⑤] 马克思、恩格斯认为，先进的文化一旦被群众掌握，就会转化为强

---

① ［德］马克思著，中共中央马克思恩格斯列宁斯大林著作编译局编译：《法兰西内战》，人民出版社 2018 年版，第 56—57 页。

② ［德］马克思著，中共中央马克思恩格斯列宁斯大林著作编译局编译：《法兰西内战》，人民出版社 2018 年版，第 14 页。

③ 中共中央马克思恩格斯列宁斯大林著作编译局编译：《马克思恩格斯全集》第 18 卷，人民出版社 2006 年版，第 180 页。

④ 中共中央马克思恩格斯列宁斯大林著作编译局编译：《马克思恩格斯选集》第 1 卷，人民出版社 2012 年版，第 421 页。

⑤ 中共中央马克思恩格斯列宁斯大林著作编译局编译：《马克思恩格斯文集》第 1 卷，人民出版社 2009 年版，第 437 页。

大的物质力量。因此，要维护无产阶级的意识形态安全就必须加强对工人的教育，建立无产阶级意识形态的主导权，抵御和防止资产阶级思想意识对工人的侵蚀。“共产党一分钟也不忽略教育工人尽可能明确地意识到资产阶级和无产阶级的敌对的对立。”① 总体国家安全观继承和创新了马克思主义经典作家关于意识形态安全的思想，坚持加强意识形态建设，坚定捍卫政治安全。

第二节　中华优秀传统文化关于政治安全的思想

习近平总书记指出：“中华优秀传统文化的丰富哲学思想、人文精神、教化思想、道德理念等，也蕴含着解决当代人类面临难题的重要启示，可以为人们认识和改造世界提供有益启迪。”② 中华优秀传统文化蕴含着许多治国安邦的智慧和经验，为当今中国政治安全理论与实践提供了重要的启迪，也赋予了总体国家安全观独特的文化底色。

一、以民为本

中国传统文化蕴含着深厚的民本思想和以人为本的情怀。《尚书》记载：“民惟邦本，本固邦宁。”（《尚书·五子之歌》）孔子提出“庶民、富民、教民”（《论语·子路》）的仁政思想，主张惠民为民、为政以德。孟子有言：“民为贵，社稷次之，君为轻。”（《孟子·尽心》）荀子指出：“君者，舟也，庶人者，水也。水则载舟，水则覆舟。”（《荀子·王制》）正所谓，得民心者得天下，失民心者失天下。此后，柳宗元提出“吏为民役”（《送宁国范明府诗序》），程颐强调“为政之道，以顺民心为本，以厚民生为本，以安而不扰民为本”（《二程文集》卷五），张居正写到“安民之道，在察疾苦而已”（《请蠲积逋以安民生疏》），王夫之感叹“一姓之兴亡，私也，而生民之生死，公也”（《读通鉴论》卷十七）等，都体现出对人民福祉的关切，体现出对人民疾苦的体察和同情。中国传统民本

---

① 中共中央马克思恩格斯列宁斯大林著作编译局编译：《马克思恩格斯选集》第4卷，人民出版社1972年版，第434页。

② 《习近平总书记系列重要讲话读本》，人民出版社2016年版，第202页。

思想固然有其历史局限性，但也体现出强烈的爱民、亲民、为民的核心理念，都肯定了人民群众的历史地位和决定性作用，都提出统治者要重视人民群众的利益，对后世的治国理政有着重要启示。

习近平总书记深刻把握中国传统民本思想的历史价值，积极弘扬马克思主义的人民观，创造性地提出“以人民为中心”的思想，集中体现了中国共产党全心全意为人民服务的初心和使命。总体国家安全观清晰阐明以人民安全为宗旨，国家安全一切为了人民、一切依靠人民，体现出最鲜明的人民性特征。维护政治安全，坚定捍卫中国特色社会主义制度和价值观，目的就是要不断发扬中国特色社会主义的制度优势、理论优势、道路优势，更大程度地推动经济和社会发展，更好满足人民群众的根本利益和福祉。

二、仁者爱人

“仁”是中华民族最核心的道德准则，是中华优秀传统文化的重要价值标准。仁首先是一种发自内心的德性自觉和道德自律。《中庸》记载：“仁者，人也。”儒家认为，仁是君子之德，是一种爱人之心，是一种恕道之心。儒家主张“己所不欲，勿施于人”（《论语·颜渊》），要求君子要爱己所爱，恕己所恕，对他人要有同情心、同理心、责任感。正所谓：“君子所以异于人者，以其存心也。君子以仁存心，以礼存心。仁者爱人，有礼者敬人。爱人者，人恒爱之；敬人者，人恒敬之。”（孟子·离娄下）其次，仁还是儒家向往的社会准则，是对贤达人士的一种道德约束。孔子曰：“夫仁者，己欲立而立人，己欲达而达人。”如果说，“己所不欲，勿施于人”是一种个体的道德自律，那么“己欲立而立人，己欲达而达人”则是一种更高的道德要求，正所谓“穷则独善其身，达则兼济天下”。儒家主张“仁者无敌”，认为君主要以仁爱之心对待百姓，以仁爱之心治理国家，才能达到国泰民安、天下太平。

我们需要汲取中国传统文化中的仁爱思想，深入挖掘和阐释其时代价值。维护政治安全，就是要弘扬社会主义核心价值观，推动建立平等、诚信、友爱的人际关系，建立公正、平等、和谐的社会秩序。

三、和合共生

“和合”是中国传统文化的重要属性，和合共生是中华民族重要的价值追求，体现了中国文化的独特精神气质。据史料考证，“和”“合”二字最早见于甲骨文和金文。“和”原指声音相应和谐，后来逐渐拓展为自然和社会各个方面的和谐、和平、和善、和睦、中和等含义。“合”的原义是上下唇部接触，后来逐渐演变为多种事物的相互结合、汇合、融合、配合、联合、合作等。和而不同、和合共生是一种基于差异之上的对立统一，是一种不同要素、不同事物之间相互作用、相互平衡而达到的平衡状态，体现了诸多要素之间的彼此交融、相互影响和互相促进。正所谓，“和实生物，同则不继”（《国语·郑语》）；“和羹之美，在于合异”（《三国志·夏侯玄传》）；“万物并育而不相害，道并行而不相悖”（《礼记·中庸》）。中国文化倡导“海纳百川，有容乃大”的气度胸怀，承认不同事物差异性与多元性的客观现实，推动不同事物相互借鉴、取长补短进而实现“各美其美，美人之美，美美与共”的愿景。

中国自古以来就是统一的多民族国家，和而不同、和合共生的理念早已融入中华民族的血液之中，成为中国人的文化基因。一方面，这种多元一体的民族构成是中华文明的突出特性之一，赋予了中华文化坚韧的品质和一体化的构成，从根本上决定了各民族在历史上的融合发展趋势。即使在国家遭遇重大困难与挫折的时候，各民族也能够紧密地团结在一起，表现出强大的民族凝聚力。习近平总书记强调：“做好新时代党的民族工作，要把铸牢中华民族共同体意识作为党的民族工作的主线。”① 另一方面，这种多元一体还体现在政治制度安排上，比如中国共产党领导的多党合作和政治协商制度就集中体现了政党制度安排的中国特色，既坚持中国共产党的领导，又能保持多党合作的政治方向与生机活力，从而保持了合作和谐的政党关系，奠定了社会政治稳定的坚实基础。

四、居安思危

中华民族自古以来就具有强烈的忧患意识，强调居安思危、防患未然。早在先秦时期，《左传》便提出了为政要“居安思危，思则有备，有备无患”（《左传·襄公十一年》）。《周易》提出“安而不忘危，存而不忘亡，治而不忘乱”（《易传·系辞传·下》）。老子强调“治之于未乱，备之于未形，为之于未有，防患于未然”（《道德经》第六十四章）。墨子提出“心无备虑，不可以应卒”（《墨子·七患》）。孟子也说“生于忧患，

---

① 《习近平谈治国理政》第四卷，外文出版社 2022 年版，第 245 页。

死于安乐”（《孟子·告子下》）。荀子则有“满则虑嗛，平则虑险，安则虑危”（《荀子·仲尼》）。唐代魏征曾提出“备豫不虞，为国常道”（《贞观政要·纳谏》），并具体提出了居安思危、戒奢以俭等十条建议。北宋范仲淹提出“防之于未萌，治之于未乱”（《奏上时务书》），强调要防微杜渐、洞察先机。正是因为有这种忧患意识，中华民族在漫长的历史长河中虽历经磨难却得以世代赓续。

总体国家安全观继承了中华优秀传统文化中强烈的忧患和危机意识。习近平总书记指出：“当前，我国面临对外维护国家主权、安全、发展利益，对内维护政治安全和社会稳定的双重压力，各种可以预见和难以预见的风险因素明显增多。”① 习近平总书记因此强调：“增强忧患意识，做到居安思危，是我们党治国理政的一个重大原则。”② 维护政治安全，需要我们时刻警惕和防范来自外部世界的意识形态渗透，敢于正视和反思自身政治、制度和文化建设面临的各种挑战和难题，特别是要防范非政治问题和政治问题、国内问题和国际问题的相互联动、叠加、共振、升级，把形势和挑战考虑得更严峻一些，做好应对最坏局面的思想准备。

第三节　中国共产党关于政治安全的理论成果

中国共产党自成立以来，在革命、建设、改革进程中，根据不断变化的国内国际形势，在争取和巩固国家政权、完善社会主义制度、从事意识形态建设等方面敢于斗争、善于斗争，有效捍卫了国家政治安全，也积累了宝贵的理论成果和实践经验。这为新时代维护政治安全提供了重要的经验和启示。

一、关于独立自主

独立自主是中国共产党的立国之本，是中国外交的基本原则。中国的

① 中央文献研究室编：《十八大以来重要文献选编》（上），中央文献出版社2014年版，第506页。

② 习近平：《决胜全面建成小康社会　夺取新时代中国特色社会主义伟大胜利——在中国共产党第十九次全国代表大会上的报告》，人民出版社2017年版，第24页。

历史文化、社会制度和基本国情决定了，中国的事情不可能依赖别人，只能按照中国的情况来办，只能依靠中国人自己来办。早在新中国成立前夕，毛泽东就明确提出“一边倒”“另起炉灶”“打扫干净屋子再请客”外交三原则，彻底结束了帝国主义在华殖民特权。在 1949 年 11 月 8 日外交部成立大会上，周恩来在谈到独立自主时这样说：“清朝的西太后，北洋政府的袁世凯，国民党的蒋介石，哪一个不是跪倒在地上办外交呢？中国一百年来的外交史是一部屈辱的外交史，我们不学他们。”① 新中国成立后，坚定捍卫国家主权独立，坚决反对外部势力对华的侵略和干涉政策，展现了反帝反殖反霸的坚定决心。改革开放以来，中国共产党一再重申并始终奉行独立自主的和平外交政策，实行真正不结盟政策，坚定维护中国的主权、安全和发展权益，坚定维护世界的和平、发展和正义。

中国对独立自主的追求，还体现在道路选择上，即中国共产党始终坚定走适合自己的道路，独立自主探索中国的革命、建设、改革的道路。中国共产党人对独立自主的探索，从建党之后不久就已经开始。早在 1930 年，毛泽东就针对当时党内存在的脱离实际、教条的错误倾向，指出：“中国革命斗争的胜利要靠中国同志了解中国情况。”他认为：“我们说马克思主义是对的，决不是因为马克思这个人是什么‘先哲’，而是因为他的理论，在我们的实践中，在我们的斗争中，证明了是对的。……我们需要‘本本’，但是一定要纠正脱离实际情况的本本主义。”② 事实上，从遵义会议开始，甚至早在井冈山时期，年轻的中国共产党人在接受共产国际的指导之时，就开始独立自主地探索从事新民主主义革命的道路、理论和实践，开始了马克思主义中国化的历史进程。在 1943 年 5 月，中共中央就共产国际解散发表声明，指出“中国共产党在革命斗争中曾经获得共产国际许多帮助，但是很久以来，中国共产党人已经能够完全独立地根据自己民族的具体情况和特殊条件决定自己的政治方针、政策和行动”。③

新中国成立后，中国共产党人在学习苏联经验的同时，始终立足于中国实际独立自主地探索自己的道路。这是因为，各国社会经济发展情况千

---

① 中华人民共和国外交部、中共中央文献研究室编：《周恩来外交文选》，中央文献出版社 1990 年版，第 4—5 页。

② 《毛泽东选集》第 1 卷，人民出版社 1991 年版，第 111 页。

③ 中央档案馆：《中共中央文件选集》第 14 册，中共中央党校出版社 1992 年版，第 39 页。

差万别，阶级关系状况及阶级力量对比很不相同，人民的觉悟和组织程度也有高有低。因此决不能按照某个固定的模式进行革命和建设，也不能由某个国际的“领导中心”统一指挥。适合于本国情况的战略策略，只能由最熟悉本国历史特点和情况的无产阶级及其政党制定。任何照抄照搬别国经验、别国模式的做法，任何强行输出自己经验、自己模式的做法，从来都不可能成功。正如邓小平所说，“各国的事情，一定要尊重各国的党、各国的人民，由他们去寻找道路，去探索，去解决问题，不能由别的党充当老子党，去发号施令。这应该成为一条重要的原则”。[①] 这种独立自主的态度才是真正马克思主义的实事求是的态度。

改革开放后，中国开始全面走向世界，在借鉴发达国家发展经验时不断探索适合自身的发展道路，走出了一条中国式现代化道路。邓小平指出：“为什么说我们是独立自主的？就是因为我们坚持有中国特色的社会主义道路。”[②] 在苏联解体、东欧剧变之后，邓小平顶住国内国际压力，坚定捍卫中国特色社会主义制度，坚定不移推进改革开放，中国现代化事业取得更大发展成就。江泽民同志在回顾改革开放的成功经验时，认为根本原因在于“坚持把马克思主义基本原理同中国具体实际相结合，逐步形成和发展了建设有中国特色社会主义的理论”。[③] 胡锦涛同志总结，“中国特色社会主义道路，是实现社会主义现代化的必由之路，是创造人民美好生活的必由之路”。[④] 这条道路的探索与深化，自始就是中国共产党人基于中国国情而独立自主地探索出来的。

二、关于人民民主专政

中国共产党继承并发展了马克思主义关于无产阶级专政的思想，建立人民民主专政的国家政权，为维护国家安全提供了根本的制度保障。毛泽东在《论人民民主专政》中指出，“中国革命经验集中到一点，就是建立中国共产党领导的以工农联盟为基础的人民民主专政”。[⑤] 邓小平强调指出：“依靠无产阶级专政保卫社会主义制度，这是马克思主义的一个基本

① 《邓小平文选》第 2 卷，人民出版社 1994 年版，第 319 页。
② 《邓小平文选》第 3 卷，人民出版社 1993 年版，第 311 页。
③ 《江泽民文选》第 1 卷，人民出版社 2006 年版，第 218 页。
④ 《胡锦涛文选》第 3 卷，人民出版社 2016 年版，第 526 页。
⑤ 《毛泽东选集》第 4 卷，人民出版社 1991 年版，第 1480 页。

观点。”①

其一，建立和巩固人民民主专政的国家政权，维护国家安全特别是政治稳定。在马克思、恩格斯无产阶级专政思想的基础上，毛泽东创造性地提出了人民民主专政的学说，认为人民民主专政是新型民主与新型专政相结合的政权，对人民实行民主，对敌人实行专政。在毛泽东看来，革命胜利之后还要强化人民的国家机器，主要是人民的军队、人民的警察和人民的法庭，借以巩固国防和保护人民的利益。改革开放后，中国共产党人也极为重视国家政权建设，提出并长期坚持四项基本原则，特别是在苏联解体、东欧剧变及西方“颜色革命”压力下坚决维护了社会主义制度和国家政权稳定，推动中国特色社会主义现代化建设不断取得新成就。

其二，建立和完善人民代表大会制度的政体，确立民主集中制的组织原则。人民代表大会制度的确立是在继承和发展苏联苏维埃制度的基础上形成的。毛泽东在 1949 年 3 月党的七届二中全会上指出，我们国家不采用资本主义国家的国会制度，而要采取无产阶级共和国的苏维埃制度，但在内容和名称上又与苏联的无产阶级专政的苏维埃有所不同，即采用人民代表会议制度。② 随后在 1949 年 9 月通过的《中国人民政治协商会议共同纲领》，对即将成立的新中国的政权组织形式作出规定，指出新中国的政权组织形式是民主集中制。1954 年召开的第一届全国人民代表大会通过了《中华人民共和国宪法》，正式确立了人民代表大会制度，并规定人民代表大会采取民主集中制。民主集中制是我国人民代表大会制度的组织和活动原则，是民主基础上的集中和集中指导下的民主相结合的制度，能够最大限度体现人民的意志和权利，最大限度保障国家安全和社会稳定。

其三，建立和完善中国特色的政党制度，团结各党派各阶层人民共同从事国家建设。1956 年 4 月，毛泽东在《论十大关系》中专门论述了“党和非党的关系”，提出“长期共存，互相监督”的原则，为巩固党同各民主党派的爱国统一战线作了思想和理论准备。1979 年 10 月，邓小平在全国政协和中央统战部宴请出席各民主党派和工商联代表大会全体代表的招待会上，指出“在中国共产党的领导下，实行多党派的合作”③，此后逐步

---

① 《邓小平文选》第 3 卷，人民出版社 1993 年版，第 379 页。
② 《毛泽东文集》第 5 卷，人民出版社 1996 年版，第 265 页。
③ 《邓小平文选》第 2 卷，人民出版社 1983 年版，第 205 页。

确定为中国共产党领导的多党合作和政治协商制度。一方面，要坚持中国共产党的领导核心地位，主张坚持党的无产阶级先锋队性质。事实证明，只有加强中国共产党的领导，才能巩固我国的政治安全，才能领导中国在政治、经济、文化、外交及军事建设等方面取得进步。另一方面，要尊重中国社会各阶级各阶层的实际情况，充分动员不同阶层和党派的力量共同参与社会主义革命和建设。这一制度有效发挥了中国共产党的领导核心作用，又能充分调动其他党派参与国家建设事业的积极性和主动性，巩固和发展了最广泛的爱国统一战线。

其四，主张实行民族平等及宗教信仰自由，促进民族和宗教问题的解决。民族和宗教问题是影响国家安全和社会稳定的重要因素。毛泽东在新中国成立之前就重视这一问题，主张要坚持尊重宗教信仰自由，实行各民族平等相处的政策。1954 年《中华人民共和国宪法》将民族区域自治制度正式确立了下来。这是一种在国家统一领导下，各少数民族聚居的地方实行区域自治、行使自治权的制度，体现了坚持原则性与发挥灵活性的统一。民族区域自治制度，对于解决我国的民族和宗教问题、维护少数民族地区的社会稳定和边疆地区的领土安全、解决宗教信仰问题等都发挥了重大作用。正如习近平总书记指出，“党的民族工作取得的最大成就，就是走出了一条中国特色解决民族问题的正确道路”。①

三、关于捍卫政治制度和意识形态安全

政治制度和意识形态是上层建筑的重要组成部分，也是政治安全重要组成部分。相较于军事、外交等方面的安全，政治制度和意识形态对维护国家安全和社会稳定的作用同样具有长期性和深刻性。维护好社会主义中国的政治安全，自然需要维护好中国特色社会主义制度，需要维护好马克思主义在意识形态领域的领导地位。

早在新中国成立之前，毛泽东在《论人民民主专政》一文中就系统论述过人民民主专政的政治制度和马克思列宁主义的意识形态指导地位。1957 年 2 月，毛泽东在最高国务会议第十一次（扩大）会议上明确提出，“只有社会主义能够救中国”。② 他特别强调，人民民主专政的国家制度和

---

① 《习近平谈治国理政》第四卷，外文出版社 2022 年版，第 243 页。

② 《毛泽东文集》第 7 卷，人民出版社 1999 年版，214 页。

法律，以马克思列宁主义为指导的社会主义意识形态，对社会主义改造的胜利和社会主义建设有着积极推动作用。他还指出："在六万万人口的伟大国家中建成社会主义社会，必须在知识分子和广大人民中宣传辩证唯物主义和历史唯物主义思想，并在这个思想战线上取得胜利。"① 毛泽东关于重视政治制度和意识形态工作的思想，对于巩固党的执政地位和坚持社会主义道路具有重大意义，有力地维护了新中国的政治安全。

改革开放后，邓小平在向世界打开中国国门之时，也极为重视制度建设和意识形态建设，坚定维护国家政治安全。邓小平认为坚持走中国特色社会主义道路，是维护国家政治安全的根本保证。在1979年3月召开的党的理论工作务虚会上，邓小平明确提出坚持四项基本原则，即坚持社会主义道路，坚持无产阶级专政，坚持共产党的领导，坚持马列主义毛泽东思想，第一次把中国现代化建设的道路问题、国体问题、领导核心问题、指导思想问题作了系统而深入的论述。② 在1992年的南方谈话中，邓小平再次强调："在整个改革开放过程中，必须始终坚持四项基本原则。"③ 坚定捍卫政治制度和意识形态安全，是坚持和完善中国特色社会主义制度、推进中国特色社会主义现代化事业不断前行的重要保障。

四、关于处理改革、发展与稳定的关系

维护政治安全，必须处理好改革、发展与稳定的关系，这是改革开放以来中国共产党人的重要历史经验。江泽民曾这样总结：改革是动力，发展是目标，稳定是前提。没有改革，我们就不可能走出一条建设有中国特色社会主义的正确道路，我们的事业就不可能顺利前进；没有发展，我们就不可能实现现代化，也不可能保持党和国家长治久安；没有稳定，改革和发展都无从进行。④

其一，发展是目标，经济发展也是维护政治安全的基础。马克思主义认为，生产力发展是人类社会发展的最终决定力量。中国共产党作为马克思主义政党，始终注重解放和发展生产力。毛泽东在1956年最高国务会议

---

① 中共中央文献研究室编：《建国以来重要文献选编》第6册，中央文献出版社1993年版，第63页。

② 《邓小平文选》第2卷，人民出版社1994年版，第158—184页。

③ 《邓小平文选》第3卷，人民出版社1993年版，第379页。

④ 《江泽民文选》第1卷，人民出版社2006年版，第365页。

第六次会议上曾作出过重要论断：社会主义革命的目的是为了解放生产力。[①] 改革开放后，邓小平创造性地提出“发展才是硬道理”的著名论断。从江泽民的“三个代表”重要思想，到胡锦涛的科学发展观，都体现了对发展的高度重视。同时，通过发展经济、提高综合国力来保障国家安全特别是政治安全，体现了马克思主义的世界观和方法论。在邓小平看来，社会主义制度在中国能不能立得住、共产党的执政地位能不能巩固、社会稳定能不能长期保持下去，最关键的是看我们国家能不能发展，首先是经济能不能发展上去。他明确指出：“中国解决所有问题的关键是要靠自己的发展。”[②] 针对东欧剧变、苏联解体的历史悲剧及其教训，邓小平深刻指出：“世界上一些国家发生问题，从根本上说，都是因为经济上不去……人民现在为什么拥护我们？就是这十年有发展，发展很明显。”[③] 江泽民强调：“经济是基础，解决中国的所有问题，归根结底要靠经济的发展。”[④] 胡锦涛的科学发展观，强调第一要务是发展，认为这是基于我国社会主义初级阶段基本国情，基于人民过上美好生活的深切愿望，基于巩固和发展社会主义制度，基于巩固党的执政基础、履行党的执政使命作出的重要结论。[⑤]

其二，稳定是前提，国家安全和社会稳定为发展和改革的顺利推进提供了重要保障。邓小平提出“中国的最高利益就是稳定”。[⑥] 他强调，“国家的主权、国家的安全要始终放在第一位”。[⑦] 这是因为，没有政治稳定和社会安定有序，中国特色社会主义事业就难以顺利推进。维护政治稳定，需要时刻警惕西方对华的意识形态渗透，捍卫中国特色社会主义制度。邓小平认为：“随着经济的发展，如果不注意精神文明建设，就有很大危险。”[⑧] 他提出坚持四项基本原则，提出“两手抓、两手都要硬”的方针，目的就

---

① 《毛泽东文集》第 7 卷，人民出版社 1999 年版，第 1 页。
② 《邓小平文选》第 3 卷，人民出版社 1993 年版，第 157、265 页
③ 《邓小平文选》第 3 卷，人民出版社 1993 年版，第 354 页。
④ 《江泽民重要讲话选编》，中共中央党校出版社 1999 年版，第 552 页。
⑤ 《胡锦涛文选》第 3 卷，人民出版社 2016 年版，第 2 页。
⑥ 《邓小平文选》第 3 卷，人民出版社 1993 年版，第 313 页。
⑦ 《邓小平文选》第 3 卷，人民出版社 1993 年版，第 348 页。
⑧ 冷溶、汪作玲主编，中共中央文献研究室编：《邓小平年谱（1975—1997）》（下册），中央文献出版社 2004 年版，第 813 页。

是维护中国政治和社会稳定。维护政治稳定，需要加强军队和国防建设。在海湾战争爆发之后，江泽民曾召开三次关于海湾战争的座谈会，明确提出要看到国际形势的新变化，要加强军事和国防建设，特别是加强军事技术现代化。[①] 维护政治稳定，还需要不断加强党的自身建设，强化执政意识，提高执政本领。胡锦涛指出："执政考验、改革开放考验、市场经济考验、外部环境考验是长期的、复杂的、严峻的。"[②] 加强党的自身建设，克服精神懈怠的危险、能力不足的危险、脱离群众的危险、消极腐败的危险，是摆在全党面前的长期任务。

其三，改革是动力，体制改革能够破除阻碍经济发展的诸多障碍。改革的目的是什么？邓小平指出："我们所有的改革都是为了一个目的，就是扫除发展社会生产力的障碍。"[③] 他多次强调，改革是涉及"亡党亡国"[④] 的问题。如果不进行改革，"我们的现代化事业和社会主义事业就会被葬送"。[⑤] 只有通过改革，不断解放和发展生产力，才能为国家安全提供丰富的物质保障，提高人民的生活水平，维护好国家的经济安全和社会稳定。邓小平提出要对不适应生产力发展的生产关系、不适应经济基础的上层建筑进行改革，特别是要改变那些对生产力发展造成严重束缚的经济体制和机制，为经济发展增添新的活力，为国家经济利益与安全注入强劲动力。江泽民指出，建设和完善社会主义市场经济体制，是一个长期发展的过程，是一项艰巨复杂的社会系统工程。[⑥] 其根本目的就是要解放和发展生产力，不断体现社会主义制度的优越性。改革开放以来我们党处理改革、发展和稳定的关系，为新时代维护政治安全提供了重要经验和启示。

---

① 《江泽民文选》第 1 卷，人民出版社 2006 年版，第 142—150 页。
② 《胡锦涛文选》第 3 卷，人民出版社 2016 年版，第 528 页。
③ 《邓小平文选》第 3 卷，人民出版社 1993 年版，第 134 页。
④ 《邓小平文选》第 2 卷，人民出版社 1994 年版，第 397 页。
⑤ 《邓小平文选》第 2 卷，人民出版社 1994 年版，第 150 页。
⑥ 《江泽民文选》第 1 卷，人民出版社 2006 年版，第 227—228 页。

第三章　新时代政治安全理论和实践创新

党的十八大以来，面对风云变幻的国际形势和艰巨繁重的改革发展稳定任务，以习近平同志为核心的党中央，坚持底线思维、问题导向和目标牵引，始终把政治安全摆到首要位置，从战略和全局高度采取一系列重大举措，全面加强理论指导、顶层设计和战略运筹，既立足当下防范化解重大风险，又着眼长远强化体系能力建设，充分体现了理论原创性与实践创新性、制度科学性与体系完整性、布局前瞻性与机制长效性的高度有机统一，为全面推进强国建设、民族复兴伟业筑牢了政治安全根基。

第一节　新时代政治安全的历史方位

一个国家、一个民族要振兴，就必须在历史前进的逻辑中前进、在时代发展的潮流中发展。习近平总书记指出："在这个重要时刻，我们既要看到我国发展总体态势是好的，我们完全有基础、有条件、有能力取得新的伟大胜利，也要看到当前诸多矛盾叠加、风险挑战显著增多，我国发展面临着前所未有的复杂环境。"[①] 中国特色社会主义进入了新时代，我国综合国力不断提高，党的领导力、创造力、凝聚力、战斗力、号召力显著增强，党的执政基础和群众基础更加巩固，为维护政治安全创造了有利条件。我国社会政治大局总体稳定，维护政治安全具备坚实基础。同时必须清醒看到，当前我国国家安全内涵和外延比历史上任何时候都要丰富，时空领域比历史上任何时候都要宽广，内外因素比历史上任何时候都要复

① 习近平：《论把握新发展阶段、贯彻新发展理念、构建新发展格局》，中央文献出版社 2021 年版，第 483 页。

杂，各种可以预见和难以预见的安全风险挑战前所未有。我国面临的政治安全形势仍十分复杂，维护政治安全的任务仍十分艰巨。

一、世界百年未有之大变局加速演变

当前，世界之变、时代之变、历史之变正以前所未有的方式展开。和平、发展、合作、共赢的历史潮流不可阻挡，但其中也有险滩、暗礁。近年来，各种风险挑战加速积聚，尤其是新冠疫情暴发、俄乌冲突等让世界大变局变得更快、来得更猛。世界经济增长动能不足，霸权主义、单边主义、保守主义明显上升，大国竞争更趋激烈，地区热点此起彼伏，恐怖主义、网络安全、重大传染性疾病、气候变化等非传统安全威胁持续蔓延。各种思潮、各种力量在经济低迷、贫富分化加剧中猛烈碰撞，又进一步激化了世界长期存在的不平等、不均衡的结构性矛盾，“黑天鹅”“灰犀牛”事件接踵而来。老的根源没有从根本上遏制消除，旧的结构性矛盾在新条件下不断强化，一些难以预见的问题以前所未有的速度接踵而来。世界进入新的动荡变革期，全球安全形势更加复杂严峻。

力量对比的变化必将带来利益格局调整和国际体系变革。面对中国和平力量的发展壮大，美国朝野对我国的疑惧明显增加，明确将中国作为全球首要的战略竞争对手，积极调整对华战略，斗争、竞争、遏制的一面在增强，合作的一面在减弱，对我国千方百计进行围堵打压。以美国为首的一些西方国家不断拼凑新的团团伙伙，极力实施打压中国的战略和政策，不仅在经贸、科技、人文交流等方面设置障碍，而且以意识形态划线，在涉港、涉台、涉疆、涉藏、涉海、涉人权等各个方面不断制造麻烦，使我国面临着比以往更为严峻的国际环境。正如习近平总书记所指出的，“过去大环境相对平稳，风险挑战比较容易看清楚；现在世界形势动荡复杂，地缘政治挑战风高浪急，暗礁和潜流又多，对应变能力提出了更高要求”。[①] 要始终高度警惕国家被颠覆的风险，改革发展稳定大局被破坏的风险，中国特色社会主义发展进程被阻断的风险，夯实基础、筑牢防线，确保政治安全。

---

① 习近平：《论把握新发展阶段、贯彻新发展理念、构建新发展格局》，中央文献出版社 2021 年版，第 5 页。

二、中华民族伟大复兴进入关键阶段

党的十八大以来，在新中国成立特别是改革开放以来我国发展取得重大成就基础上，党和国家事业发生历史性变革，迈上了全面建设社会主义现代化国家新征程，迎来了从站起来、富起来到强起来的伟大飞跃，迎来了实现中华民族伟大复兴的光明前景。但复兴之路绝不是只有鲜花和掌声的坦途，而是遍布杂草荆棘、沟沟坎坎的大道。近代以后，中华民族复兴进程曾多次被打断，给我们留下了深刻警示。历史机遇稍纵即逝，风险挑战如影随形。前进道路不可能一帆风顺，越是接近奋斗目标，前进阻力和风险压力就越大。习近平总书记指出："我国作为一个人口众多和超大市场规模的社会主义国家，在迈向现代化的进程中，必然要承受其他国家都不曾遇到的各种压力和严峻挑战。"① 当前，我国发展进入战略机遇和风险挑战并存、不确定难预料因素增多的时期，各种"黑天鹅""灰犀牛"事件随时可能发生。我们攻坚克难、闯关夺隘既面临过去长期积累而成的矛盾，也面临在解决旧矛盾过程中新产生的矛盾，还面临大量随着形势环境变化新出现的矛盾。必须增强忧患意识，坚持底线思维，做到居安思危、未雨绸缪，准备经受风高浪急甚至惊涛骇浪的重大考验。

习近平总书记指出："我们面临的重大风险，既包括国内的经济、政治、意识形态、社会风险以及来自自然界的风险，也包括国际经济、政治、军事风险等。"② 我们的工作还存在一些不足，面临不少困难和问题。主要有：发展不平衡不充分问题仍然突出，推进高质量发展还有许多卡点瓶颈，科技创新能力还不强；确保粮食、能源、产业链供应链可靠安全和防范金融风险还须解决许多重大问题；重点领域改革还有不少硬骨头要啃；意识形态领域存在不少挑战；城乡区域发展和收入分配差距仍然较大；群众在就业、教育、医疗、托育、养老、住房等方面面临不少难题；生态环境保护任务依然艰巨；一些党员、干部缺乏担当精神，斗争本领不强，实干精神不足，形式主义、官僚主义现象仍较突出；铲除腐败滋生土

---

① 习近平：《论把握新发展阶段、贯彻新发展理念、构建新发展格局》，中央文献出版社 2021 年版，第 483 页。

② 习近平：《在党的十八届五中全会第二次全体会议上的讲话（节选）》，《求是》2016 年第 1 期。

壤任务依然艰巨；等等。[①] 必须清醒看到，新形势下各种威胁和挑战的联动效应显著增强，国际风险演化为国内风险的倒灌趋势明显上升。境内外敌对势力和反华势力加强勾联聚合，呈现跨境联动、网络协同、跨群体合流的新动向。重点领域各种社会矛盾交织叠加，在一些方面还存在短板的情况下，极易在外部风险“诱导”下升级放大。尤其是，网络已经成为风险的策源地、传导器、放大器，一些谣言传闻防不胜防，经过境内外发起煽动炒作后，导致“茶杯里的风暴”直接骤变为现实社会的“龙卷风”。确保我们党永不变质，确保红色江山永不变色，确保人民日益增长的美好生活需要被不断满足，确保不与历史机遇失之交臂，确保中华民族伟大复兴进程不被滞缓打断，就是新时代新征程赋予政治安全的丰富内涵和提出的根本要求。

三、维护政治安全面临的形势严峻复杂

党执政面临长期复杂考验。党的十八大以来，我们以坚定决心、顽强意志、空前力度推进全面从严治党，正本清源、拨正船头，保证全党沿着正确航向前进，对党、对国家、对民族都产生了不可估量的深远影响。同时，也要看到，全面从严治党还远未到大功告成的时候。党面临的长期执政考验、改革开放考验、市场经济考验、外部环境考验具有长期性和复杂性，党面临的精神懈怠危险、能力不足危险、脱离群众危险、消极腐败危险具有尖锐性和严峻性，党内存在的思想不纯、政治不纯、组织不纯、作风不纯等突出问题尚未得到根本解决。如果管党不力、治党不严，人民群众反映强烈的党内突出问题得不到解决，那我们党迟早会失去执政资格，不可避免被历史淘汰。[②]

反腐败斗争是一场输不起也决不能输的重大政治斗争。习近平总书记指出：“党面临的最大风险和挑战是来自党内的腐败和不正之风。”[③] 腐败

---

① 习近平：《高举中国特色社会主义伟大旗帜　为全面建设社会主义现代化国家而团结奋斗——在中国共产党第二十次全国代表大会上的报告》，人民出版社 2022 年版，第 14 页。

② 中共中央宣传部、中央国家安全委员会办公室：《总体国家安全观学习纲要》，学习出版社、人民出版社 2022 年版，第 72 页。

③ 中共中央宣传部、中央国家安全委员会办公室：《总体国家安全观学习纲要》，学习出版社、人民出版社 2022 年版，第 72 页。

问题对党的执政基础破坏力最大、杀伤力也最大，是最容易颠覆政权的问题。腐败和反腐败较量还在激烈进行，并呈现出一些新的阶段性特征，防范形形色色的利益集团成伙作势、“围猎”腐蚀还任重道远，有效应对腐败手段隐形变异、翻新升级还任重道远，彻底铲除腐败滋生土壤、实现海晏河清还任重道远，清理系统性腐败、化解风险隐患还任重道远。

意识形态领域交锋复杂。马克思主义的指导思想地位面临多样化社会思潮的挑战，社会主义核心价值观面临市场逐利性的挑战，传统宣传管理方式面临迅猛发展的新媒体的挑战。在国内，一些错误思潮和观点不时出现，有的人借口现实中存在的问题攻击我们党的领导和我国社会主义制度，有的人极力歪曲、丑化、否定我们的党、我们的国家、我们的军队和我国革命、建设、改革的伟大实践，有的人大肆宣扬西方的价值观。国际上，西方敌对势力一刻也没有停止对我国进行意识形态渗透。他们极力宣扬所谓的“普世价值”，是挂羊头卖狗肉，目的就是要同我们争夺阵地、争夺人心、争夺群众；千方百计利用一些热点难点问题进行炒作，煽动基层群众对党委和政府的不满，挑动党群干群对立情绪，企图把人心搞乱。

敌对势力图谋对我国策动“颜色革命”。我国是中国共产党领导的社会主义大国，外部势力难以用武力征服，但又不愿看到社会主义中国的发展壮大，便采取各种手段对我国进行干扰破坏和渗透颠覆，甚至图谋发动“颜色革命”。敌对势力在我国策动“颜色革命”的战略图谋是长期的，从来没有停止过对我国实施“西化、分化战略”，从来没有停止过对中国共产党领导和我国社会主义制度进行颠覆破坏活动。他们竭力炒作“中国威胁论”“中国崩溃论”，不断调整策略、变换手法；扶持利用一些境外非政府组织、境外媒体、智库从事违犯我国法律的活动；以民族、人权等问题为幌子，推动所谓“社会运动”，以“宗教自由”为名对我国实施宗教渗透；推动所谓“文化冷战”“政治转基因工程”，妄图对我国拔根去魂，把人民从党的旗帜下拉出去;① 等等。

网络持续加大维护政治安全的难度。互联网已经成为维护政治安全的主阵地、最前沿。习近平总书记反复强调，互联网是我们面临的“最大变量”；没有网络安全就没有国家安全；过不了互联网这一关，就过不了长

---

① 全国干部培训教材编审指导委员会组织编写：《全面践行总体国家安全观》，人民出版社、党建读物出版社 2019 年版，第 82—83 页。

期执政这一关。西方反华势力一直妄图利用互联网“扳倒中国”，多年前就有西方政要声称“有了互联网，对付中国就有了办法”，“社会主义国家投入西方怀抱，将从互联网开始”。他们在我国国内物色骨干和代理人，不仅栽培个别“公知人物”与所谓“大V”，还积极收买网络写手，组织一些反共分子进入网络舆论场，屡次挑起网络政治意识形态论争，各种危害国家安全的信息大量充斥网络信息平台，歪曲抹黑我国国家形象，攻击我国的政治制度和发展模式，质疑党的领导和中国特色社会主义制度的合法性。① 在互联网这个战场上，我们能否顶得住、打得赢，直接关系我国政治安全。

暴恐活动是我国政治安全的重大现实威胁。暴力恐怖主义、民族分裂势力、宗教极端势力这“三股势力”，以宗教极端思想为依托、暴力恐怖为手段、民族分裂为目的，与境外各种势力相互勾连，千方百计实施捣乱破坏活动。一些地区暴恐极端活动的生存土壤依然存在，仍有暴力恐怖分子潜藏蛰伏，暗中织网布局，伺机制造事端。一些暴力恐怖分子形成“伊吉拉特”团伙向内地转移，以打工、做生意等方式筹集资金，分散蛰伏，伺机出境。“东伊运”等“东突”恐怖势力依托国际恐怖组织快速发展，其能力和影响力都在提升，对我国威胁不断加大。

第二节　总体国家安全观的科学指引

时代是思想之母，实践是理论之源。新时代提出新课题，新课题催生新理论，新理论指导新实践。这是新时代中国特色社会主义理论升华和实践创造同步发展的内在逻辑。党的十八大以来，面对更为严峻的国家安全形势，面对前所未有的外部压力，面对人民群众日益增长的国家安全需要，习近平总书记创造性提出总体国家安全观，深刻揭示了中国特色国家安全的本质，科学回答了作为一个发展中的社会主义大国如何既解决好大国发展进程中面临的安全共性问题，同时又处理好中华民族伟大复兴关键阶段面临的特殊安全问题，实现了我们党国家安全理论的历史性飞跃，为

① 全国干部培训教材编审指导委员会组织编写：《全面践行总体国家安全观》，人民出版社、党建读物出版社 2019 年版，第 87 页。

新时代政治安全工作提供了科学指南和根本遵循。

总体国家安全观，是我们党历史上第一个被确立为国家安全工作指导思想的重大战略思想，是习近平新时代中国特色社会主义思想的重要组成部分，是当代中国对世界的重要思想理论贡献。2014 年 4 月 15 日，习近平总书记在中央国家安全委员会第一次全体会议上首次提出总体国家安全观，明确指出，“当前我国国家安全内涵和外延比历史上任何时候都要丰富，时空领域比历史上任何时候都要宽广，内外因素比历史上任何时候都要复杂，必须坚持总体国家安全观，以人民安全为宗旨，以政治安全为根本，以经济安全为基础，以军事、文化、社会安全为保障，以促进国际安全为依托，走出一条中国特色国家安全道路”①。他强调，“要构建集政治安全、国土安全、军事安全、经济安全、文化安全、社会安全、科技安全、信息安全、生态安全、资源安全、核安全等于一体的国家安全体系”。

党的十九大报告明确“坚持总体国家安全观”是新时代坚持和发展中国特色社会主义基本方略之一。这是党的十九大报告的重要历史贡献。坚持总体国家安全观，既是习近平新时代中国特色社会主义思想的重要组成部分，又是落实习近平新时代中国特色社会主义思想的实践要求；既体现了“八个明确”的精神实质和丰富内涵，又与“十三个坚持”紧密构成了基本方略的科学体系；从国家安全角度科学展开并回答了新时代坚持和发展什么样的中国特色社会主义、怎样坚持和发展中国特色社会主义的重大理论和实践问题。这充分体现了我们党对国家安全认识的新高度，充分体现了我们党对党和国家事业全局的全新把握和长远擘画，充分体现了我们党对共产党执政规律、社会主义建设规律和人类社会发展规律认识的进一步深化。

2018 年 4 月 17 日，习近平总书记在十九届中央国家安全委员会第一次会议上强调，“坚持人民安全、政治安全、国家利益至上的有机统一，人民安全是国家安全的宗旨，政治安全是国家安全的根本，国家利益至上是国家安全的准则，实现人民安居乐业、党的长期执政、国家长治久安”。②

---

① 中共中央党史和文献研究院编：《习近平关于总体国家安全观论述摘编》，中央文献出版社 2018 年版，第 4 页。

② 《习近平谈治国理政》第三卷，外文出版社 2020 年版，第 218 页。

2019 年 1 月 21 日，习近平总书记在省部级主要领导干部坚持底线思维着力防范化解重大风险专题研讨班开班式上的讲话中强调，“各级党委和政府要坚决贯彻总体国家安全观，落实党中央关于维护政治安全的各项要求，确保我国政治安全”。① 要持续巩固壮大主流舆论强势，加大舆论引导力度，加快建立网络综合治理体系，推进依法治网。要高度重视对青年一代的思想政治工作，完善思想政治工作体系，不断创新思想政治工作内容和形式，教育引导广大青年形成正确的世界观、人生观、价值观，增强中国特色社会主义道路、理论、制度、文化自信，确保青年一代成为社会主义建设者和接班人。

2020 年 12 月 11 日，习近平总书记在主持中央政治局第二十六次集体学习时，提出贯彻总体国家安全观的十点要求。这十点要求构成了总体国家安全观的核心要义：坚持党对国家安全工作的绝对领导，坚持中国特色国家安全道路，坚持以人民安全为宗旨，坚持统筹发展和安全，坚持把政治安全放在首要位置，坚持统筹推进各领域安全，坚持把防范化解国家安全风险摆在突出位置，坚持推进国际共同安全，坚持推进国家安全体系和能力现代化，坚持加强国家安全干部队伍建设。② 其中，强调坚持中国特色国家安全道路，坚持政治安全、人民安全、国家利益至上有机统一，以人民安全为宗旨，以政治安全为根本，以经济安全为基础，捍卫国家主权和领土完整，防范化解重大安全风险，为实现中华民族伟大复兴提供坚强安全保障；强调坚持把政治安全放在首要位置，维护政权安全和制度安全，更加积极主动做好各方面工作。

2021 年，党的十九届六中全会通过的《中共中央关于党的百年奋斗重大成就和历史经验的决议》将维护国家安全纳入“十三个方面成就”，强调“党把安全发展贯穿国家发展各领域全过程，注重防范化解影响我国现代化进程的重大风险，坚定维护国家政权安全、制度安全、意识形态安全”。③

2021 年 11 月 18 日，中共中央政治局会议审议《国家安全战略（2021—

---

① 《习近平谈治国理政》第三卷，外文出版社 2020 年版，第 219 页。

② 中共中央宣传部、中央国家安全委员会办公室：《总体国家安全观学习纲要》，学习出版社、人民出版社 2022 年版，第 9 页

③ 本书编写组编：《中共中央关于党的百年奋斗重大成就和历史经验的决议》，人民出版社 2021 年版，第 57 页。

2025年)》时强调,“必须坚持把政治安全放在首要位置,统筹做好政治安全、经济安全、社会安全、科技安全、新型领域安全等重点领域、重点地区、重点方向国家安全工作。要坚定维护国家政权安全、制度安全、意识形态安全,严密防范和坚决打击各种渗透颠覆破坏活动”。①

党的二十大报告指出,国家安全是民族复兴的根基,社会稳定是国家强盛的前提。必须坚定不移贯彻总体国家安全观,把维护国家安全贯穿党和国家工作各方面全过程,确保国家安全和社会稳定。报告强调,“坚定维护国家政权安全、制度安全、意识形态安全,加强重点领域安全能力建设”。②

总体国家安全观对国家安全内涵和外延的概括,可以归结为五大要素和五对关系。五大要素,就是以人民安全为宗旨,以政治安全为根本,以经济安全为基础,以军事、文化、社会安全为保障,以促进国际安全为依托。五对关系,就是既重视外部安全,又重视内部安全;既重视国土安全,又重视国民安全;既重视传统安全,又重视非传统安全;既重视发展问题,又重视安全问题;既重视自身安全,又重视共同安全。五大要素和五对关系,准确反映了我国国家安全的内在逻辑,准确反映了辩证、全面、系统的国家安全理念,深刻揭示了总体国家安全观的原则要求和丰富内涵。

总体国家安全观把政治安全确定为所有安全要素的核心,既是在总结历史经验基础上的科学判断,又反映了在新形势下维护国家政治稳定的复杂性、长期性和艰巨性。历史和现实一再表明,建设中国特色社会主义是前无古人的伟大创举,没有党的坚强领导,没有政治安全的坚强保障,我国取得的历史性进步就不可能持续。政治安全事关国家治乱兴衰,不仅是国家的根本利益所在,而且是国家生存和发展的基础,必须始终放在首位。③

---

① 《中共中央政治局召开会议》,《人民日报》2021年11月19日,第1版。

② 习近平:《高举中国特色社会主义伟大旗帜　为全面建设社会主义现代化国家而团结奋斗——在中国共产党第二十次全国代表大会上的报告》,人民出版社2022年版,第60页。

③ 全国干部培训教材编审指导委员会组织编写:《全面践行总体国家安全观》,人民出版社、党建读物出版社2019年版,第77页。

第三节　新时代政治安全取得的历史性成就

党的十八大以来，在以习近平同志为核心的党中央坚强领导下，在习近平新时代中国特色社会主义思想尤其是总体国家安全观的科学指引下，政治安全得到全面加强，取得了历史性成就、发生了历史性变革，经受住了各种风险和挑战考验，为党和国家兴旺发达、长治久安提供了有力保证。

一、坚定维护国家政权安全、制度安全

习近平总书记指出，“我们治国理政的根本，就是中国共产党领导和社会主义制度。任何人以任何借口否定中国共产党领导和我国社会主义制度，都是错误的、有害的，都是违反宪法的，都是绝对不能接受的”。①

坚持和巩固中国共产党的领导地位和执政地位。我们是中国共产党执政，各民主党派参政，没有反对党，不是三权鼎立、多党轮流坐庄。我国宪法确认了中国共产党的执政地位，确认了党在国家政权结构中总揽全局、协调各方的核心地位。党是领导一切的。中央委员会、中央政治局、中央政治局常委会，是党的领导决策核心。党的领导是做好党和国家各项工作的根本保证，人大、政府、政协、监察机关、审判机关、检察机关、武装力量，各民主党派和无党派人士，各企事业单位，工会、共青团、妇联等群团组织，既各负其责，又相互配合，一个都不能少。在坚持党的领导这个重大原则问题上，绝不能有任何含糊和动摇，要始终把握正确政治方向，坚持政治立场和政治原则。

坚持和完善中国特色社会主义制度。制度优势是一个国家的最大优势，制度竞争是国家间最根本的竞争。制度稳则国家稳。中国特色社会主义制度是一个严密完整的科学制度体系，起四梁八柱作用的是根本制度、基本制度、重要制度，其中具有统领地位的是党的领导制度。中国特色社会主义制度好不好、优越不优越，中国人民最清楚，也最有发言权。过去

---

① 中共中央宣传部、中央国家安全委员会办公室：《总体国家安全观学习纲要》，学习出版社、人民出版社 2022 年版，第 59 页。

不能搞全盘苏化，现在也不能搞全盘西化或者其他什么化。我们既不走封闭僵化的老路，也不走改旗易帜的邪路，保持政治定力，坚定制度自信，不断革除体制机制弊端，推动各方面制度更加成熟、更加定型，推进国家治理体系和治理能力现代化。

坚定不移走中国特色社会主义政治发展道路，坚持党的领导、人民当家作主、依法治国有机统一，坚持和完善人民代表大会制度、中国共产党领导的多党合作和政治协商制度、民族区域自治制度以及基层群众自治制度，我国社会主义民主政治制度化、规范化、程序化全面推进，中国特色社会主义政治制度优越性得到更好发挥，生动活泼、安定团结的政治局面得到巩固和发展。

二、意识形态领域形势发生全局性、根本性转变

着力解决意识形态领域党的领导弱化问题。确立和坚持马克思主义在意识形态领域指导地位的根本制度，健全意识形态工作责任制，推动全党动手抓宣传思想工作，守土有责、守土负责、守土尽责，敢抓敢管、敢于斗争，旗帜鲜明反对和抵制各种错误观点。

从正本清源入手加强宣传思想工作。召开全国宣传思想工作会议，分别召开文艺工作、党的新闻舆论工作、网络安全和信息化工作、哲学社会科学工作座谈会和全国高校思想政治工作会议，就一系列根本性问题阐明原则立场，廓清了理论是非，校正了工作导向，思想文化领域向上向好态势不断发展。

推动用党的创新理论武装全党、教育人民、指导实践。深入开展习近平新时代中国特色社会主义思想学习教育，深化马克思主义理论研究和建设，推进中国特色哲学社会科学学科体系、学术体系、话语体系建设。

坚持以社会主义核心价值观引领文化建设。注重用社会主义先进文化、革命文化、中华优秀传统文化培根铸魂，推动理想信念教育常态化制度化，完善思想政治工作体系，推动学习党史、新中国史、改革开放史、社会主义发展史，在全社会唱响了主旋律、弘扬了正能量。

传承和弘扬好中华优秀传统文化。实施中华优秀传统文化传承发展工程，推动中华优秀传统文化创造性转化、创新性发展，增强全社会文物保护意识，加大文化遗产保护力度。

高度重视传播手段建设和创新。推动媒体融合发展，提高新闻舆论传

播力、引导力、影响力、公信力。加快国际传播能力建设，向世界讲好中国故事、中国共产党故事，传播好中国声音，促进人类文明交流互鉴，国家文化软实力、中华文化影响力明显提升。

三、深入推进全面从严治党

坚持打铁必须自身硬。从制定和落实中央八项规定开局破题，提出和落实新时代党的建设总要求，以党的政治建设统领党的建设各项工作，坚持思想建党和制度治党同向发力，严肃党内政治生活，持续开展党内集中教育，提出和坚持新时代党的组织路线，突出政治标准选贤任能，加强政治巡视，形成比较完善的党内法规体系，推动全党坚定理想信念、严密组织体系、严明纪律规矩。

持之以恒正风肃纪。以钉钉子精神纠治“四风”，反对特权思想和特权现象，坚决整治群众身边的不正之风和腐败问题，刹住了一些长期没有刹住的歪风，纠治了一些多年未除的顽瘴痼疾。

开展了史无前例的反腐败斗争。以“得罪千百人、不负十四亿”的使命担当祛疴治乱，不敢腐、不能腐、不想腐一体推进，“打虎”“拍蝇”“猎狐”多管齐下，反腐败斗争取得压倒性胜利并全面巩固，消除了党、国家、军队内部存在的严重隐患，确保党和人民赋予的权力始终用来为人民谋幸福。

经过不懈努力，党找到了自我革命这一跳出治乱兴衰历史周期率的第二个答案，自我净化、自我完善、自我革新、自我提高能力显著增强，管党治党“宽松软”状况得到根本扭转，风清气正的党内政治生态不断形成和发展，确保党永远不变质、不变色、不变味。

四、全面贯彻党的民族政策和宗教政策

团结稳定是福，分裂动乱是祸。以铸牢中华民族共同体意识为主线，坚定不移走中国特色解决民族问题的正确道路，构筑中华民族共有精神家园，促进各民族交往交流交融，推动民族地区加快现代化建设步伐，提升民族事务治理法治化水平，推动新时代党的民族工作高质量发展。

坚决防范民族领域重大风险隐患，守住意识形态阵地，坚决遏制和打击境内外敌对势力利用民族问题进行的分裂、渗透、破坏活动，筑牢民族团结、社会稳定、国家统一的铜墙铁壁。

宗教工作在党和国家工作全局中具有特殊重要性。必须建立健全强有力的领导机制，必须坚持和发展中国特色社会主义宗教理论，必须坚持党的宗教工作基本方针，必须坚持我国宗教中国化方向，必须坚持把广大信教群众团结在党和政府周围，必须构建积极健康的宗教关系，必须支持宗教团体加强自身建设，必须提高宗教工作法治化水平。

深入推进我国宗教中国化。引导和支持我国宗教以社会主义核心价值观为引领，增进宗教界人士和信教群众对伟大祖国、中华民族、中华文化、中国共产党、中国特色社会主义的认同。支持宗教界对宗教思想、教规教义进行符合时代进步要求的阐释，坚决防范西方意识形态渗透，自觉抵御极端主义思潮影响。

提高宗教工作法治化水平。依法对宗教工作进行管理，不允许有法外之地、法外之人、法外之教，坚持保护合法、制止非法、遏制极端、抵御渗透、打击犯罪的原则。加强互联网宗教事务管理。切实解决影响我国宗教健康传承的突出问题。

五、推动香港进入由乱到治走向由治及兴的新阶段

“一国两制”是解决历史遗留的香港问题的最佳方案，也是香港回归后保持长期繁荣稳定的最佳制度。但是，一个时期，受各种内外复杂因素影响，“反中乱港”活动猖獗，香港局势一度出现严峻局面。以习近平同志为核心的党中央，全面准确推进“一国两制”实践，坚持“一国两制”、“港人治港”、高度自治的方针，审时度势，果断决策，推动香港进入由乱到治走向由治及兴的新阶段，香港保持长期稳定发展良好态势。

全面准确、坚定不移贯彻“一国两制”方针。“一国两制”是我国国家制度和国家治理体系所具有的十三个显著优势之一，是维护国家主权、安全、发展利益的好制度，是保持香港长期繁荣稳定的好制度，是保障港澳居民根本利益和福祉的好制度，是解决历史遗留类似问题、促进世界和平与发展的好制度。正如习近平总书记所言：“这样的好制度，没有任何理由改变，必须长期坚持!”① 全面准确，就是确保不走样、不变形；坚定不移，就是确保不会变、不动摇。做到全面准确、坚定不移，关键是始终

---

① 习近平：《在庆祝香港回归祖国二十五周年大会暨香港特别行政区第六届政府就职典礼上的讲话》，《人民日报》2022 年 7 月 2 日，第 2 版。

准确把握“一国”与“两制”的关系。习近平总书记指出，“‘一国’是根，根深才能叶茂；‘一国’是本，本固才能枝荣”。“一国”是实行“两制”的前提和基础，“两制”从属和派生于“一国”。在牢牢守护“一国”原则前提下，香港保持原有的资本主义制度长期不变，享有高度自治权。“一国”原则越坚固，“两制”优势越彰显。

坚决维护国家主权、安全、发展利益。只有国家安全有保障，香港的繁荣稳定才能有保障。“一国两制”根本宗旨是维护国家主权、安全、发展利益，保持香港长期繁荣稳定。任何危害国家主权安全、挑战中央权力和特别行政区基本法权威、利用特别行政区对内地进行渗透破坏的活动，都是对底线的触碰，都是绝不能允许的。2020 年 6 月 30 日，十三届全国人民代表大会常务委员会第二十次会议表决通过《中华人民共和国香港特别行政区维护国家安全法》，并决定将该法列入香港基本法附件三，由香港特别行政区在当地公布实施。从国家层面建立健全香港特区维护国家安全的法律制度和执行机制，打击的是极少数人分裂国家、颠覆国家政权、组织实施恐怖活动的行为，以及外国和境外势力干预香港特区事务的活动，保护的是遵纪守法的绝大多数香港市民，保障的是香港居民以及外国在港机构和人员的合法权益，维护的是国家和香港的根本利益，也符合国际社会的共同利益。

坚定落实“爱国者治港”原则。政权必须掌握在爱国者手中，这是世界通行的政治法则。治港爱国者有明确标准，就是必须真心尊重和维护中国共产党的领导，真心尊重和维护中国特色社会主义制度，真心拥护中华人民共和国对特别行政区拥有并行使主权，真心维护祖国统一，真心支持建立健全特别行政区维护国家安全的法律制度和执行机制，真心支持港澳融入国家发展大局。2021 年 3 月 11 日，全国人民代表大会高票通过的《关于完善香港特别行政区选举制度的决定》是全面落实“爱国者治港”的历史性决策。根据新选举制度，成功举行了香港选举委员会选举、第七届立法会选举、第六任行政长官选举，组建了新一届特区政府，进入特区管治架构的人员都是爱国爱港人士。正如习近平总书记所言，“守护好管治权，就是守护好香港的繁荣稳定，守护七百多万香港居民的切身利益”。[①]

---

① 习近平：《在庆祝香港回归祖国二十五周年大会暨香港特别行政区第六届政府就职典礼上的讲话》，《人民日报》2022 年 7 月 2 日，第 2 版。

第四章　坚持把政治安全放在首要位置

政治安全是攸关党和国家安危的头等大事。习近平总书记强调，“要把维护国家政治安全特别是政权安全、制度安全放在第一位”。[①] 政治安全涉及国家主权、政权、制度和意识形态的稳固，是一个国家最根本的需求，是一切国家生存和发展的基础条件。一个国家对外不能独立自主，内部政治动荡，就不可能维护好自身利益，不可能实现长远发展。

第一节　政治安全是国家安全的根本

政治安全主要是指一个国家由政权、政治制度和意识形态等要素组成的政治体系，相对处于没有危险和不受威胁的状态，以及面对风险和挑战时能够及时有效防范、应对，从而确保国家良好政治秩序的能力。[②] 习近平总书记多次强调：“政治安全是国家安全的根本。政治安全的核心是政权安全和制度安全，最根本的就是维护中国共产党的领导和执政地位、维护中国特色社会主义制度。”如果政治安全得不到保障，国家必然会陷入四分五裂、一盘散沙的局面，中华民族伟大复兴就无从谈起。

一、维护政治安全是实现人民安全和国家利益的根本保证

坚持人民安全、政治安全和国家利益至上的有机统一，是中国特色国

① 中共中央宣传部、中央国家安全委员会办公室：《总体国家安全观学习纲要》，学习出版社、人民出版社 2022 年版，第 59 页。

② 全国干部培训教材编审指导委员会组织编写：《全面践行总体国家安全观》，人民出版社、党建读物出版社 2019 年版，第 70 页。

家安全道路的必然要求和价值取向。人民安全是国家安全的宗旨，政治安全是国家安全的根本，国家利益至上是国家安全的准则。我国的国体、政体决定了党、人民和国家是一个共同体，这就决定了人民安全、政治安全和国家利益至上是紧密关联、相辅相成的有机统一体。人民安全居于中心地位，国家安全归根到底是保障人民利益；政治安全是维护人民安全和国家利益的根本保证；国家利益至上是实现人民安全和政治安全的基本途径。三者的有机结合和辩证统一，深化了我们党对中国特色国家安全的规律性认识。①

江山就是人民，人民就是江山。国家安全要为人民护根本、守底线，护的是政权安全和制度安全的根本，守的是不犯颠覆性错误、不发生系统性风险的底线。丢掉了根本、突破了底线，必将重演国家分裂、经济崩溃、人民困苦的苏联解体式悲剧。政治安全是国家安全的重中之重，无论风险如何传导、如何升级、如何变幻，最终指向的还是政治安全这个心脏。没有政治安全，就没有国家安全，更没有人民安全。维护政治安全，对于保障人民安全、维护国家利益，不断提高全体国民的获得感、幸福感、安全感，实现国家长治久安，具有根本性、全局性的重大意义。

我们党诞生于国家内忧外患、民族危难之时，对国家安全的重要性有着刻骨铭心的认识。自成立之日起，我们党就义无反顾肩负起了带领人民谋求民族独立、人民解放和实现国家富强、人民幸福的历史重任。新中国成立后，我们党创造性地完成由新民主主义到社会主义的过渡，确立了社会主义基本制度，建立并巩固了人民民主专政的国家政权，奠定了国家政治安全的格局，也为中国人民当家作主、实现人民安全提供了根本保障。在改革开放时期，我们党作出把工作中心转移到经济建设上来、实行改革开放的历史性决策，成功开创了中国特色社会主义伟大事业。这一时期，我们党坚持“稳定压倒一切”的方针，正确处理改革、发展、稳定的关系，保证了经济社会的持续健康发展。尤其是面对西方敌对势力对我国的“西化”“分化”图谋，我们党多举并施，坚决维护了国家政权稳定，确保了政治安全。中华民族之所以能够迎来由站起来、富起来到强起来的伟大飞跃，根本原因就是在中国共产党的领导下坚决维护和保持了国家的政治

① 钟国安：《以习近平总书记总体国家安全观为指引　谱写国家安全新篇章》，《求是》2017 年第 8 期。

安全。

党的十八大以来，以习近平同志为核心的党中央勇于面对重大风险考验和党内存在的突出问题，以顽强意志品质正风肃纪、反腐惩恶，消除了党和国家内部存在的严重隐患，党的创造力、凝聚力、战斗力显著增强，党在革命性锻造中更加坚强，为党和国家事业发展提供了坚强政治保证。可以说，没有党中央的集中统一领导，没有全党思想上的团结统一，就没有党和国家事业砥砺奋进、蓬勃向上的大好局面，就没有人民群众获得感、幸福感、安全感的显著提升。必须紧紧抓住政治安全这个国家安全的根本，坚持人民安全、政治安全、国家利益至上的有机统一，以党的长期执政、国家长治久安为人民安居乐业、幸福安康提供有力政治保证。

二、维护政治安全是坚持和发展中国特色社会主义的根本前提

习近平总书记指出，“新形势下，我国面临复杂多变的发展和安全环境，各种可以预见和难以预见的风险因素明显增多，如果得不到及时有效控制也有可能演变为政治风险，最终危及党的执政地位、危及国家安全”。[①] 维护政治安全的根本方向就是坚持和发展中国特色社会主义。坚持和发展中国特色社会主义，必须以维护国家政治安全为前提和保障。只有在国家的政权、政治制度、意识形态和党的执政地位免受各种侵袭、干扰、威胁和危害的状态下，新时代中国特色社会主义事业才会有持续健康发展的前提和基础。

中国特色社会主义制度是当代中国发展进步的根本制度保障，也是维护国家政治安全的核心内容，必须把党的领导、人民当家作主、依法治国有机统一起来。中国特色社会主义文化是激励全党全国各族人民奋勇前进的强大精神力量，必须牢牢掌握意识形态工作领导权。坚持和发展中国特色社会主义，就必须坚决捍卫人民民主专政的社会主义政权，坚决捍卫中国特色社会主义制度。人民民主专政是我国的国体，体现了民主和专政两个方面的辩证统一，是我国一切发展进步的政治前提和政治基础，是社会主义现代化建设的政治保证。只有充分发扬社会主义民主，确保人民当家作主的地位，才能调动亿万人民群众投身于社会主义现代化建设的积极

---

① 中共中央宣传部、中央国家安全委员会办公室：《总体国家安全观学习纲要》，学习出版社、人民出版社 2022 年版，第 58 页。

性、主动性、创造性。只有坚持国家的专政职能，打击一切破坏社会主义建设的敌对分子和敌对势力，才能保障人民民主，维护国家长治久安。

党的领导是中国特色社会主义最本质的特征和最大优势，是做好党和国家各项工作的根本保证。在当代中国，中国共产党是最高的政治领导力量。习近平总书记强调，坚持党中央集中统一领导是最高政治原则，加强和维护党中央集中统一领导是全党共同的政治责任，任何时候任何情况下都不能含糊、不能动摇。[①] 保证党的团结和集中统一至关重要，维护党中央权威至关重要。什么时候党中央有权威，党就有力量。如果党中央没有权威，党的理论和路线方针政策可以随意不执行，党就会变成一盘散沙，就会成为自行其是的“私人俱乐部”，党的领导就会成为一句空话。站在新时代新征程上，必须准备进行具有许多新的历史特点的伟大斗争，必须时刻准备应对重大挑战、抵御重大风险、克服重大阻力、解决重大矛盾。特别是某些外部势力试图发动“颜色革命”，意欲颠覆中国共产党的领导，进而颠覆我国社会主义制度，阻挠中华民族的伟大复兴。在这种情况下，如果弱化甚至放弃党的领导，党的执政地位就会丢失，人民民主专政政权就会被颠覆，中国特色社会主义性质就会改变，中国人民历尽千辛万苦、接续奋斗取得的伟大成就也会毁于一旦。

坚持和发展中国特色社会主义，就必须增强政治敏锐性和政治鉴别力，以国家政治安全为大，对容易诱发政治问题特别是重大突发事件的敏感因素、苗头性倾向性问题，做到眼睛亮、见事早、行动快，及时消除各种政治隐患，防止非公共性风险扩大为公共性风险、非政治性风险蔓延为政治风险，坚决防止和克服嗅不出敌情、分不清是非、辨不明方向的“政治麻痹症”，依法严密防范和打击敌对势力的渗透颠覆破坏活动，坚决捍卫中国共产党的领导和中国特色社会主义制度。

三、维护政治安全是世界各国的普遍做法

美国历届政府的《国家安全战略》报告都把确保美国人民和国土安全、保护美国经济繁荣和维护美国民主价值观作为国家核心利益。早在20世纪中叶，美国就通过了1947年《国家安全法案》，建立了国家安全局和

---

① 中共中央宣传部编：《习近平新时代中国特色社会主义思想学习纲要》，学习出版社、人民出版社2023年版，第19页。

中央情报局，这些机构的根本任务就是维护美国政治制度和基本价值观的稳定。俄罗斯为维护政治安全建立起了强大的国家机器，俄罗斯联邦安全局在维护和保障俄罗斯国家政治安全中一直发挥着至关重要的作用。英国国家安全情报系统至今已有100多年历史，不仅有力维护了英国国家政治安全，也曾在国际政治舞台上发挥过重要作用。法国、德国、日本等国也普遍建有强大高效的国家安全系统，在纷繁复杂的国际斗争中维护了国家政治安全和国家利益。

在维护政治安全方面不乏惨痛的教训。20世纪90年代初，苏联解体导致国际共产主义运动遭受严重挫折。苏联解体的原因是多方面的，但十分重要的一点就是苏共放松了政治安全防线，背离和背弃了马克思列宁主义，放弃了党的领导地位。苏联解体给俄罗斯及其人民带来的并不是稳定和繁荣，而是巨大的精神和物质损失。2010年开始的西亚北非局势动荡更是政治安全领域的反面典型。2010年12月19日开始，北非国家突尼斯陆续爆发大规模反政府示威，大批民众涌上街头，最终迫使在位23年的时任总统本·阿里下台，一连串革命浪潮随即席卷中东。此后，埃及、黎巴嫩、也门、巴林、约旦、利比亚、摩洛哥、伊拉克、阿尔及利亚等阿拉伯国家相继发生针对本国政权的抗议示威活动。但西亚北非局势动荡并没有造就民众希望看到的国家，带来的反而是国家局势的持续动荡和极端主义、恐怖主义的泛滥蔓延。利比亚四分五裂；也门人道主义灾难丛生；埃及和突尼斯虽形势相对较好，但也不如从前，失业率上升，经济增速放缓。事实证明，政治安全是国家安全这一肌体的心脏，心脏停止了跳动，再强壮的肌体也会失去生机。①

第二节　政治安全在国家安全体系中的地位作用

维护政治安全就是要通过捍卫和巩固党的领导和社会主义制度，保持执政党的纯洁性和先进性，增强国家基本制度的生机和活力，为维护其他领域国家安全提供坚强的政治保障。政治安全对其他领域国家安全起决定

---

① 全国干部培训教材编审指导委员会组织编写：《全面践行总体国家安全观》，人民出版社、党建读物出版社2019年版，第73页。

性作用，为其他领域国家安全提供政权保证和制度保证。

一、政治安全是我国国家安全体系的重中之重

政治安全作为核心和根基层面的国家安全，是我国不容侵犯的核心利益。丢掉了政治安全，我国就会丧失发展的自主性和主动权，就会有沦为他国附庸的危险。根据总体国家安全观的要求，我国国家安全体系涵盖政治、军事、国土、经济、金融、文化、社会、科技、网络、粮食、生态、资源、核、海外利益、太空、深海、极地、生物、人工智能、数据等诸多领域，而且将随着社会发展不断动态调整。政治安全是重中之重，其主要任务包括：坚持中国共产党的领导，维护中国特色社会主义制度，坚持马克思主义的指导地位，发展社会主义民主政治，健全社会主义法治，强化权力运行制约和监督机制，保障人民当家作主的各项权利。①

比如，发展社会主义民主政治，主要是指以保证人民当家作主为根本，坚持和完善人民代表大会制度这一根本制度，坚持和完善中国共产党领导的多党合作和政治协商制度，坚持和完善民族区域自治制度以及基层群众自治制度；健全社会主义法治，主要是指全面推进依法治国，坚持依法治国、依法执政、依法行政共同推进，法治国家、法治政府、法治社会一体推进，建设中国特色社会主义法治体系，建设社会主义法治国家，全面落实科学立法、严格执法、公正司法、全民守法，保证有法必依、执法必严、违法必究；强化权力运行制约和监督机制，主要是指把权力关进制度的笼子里，按照结构合理、配置科学、程序严密、制约有效的原则，建立健全决策权、执行权、监督权既相互制约又相互协调的权力结构和运行机制，健全完善党内监督、法律监督和民主监督体系，建设廉洁政治；保障人民当家作主的各项权利，主要是发展全过程人民民主，保证人民通过人民代表大会行使国家权力，完善基层民主制度，依法保障人民通过各种途径和形式，管理国家事务，管理经济和文化事业，管理社会事务。

《中华人民共和国国家安全法》第十五条第二款明确规定："国家防范、制止和依法惩治任何叛国、分裂国家、煽动叛乱、颠覆或者煽动颠覆

---

① 《总体国家安全观干部读本》编委会：《总体国家安全观干部读本》，人民出版社 2016 年版，第 79 页。

人民民主专政政权的行为；防范、制止和依法惩治窃取、泄露国家秘密等危害国家安全的行为；防范、制止和依法惩治境外势力的渗透、破坏、颠覆、分裂活动。”这些规定充分体现了鲜明的问题导向，同宪法、反分裂国家法、刑法、保守国家秘密法等相关规定衔接和呼应。贯彻这些法律规定，依法防范、制止和惩治各类渗透、破坏、颠覆、分裂活动，有利于消除化解政治安全面临的现实和潜在威胁，营造良好的内外环境，为维护政治安全保驾护航。[①]

二、政治安全对其他领域国家安全起决定性作用

政治安全为其他领域安全提供政权保证和制度保证。如果一个国家的政治安全状况不佳，则国家安全的整体状态和其他方面的安全就会受到根本性影响。没有政治安全的强力保障，国土安全、军事安全的维护就无法组织、无从维持，经济、文化、社会、科技、网络、生态、资源、核安全更无从谈起。

其他领域国家安全对政治安全具有反作用。经济繁荣稳定、资源能源可持续利用、生态永续平衡循环，均能够为政治安全提供源源不断的物质基础；国防强大、社会和谐稳定、文化独立自主，能够为政治安全提供坚强的硬实力和软实力保障；科技、信息、核，甚至外层空间、国际海底、极地科学考察，既能够为政治安全提供更高效的手段，又可以不断拓展维护政治安全的空间领域。反之，其他领域国家安全风险一旦积聚发酵、联动叠加，最终也会传导至政治安全领域，形成政治安全风险。无论风险如何传导、如何升级、如何变幻，最终指向的还是政治安全这个心脏。因此，其他领域国家安全的状态及维护该领域国家安全的能力最终会反映到政治安全上来。

必须深刻理解、准确把握维护政治安全与维护其他领域国家安全的辩证关系。要提高政治站位、强化政治责任，牢牢守住政治安全这个魂，时刻绷紧政治安全这根弦，从维护政治安全的高度谋划和推进各领域国家安全工作，充分发挥政治安全在协调各领域国家安全中的抓手作用。这样才能更好地维护国家利益，实现人民安居乐业和国家长治久安。

---

① 郑淑娜主编：《〈中华人民共和国国家安全法〉导读与释义》，中国民主法制出版社 2016 年版，第 85 页。

第三节 深刻领会“两个确立”的决定性意义

坚强的领导核心、科学的理论指导，始终是关系党和国家前途命运、党和人民事业兴衰成败的根本性问题。实践充分证明，“两个确立”是新时代党和国家事业取得历史性成就、发生历史性变革的决定性因素，是党和人民应对一切不确定性的最大确定性、最大底气、最大保证。“两个确立”作为党在新时代取得的重大政治成果，已经写在了新时代的伟大征程上、写在了全党全军全国各族人民的心坎上，必须倍加珍惜、坚定维护、长期坚持。我们要以高度的政治责任感坚决拥护“两个确立”，增强“四个意识”、坚定“四个自信”、做到“两个维护”，自觉在思想上政治上行动上同以习近平同志为核心的党中央保持高度一致。

一、“两个确立”的科学内涵

《中共中央关于党的百年奋斗重大成就和历史经验的决议》明确指出：“党确立习近平同志党中央的核心、全党的核心地位，确立习近平新时代中国特色社会主义思想的指导地位，反映了全党全军全国各族人民共同心愿，对新时代党和国家事业发展、对推进中华民族伟大复兴历史进程具有决定性意义。”①

习近平总书记在党中央的核心、全党的核心地位，是在领导全党全国人民进行具有许多新的历史特点的伟大斗争中确立的。党的十八大以来，以习近平同志为核心的党中央，以伟大的历史主动精神、巨大的政治勇气、强烈的责任担当，统筹国内国际两个大局，贯彻党的基本理论、基本路线、基本方略，统揽伟大斗争、伟大工程、伟大事业、伟大梦想，坚持稳中求进工作总基调，出台一系列重大方针政策，推出一系列重大举措，推进一系列重大工作，战胜一系列重大风险挑战，解决了许多长期想解决而没有解决的难题，办成了许多过去想办而没有办成的大事，推动党和国家事业取得历史性成就、发生历史性变革。习近平总书记强调保证国家安

① 本书编写组编：《中共中央关于党的百年奋斗重大成就和历史经验的决议》，人民出版社 2021 年版，第 26 页。

全是头等大事，亲自担任中央国家安全委员会主席，亲自谋划、亲自部署、亲自指挥，发表一系列重要讲话、作出一系列重要指示，新时代国家安全工作取得历史性成就，实现了分散到集中、迟缓到高效、被动到主动的历史性变革。党着力推进国家安全体系和能力建设，设立中央国家安全委员会，党中央的集中统一领导全面加强，国家安全体系基本形成，国家安全能力显著提升，人民防线不断巩固，全民国家安全意识显著增强。坚定维护政权安全、制度安全、意识形态安全，顶住和反击外部极端打压遏制，推动香港局势实现由乱到治的重大转折，深入开展涉台、涉疆、涉藏、涉海等斗争，稳步推进兴边富民、稳边固边，妥善处置周边安全风险，反渗透反恐怖反分裂斗争卓有成效。党把安全发展贯穿国家发展各领域全过程，防控经济金融风险取得重大进展，关键核心技术攻关取得重要进展，扫黑除恶专项斗争取得胜利，生态环境保护发生历史性、转折性、全局性变化，妥善应对重大自然灾害，统筹疫情防控和经济社会发展，网络、数据、人工智能、生物、太空、深海、极地等新型领域安全能力持续增强，有力应对海外利益风险挑战。国家主权、安全、发展利益得到全面维护，社会大局保持长期稳定，我国成为世界上最有安全感的国家之一。①

习近平总书记对关系新时代党和国家事业发展的一系列重大理论和实践问题进行了深邃思考和科学判断，就新时代坚持和发展什么样的中国特色社会主义、怎样坚持和发展中国特色社会主义，建设什么样的社会主义现代化强国、怎样建设社会主义现代化强国，建设什么样的长期执政的马克思主义政党、怎样建设长期执政的马克思主义政党等重大时代课题，提出一系列原创性的治国理政新理念新思想新战略，是习近平新时代中国特色社会主义思想的主要创立者。习近平新时代中国特色社会主义思想是当代中国马克思主义、21 世纪马克思主义，是中华文化和中国精神的时代精华，实现了马克思主义中国化新的飞跃。总体国家安全观，集中反映了习近平总书记深邃的政治智慧、非凡的斗争艺术、杰出的领导才能，是新时代国家安全的制胜之道。这一思想，坚持马克思主义国家安全理论，围绕发展和安全、独立自主和对外开放、维稳和维权、秩序和活力等重大命题，深刻把握人民安全、政治安全、国家利益至上的关系，作出一系列创

---

① 中共中央宣传部、中央国家安全委员会办公室：《总体国家安全观学习纲要》，学习出版社、人民出版社 2022 年版，第 6 页。

造性阐发，为我们从政治上全局上认识和把握国家安全提供了根本指导；发扬斗争精神，与时俱进创新国家安全斗争艺术，强调统筹维护和塑造国家安全，打人民战争、总体战，为我们始终把握国家安全工作主动权提供了策略方法；秉承马克思主义政党本色，彰显强烈使命担当、鲜明人民立场、深沉忧患意识、宏大战略思维、卓越创新精神，树立起了新时代中国共产党人做好国家安全工作的行为准则。

总之，党的十八大以来，以习近平同志为核心的党中央领导全党全军全国各族人民砥砺前行，全面建成小康社会目标如期实现，党和国家事业取得历史性成就、发生历史性变革，彰显了中国特色社会主义的强大生机活力，党心军心民心空前凝聚振奋，为实现中华民族伟大复兴提供了更为完善的制度保证、更为坚实的物质基础、更为主动的精神力量。中国共产党和中国人民以英勇顽强的奋斗向世界庄严宣告，中华民族迎来了从站起来、富起来到强起来的伟大飞跃。

二、坚持和拥护“两个确立”

“两个确立”是时代呼唤、历史选择、民心所向，是党的十八大以来我们党作出的重大政治抉择，是新时代10年最重大的政治成果，也是取得最伟大变革最根本的原因。[①] 踏上新的赶考之路，我们必须毫不动摇地坚持和拥护“两个确立”、做到“两个维护”。

坚持用习近平新时代中国特色社会主义思想凝心铸魂。切实做到学思用贯通、知信行统一，不断增进政治认同、思想认同、理论认同、情感认同。要在全面学习上下功夫。只有全面、系统、深入学习，才能完整、准确、全面领会和贯彻。坚持读原著、学原文、悟原理，深刻认识习近平新时代中国特色社会主义思想的时代意义、理论意义、实践意义、世界意义，深刻理解这一思想的核心要义、精神实质、丰富内涵、实践要求，深刻领会这一思想科学体系的完整性和理论贡献的原创性。紧密联系新时代的生动实践、紧密联系思想和工作实际开展学习，前后贯通学、及时跟进学，努力把每一点都学深学透，对是什么、干什么、怎么干了然于胸，不断增强贯彻落实的自觉性、坚定性。要在全面把握上下功夫。习近平新时

---

① 本书编写组编著：《党的二十大报告辅导读本》，人民出版社2022年版，第196页。

代中国特色社会主义思想是一个有机整体，必须整体把握、融会贯通。坚持历史和现实、理论和实际、国际和国内相结合，从整体到局部、再从局部到整体进行深研细悟，深入把握这一思想的历史逻辑、理论逻辑、实践逻辑，做到知其言更知其义、知其然更知其所以然。要把这一思想的世界观和方法论作为研究问题、解决问题的总钥匙，运用科学理论优化思想方法、解决思想困惑，始终做到方向明确、头脑清醒、应对有方、行动有力。要在全面落实上下功夫。大力弘扬理论联系实际的马克思主义学风，强化问题导向、实践导向、需求导向，把自己摆进去、把职责摆进去、把工作摆进去，深化实践运用，增强工作的原则性、系统性、预见性、创造性，切实把学习成效转化为推动党和国家事业发展的强大力量。更加自觉地用习近平新时代中国特色社会主义思想之“矢”，去射本地区本部门改革发展之“的”，创造性地开展工作，做到既为一域增光，又为全局添彩。

强化政治意识、坚定政治信念、站稳政治立场。增强忠诚核心、拥戴核心、维护核心、捍卫核心的政治自觉、思想自觉、行动自觉，不断提高政治判断力、政治领悟力、政治执行力，以党的旗帜为旗帜、以党的意志为意志、以党的使命为使命，始终忠诚于党、忠诚于人民、忠诚于马克思主义，真心爱党、时刻忧党、坚定护党、全力兴党。坚决贯彻执行习近平总书记重要指示批示精神和党中央重大决策部署，紧紧围绕新时代新征程党的中心任务，真抓实干、务求实效，聚焦问题、知难而进，以“时时放心不下”的责任感、积极担当作为的精气神为党和人民履好职、尽好责，以新气象新作为推动高质量发展取得新成效，依靠顽强斗争打开事业发展新天地。严明党的政治纪律和政治规矩，始终对党忠诚老实，决不允许在重大政治原则问题上、大是大非问题上同党中央唱反调，搞自由主义。严格执行《中国共产党纪律处分条例》，严肃查处违反政治纪律的行为，通过严明政治纪律带动党的其他纪律严起来。坚持“五个必须”，必须维护党中央权威，决不允许背离党中央要求另搞一套；必须维护党的团结，决不允许在党内培植个人势力；必须遵循组织程序，决不允许擅作主张、我行我素；必须服从组织决定，决不允许搞非组织活动；必须管好领导干部亲属和身边工作人员，决不允许他们擅权干政、谋取私利。

发扬斗争精神，敢于斗争、善于斗争。加强政治能力训练和政治实践历练，切实提高把握方向、把握大势、把握全局的能力和辨别政治是非、保持政治定力、驾驭政治局面、防范政治风险的能力。在大是大非面前态度鲜明、立场坚定，善于从政治上研判形势、分析问题，自觉在党和国家工作大局下想问题、做工作，做到一切服从大局、一切服务大局。强化忧患意识、风险意识，增强政治敏锐性和政治鉴别力，对容易诱发政治问题特别是重大突发事件的敏感因素、苗头性倾向性问题，对意识形态领域各种错误思潮、模糊认识、不良现象，保持高度警惕，做到眼睛亮、见事早、行动快。提高风险处置能力，及时阻断不同领域风险转换通道，防止非公共性风险扩大为公共性风险、非政治性风险演变为政治风险。强化政治担当，敢于亮剑、善于斗争，发现违反政治纪律、危害政治安全的行为坚决抵制，做勇于斗争的“战士”，不做爱惜羽毛的“绅士”，严防对挑战政治底线的错误言论和不良风气听之任之、逃避责任、失职失察。严肃查处“七个有之”[①] 问题，把政治上蜕变的两面人及时辨别出来、清除出去，坚决防止党内形成利益集团攫取政治权力、改变党的性质，坚决防止山头主义和宗派主义危害党的团结、破坏党的集中统一。[②]

---

① 习近平：“一些人无视党的政治纪律和政治规矩，为了自己的所谓仕途，为了自己的所谓影响力，搞任人唯亲、排斥异己的有之，搞团团伙伙、拉帮结派的有之，搞匿名诬告、制造谣言的有之，搞收买人心、拉动选票的有之，搞封官许愿、弹冠相庆的有之，搞自行其是、阳奉阴违的有之，搞尾大不掉、妄议中央的也有之，如此等等。有的人已经到了肆无忌惮、胆大妄为的地步！而这些问题往往没有引起一些地方和部门党组织的注意，发现了问题也没有上升到党纪国法高度来认识和处理。这是不对的，必须加以纠正。”引自中共中央文献研究室编：《习近平关于全面依法治国论述摘编》，中央文献出版社 2015 年版，第 12 页。

② 《中共中央关于加强党的政治建设的意见》，人民出版社 2019 年版，第 20 页。

第五章　捍卫政权安全、制度安全

2014 年 4 月 15 日，习近平总书记在中央国家安全委员会第一次全体会议上首次提出总体国家安全观，强调我们“必须坚持总体国家安全观，以人民安全为宗旨，以政治安全为根本，以经济安全为基础，以军事、文化、社会安全为保障，以促进国际安全为依托，走出一条中国特色国家安全道路”。[①] 2020 年 12 月 11 日，习近平总书记在主持中央政治局第二十六次集体学习时对贯彻总体国家安全观提出十点要求，强调要“坚持把政治安全放在首要位置，维护政权安全和制度安全，更加积极主动做好各方面工作”。[②] 政治安全是最高的国家安全，是维护国家主权、安全、发展利益的生命线，在国家安全中居于统领地位。[③] 如果政治安全得不到保障，国家必然会陷入四分五裂、一盘散沙的局面，中华民族伟大复兴就无从谈起。[④] 我们应深刻认识到维护政治安全的重大意义，特别是维护政权安全、制度安全的重大意义，坚决捍卫我国的政权安全、制度安全。

第一节　政权安全、制度安全是政治安全的核心

政治安全主要包括政权安全、制度安全与意识形态安全。党的二十大

---

① 中共中央党史和文献研究院编：《习近平关于总体国家安全观论述摘编》，中央文献出版社 2018 年版，第 4 页。

② 《坚持系统思维构建大安全格局　为建设社会主义现代化国家提供坚强保障》，《人民日报》2020 年 12 月 13 日，第 1 版。

③ 本书编写组编著：《党的二十大报告辅导读本》，人民出版社 2022 年版，第 117 页。

④ 中共中央宣传部编：《习近平新时代中国特色社会主义思想学习纲要》，学习出版社、人民出版社 2023 年版，第 236—237 页。

报告强调要“以政治安全为根本”，“坚定维护国家政权安全、制度安全、意识形态安全”。[①] 其中，政治安全的核心是政权安全、制度安全，维护政治安全首要就是要维护政权安全与制度安全。

国家政权是一个国家政治权力的组织形式和存在形式，通常表现为国家政权机关运用法定的公共权力维护整个社会的统治和管理。政权安全是指国家政权在运行过程中相对处于没有危险和不受内外威胁的状态，以及保障持续安全状态的能力。因而，政权安全的主要内容就是要保持合法政权及其政府的长期存在，维持政治统治的权威性和有效性。具体表现为统治阶级的基本政权稳固有力，既能抵御国外颠覆势力的威胁，也能控制国家内部可能出现的破坏活动。[②] 制度问题带有根本性、全局性、稳定性和长期性。在一个国家的各种制度中，政治制度处于关键环节。[③] 从这个意义上讲，确保国家政治制度不被破坏，并保持政治制度的长期稳定有序运行，是政治安全的根本保障。[④] 因此，制度安全主要是指一国政治制度相对处于没有危险和不受内外威胁的状态，以及保障持续安全状态的能力。

政权安全和制度安全是政治安全的核心和关键。权力是政治关系的核心，制度是权力关系的规范体现。权力和制度的稳定决定其他方面的安全。马克思、恩格斯在《共产党宣言》中提出，工人革命的第一步就是无产阶级夺取政权，上升为统治阶级。[⑤] 列宁在《两个政权》中强调：“一切革命的根本问题是国家政权问题。不弄清这个问题，便谈不上自觉地参加革命，更不用说领导革命。”[⑥] 因此，政治的核心问题是国家政权问题，政权安全也成为国家政治安全的首要前提，“在这个意义上，所谓政治安全

---

① 本书编写组编著：《党的二十大报告辅导读本》，人民出版社 2022 年版，第 48 页。

② 舒刚、虞崇胜：《政治安全：安全和国家安全研究议程的新拓展》，《探索》2015 年第 4 期，第 103 页。

③ 中共中央文献研究室编：《十八大以来重要文献选编》（中），中央文献出版社 2016 年版，第 62 页。

④ 舒刚、虞崇胜：《政治安全：安全和国家安全研究议程的新拓展》，《探索》2015 年第 4 期，第 104 页。

⑤ 中共中央马克思恩格斯列宁斯大林著作编译局编译：《马克思恩格斯选集》第 1 卷，人民出版社 2012 年版，第 413、421 页。

⑥ 中共中央马克思恩格斯列宁斯大林著作编译局编译：《列宁选集》第 3 卷，人民出版社 2012 年版，第 19 页。

就是政权安全，政权安全在国家安全体系中居于核心地位和最高层次”。[①] 一个国家的政权需要通过一定的制度体现，政权合法性、稳定性亦需要通过合宜的制度加以确立、维护与巩固。

政权安全和制度安全为社会主义事业奠定了基础。马克思主义认为，国家的实质就是政治权力（政权），有政权就有一切，失去政权就会失去一切。《中华人民共和国宪法》规定：“中华人民共和国是工人阶级领导的、以工农联盟为基础的人民民主专政的社会主义国家。”[②] 人民民主专政国家政权和社会主义制度，是中国共产党在马克思主义指导下的实践产物，并为社会主义中国的独立与发展奠定了政治前提和制度基础。历史已经证明，只有社会主义才能够救中国，只有社会主义才能够发展中国。因此，于中国而言，维护政治安全的根本要求就是维护中国共产党的领导和执政地位，维护中国特色社会主义制度。2019 年 9 月，习近平总书记在中央党校（国家行政学院）中青年干部培训班开班式上的重要讲话中明确指出：“共产党人的斗争是有方向、有立场、有原则的，大方向就是坚持中国共产党领导和我国社会主义制度不动摇。”[③]

第二节　坚持和巩固党的领导地位和执政地位

保持人民民主专政政权，确保中国共产党的执政地位不受挑战是直接关系我国政权安全的核心因素。我们要充分认识坚持和巩固党的领导与执政地位的重要意义，明确与落实坚持和巩固党的领导与执政地位的实践要求，严密防范“颜色革命”对我国政权安全带来的现实威胁，确保我国的政权安全。

一、坚持和巩固党的领导地位与执政地位的重要意义

中国共产党领导是历史的选择、人民的选择。中华民族是世界上伟大

① 《光明日报》评论员：《坚持总体国家安全观——十一论深入学习贯彻党的十九大精神》，《光明日报》2017 年 11 月 7 日，第 1 版。

② 《中华人民共和国宪法》，人民出版社 2018 年版，第 7 页。

③ 《习近平谈治国理政》第三卷，外文出版社 2020 年版，第 226 页。

的民族，有着5000多年源远流长的文明历史，为人类文明进步作出了不可磨灭的贡献。1840年鸦片战争以后，中国逐步成为半殖民地半封建社会，国家蒙辱、人民蒙难、文明蒙尘，中华民族遭受了前所未有的劫难。从那时起，实现中华民族伟大复兴，就成为中国人民和中华民族最伟大的梦想。为了拯救民族危亡，中国人民奋起反抗，仁人志士奔走呐喊，各种救国方案轮番出台，但都以失败告终。中国迫切需要新的思想引领救亡运动，迫切需要新的组织凝聚革命力量。十月革命一声炮响，给中国送来了马克思列宁主义。在中国人民和中华民族的伟大觉醒中，在马克思列宁主义同中国工人运动的紧密结合中，中国共产党应运而生。中国产生了共产党，是开天辟地的大事变，深刻改变了近代以后中华民族发展的方向和进程，深刻改变了中国人民和中华民族的前途和命运。

办好中国的事情，关键在党。中国共产党是中国工人阶级的先锋队，同时是中国人民和中华民族的先锋队。中国共产党一经诞生，就把为中国人民谋幸福、为中华民族谋复兴确立为自己的初心使命。100年来，中国共产党团结带领中国人民进行的一切奋斗、一切牺牲、一切创造，归结起来就是一个主题：实现中华民族伟大复兴。为了实现中华民族伟大复兴，中国共产党团结带领中国人民，浴血奋战、百折不挠，创造了新民主主义革命的伟大成就；自力更生、发愤图强，创造了社会主义革命和建设的伟大成就；解放思想、锐意进取，创造了改革开放和社会主义现代化建设的伟大成就；自信自强、守正创新，统揽伟大斗争、伟大工程、伟大事业、伟大梦想，创造了新时代中国特色社会主义的伟大成就。① 中华民族近代以来180多年的历史、中国共产党诞生以来100多年的历史、中华人民共和国成立以来70多年的历史、改革开放以来40多年的历史、中国特色社会主义进入新时代以来10多年的历史，无可争辩地证明：中国人民和中华民族之所以能够扭转近代以后的历史命运、取得今天的伟大成就，最根本的原因是有中国共产党的坚强领导。历史和人民选择了中国共产党，中国共产党也没有辜负历史和人民的正确选择。正是在中国共产党的坚强领导下，中国人民成功走出中国式现代化道路，创造了人类文明新形态，书写了中华民族几千年历史上最恢宏的史诗，绘就了人类发展史上的壮美画卷，中华民族迎来了从站

---

① 习近平：《在庆祝中国共产党成立100周年大会上的讲话（2021年7月1日）》，《人民日报》2021年7月2日，第2版。

起来、富起来到强起来的伟大飞跃，中华民族伟大复兴展现出前所未有的光明前景。回望党的百年奋斗历程可以发现，什么时候我们坚持和加强党的领导，什么时候党和国家事业就健康发展；什么时候弱化和偏离党的领导，什么时候党和国家事业就遭遇挫折。这是中国革命、建设、改革最宝贵的经验。事实证明，中国共产党是风雨来袭时中国人民最可靠的主心骨，是中国特色社会主义事业的坚强领导核心。中国共产党领导是中国特色社会主义最本质的特征，是中国特色社会主义制度的最大优势，是党和国家的根本所在、命脉所在，是全国各族人民的利益所系、命运所系。

二、坚持和巩固党的领导地位与执政地位的实践要求

坚持和巩固党的领导地位与执政地位必须准确领会党的领导的深刻内涵。党政军民学，东西南北中，党是领导一切的，是最高的政治领导力量。党的领导是全面的、系统的、整体的，必须全面、系统、整体加以落实。坚持和加强党的全面领导，必须充分发挥党总揽全局、协调各方的领导核心作用。习近平总书记对党的领导核心作用做了鲜明生动的阐述，他指出："形象地说是'众星捧月'，这个'月'就是中国共产党。"[①] 国家治理体系是由众多子系统构成的复杂系统，这个系统的核心是中国共产党，人大、政府、政协、监察机关、审判机关、武装力量，各民主党派和无党派人士，各企事业单位，工会、共青团、妇联等群团组织都要坚持中国共产党领导。坚持和加强党的全面领导，不是空洞的、抽象的，必须体现到经济建设、政治建设、文化建设、社会建设、生态文明建设和国防军队、祖国统一、外交工作、党的建设等各方面。[②] 党的领导是党和国家事业不断发展的"定海神针"，是做好党和国家各项工作的根本保证。在坚持党的领导这个重大原则问题上，我们脑子要特别清醒、眼睛要特别明亮、立场要特别坚定，绝不能有任何含糊和动摇，要始终把握正确政治方向，坚持政治立场和政治原则。[③]

---

① 中共中央党史和文献研究院编：《习近平关于总体国家安全观论述摘编》，中央文献出版社 2018 年版，第 20 页。

② 中共中央宣传部编：《习近平新时代中国特色社会主义思想学习纲要》，学习出版社、人民出版社 2023 年版，第 18 页。

③ 习近平：《在全国党校工作会议上的讲话（2015 年 12 月 11 日）》，《求是》2016 年第 9 期。

坚持和巩固党的领导地位与执政地位必须坚持以人民为中心的立场，不断巩固党长期执政的群众基础。中国共产党执政合法性的根本在于代表了人民群众的根本利益，从而赢得了人民群众的支持和拥护。党的领导是人民当家作主的根本保证。党是人民利益的代表，党的领导（执政）以人民的利益和愿望为出发点。毛泽东同志指出："共产党是为民族、为人民谋利益的政党，它本身决无私利可图。……它的党员应该站在民众之中，而决不应该站在民众之上。"[①] 因此，中国共产党必须坚持"全心全意地为人民服务，一刻也不脱离群众；一切从人民的利益出发，而不是从个人或小集团的利益出发；向人民负责和向党的领导机关负责的一致性；这些就是我们的出发点"。[②] 邓小平同志提出，党"是人民群众的全心全意的服务者，它反映人民群众的利益和意志，并且努力帮助人民群众组织起来，为自己的利益和意志而斗争"。[③] 习近平同志强调，"党除了人民利益之外没有自己的特殊利益，党的一切工作都是为了实现好、维护好、发展好最广大人民根本利益"，"人民是党执政的最大底气，也是党执政最深厚的根基"，[④] "历史充分证明，江山就是人民，人民就是江山，人心向背关系党的生死存亡。赢得人民信任，得到人民支持，党就能够克服任何困难，就能够无往而不胜"。[⑤] 相反，如果不能得到人民群众的衷心拥护，任何一个政党的执政地位都不能稳固。江泽民同志在总结 20 世纪 90 年代以来一些执政几十年的大党先后下台、衰亡的教训时，明确指出："一个政权也好，一个政党也好，其前途与命运最终取决于人心向背，不能赢得最广大群众的支持，就必然要垮台。"[⑥] 2012 年 11 月 17 日，习近平总书记在十八届中共中央政治局第一次集体学习时指出："一个政党，一个政权，其前途和命运最终取决于人心向背。如果我们脱离群众、失去人民拥护和支持，最终也会走向失败。"[⑦] 在总体国家安全观中，习近平总书记不仅提出了国家安全"以政治安全为根本"的论断，更强调"以人民安全为宗旨"的价值

---

① 《毛泽东选集》第 3 卷，人民出版社 1991 年版，第 809 页。
② 《毛泽东选集》第 3 卷，人民出版社 1991 年版，第 1094—1095 页。
③ 《邓小平文选》第 1 卷，人民出版社 1994 年版，第 218 页。
④ 《习近平谈治国理政》第三卷，外文出版社 2020 年版，第 137 页。
⑤ 习近平：《在党史学习教育动员大会上的讲话》，《求是》2021 年第 7 期。
⑥ 江泽民：《论"三个代表"》，中央文献出版社 2001 年版，第 72 页。
⑦ 《习近平谈治国理政》，外文出版社 2014 年版，第 15—16 页。

追求，“坚持以民为本、以人为本，坚持国家安全一切为了人民、一切依靠人民，真正夯实国家安全的群众基础”。①

坚持和巩固党的领导地位与执政地位必须不断提升党治国理政的能力，不断满足人民对美好生活的向往需要。巩固党的执政地位不仅取决于中国共产党“为人民服务”的执政伦理，而且取决于中国共产党的执政绩效。通过执政为民的实践，恢复和提高人民的生活，满足人民群众的期待，才能真正赢得公众的认同，获得并加强人民对党的向心力，才能真正具有党执政的合法性物质基础和信仰基础。在新中国成立前夕的党的七届二中全会的讲话中，毛泽东就维护和巩固新生政权指出：“只有将城市的生产恢复起来和发展起来了，将消费的城市变成生产的城市了，人民政权才能巩固起来”，不能使一般人民的生活有所改善，“那我们就不能维持政权，我们就会站不住脚，我们就会要失败”。② 江泽民同志也提出：“人民群众是社会主义现代化建设事业的最终决定力量。把人民群众的利益实现好、维护好、发展好，这是正确处理改革发展稳定关系的结合点，是保证经济持续增长的动力所必须的，也是维护社会稳定、巩固党的执政基础所必须的。”③ 因而，一个政党执政的合法性固然来源于其追崇和坚守的执政理念，但如果没有执政绩效或绩效不足仍然无法维持其合法性。人民的支持和认同不仅来源于信仰，更要有辉煌的治理绩效赢得人民的信赖和拥护。执政能力及有效性是“权为民所赋”的重要因素，也是执政合法性和执政安全的资源。党执政赢得和积累起来的“民心民意”，是执政安全的群众基础和阶级基础。中国共产党执政最根本的政治基础来自“为人民谋幸福是党始终不变的初心，国家发展的巨大成就、人民生活的持续改善以及由此积聚起的民心民意”。④ 因此，党“要始终把人民利益摆在至高无上的地位……着力解决人民群众关心的现实利益问题……让人民群众有更多获得感、幸福感、安全感”。⑤ 唯有如此，新时代的执政党才能持续赢得人民支持，才能实现长期执政的目标。

---

① 《习近平谈治国理政》，外文出版社 2014 年版，第 201 页。

② 《毛泽东选集》第 4 卷，人民出版社 1991 年版，第 1428 页。

③ 中共中央文献研究室编：《江泽民思想年编（1989—2008）》，中央文献出版社 2010 年版，第 483—484 页。

④ 王岐山：《开启新时代　踏上新征程》，《人民日报》2017 年 11 月 7 日，第 2 版。

⑤ 《习近平谈治国理政》第三卷，外文出版社 2020 年版，第 342—346 页。

坚持和巩固党的领导地位与执政地位必须持续推进全面从严治党。治国必先治党，治党务必从严。全面建设社会主义现代化国家、全面推进中华民族伟大复兴，关键在党。全面从严治党是巩固党的长期执政地位的必然选择。[①] 习近平总书记告诫全党同志“必须在思想上真正明确，党的执政地位和领导地位并不是自然而然就能长期保持下去的，不管党、不抓党就有可能出问题甚至出大问题，结果不只是党的事业不能成功，还有亡党亡国的危险”。[②] 党的二十大报告提出，我们党作为世界上最大的马克思主义执政党，要始终赢得人民拥护、巩固长期执政地位，必须时刻保持解决大党独有难题的清醒和坚定。进入新时代，面对一系列长期积累及新出现的突出矛盾和问题，特别是落实解决党的领导弱化、虚化、淡化问题，较为严重的特权思想和特权现象，屡禁不止的“四风”问题和触目惊心的贪腐问题，党中央审时度势、果敢抉择，把全面从严治党纳入“四个全面”战略布局，以顽强意志和坚韧定力推进党风廉政建设和反腐败斗争，开辟了百年大党自我革命的新境界。[③] 通过十八大以来全面从严治党，我们解决了党内许多突出问题，但党面临的执政考验、改革开放考验、市场经济考验、外部环境考验将长期存在，精神懈怠危险、能力不足危险、脱离群众危险、消极腐败危险将长期存在。全党必须牢记，全面从严治党永远在路上，党的自我革命永远在路上，决不能有松劲歇脚、疲劳厌战的情绪，必须持之以恒推进全面从严治党，深入推进新时代党的建设新的伟大工程，以党的自我革命引领社会革命。[④] 勇于自我革命是中国共产党区别于其他政党的显著标志，是跳出治乱兴衰历史周期率的第二个答案。我们党历经千锤百炼而朝气蓬勃，一个很重要的原因就是我们始终坚持党要管党、全面从严治党，不断应对好自身在各个历史时期面临的风险考验，确保我们党在世界形势深刻变化的历史进程中始终走在时代前列，在应对国

---

① 本书编写组编著：《党的二十大报告辅导读本》，人民出版社 2022 年版，第 2 页。

② 中共中央党史和文献研究院编：《习近平关于总体国家安全观论述摘编》，中央文献出版社 2018 年版，第 30—31 页。

③ 本书编写组编著：《党的二十大报告辅导读本》，人民出版社 2022 年版，第 2 页。

④ 本书编写组编著：《党的二十大报告辅导读本》，人民出版社 2022 年版，第 57 页。

内外各种风险挑战的历史进程中始终是全国人民的主心骨。新的征程上，我们要牢记打铁必须自身硬的道理，增强全面从严治党永远在路上的政治自觉，以党的政治建设为统领，以坚定理想信念宗旨为根基，以调动全党积极性、主动性、创造性为着力点，继续推进新时代党的建设新的伟大工程，不断严密党的组织体系，着力建设德才兼备的高素质干部队伍，坚定不移推进党风廉政建设和反腐败斗争，坚决清除一切损害党的先进性和纯洁性的因素，清除一切侵蚀党的健康肌体的病毒，确保党不变质、不变色、不变味，确保党在新时代坚持和发展中国特色社会主义的历史进程中始终成为坚强领导核心。①

坚持和巩固党的领导地位与执政地位必须建立健全维护党中央权威和集中统一领导的制度安排。党中央集中统一领导是党的领导的最高原则，加强和维护党中央集中统一领导是全党共同的政治责任。坚持党的领导首先要旗帜鲜明讲政治，保证全党服从中央。党的十八大以来，党中央成立多个决策议事协调机构，加强党对事关党和国家事业全局的重大工作的全面和集中统一领导。党的十八届六中全会通过《关于新形势下党内政治生活的若干准则》，党中央出台中央政治局加强和维护党中央集中统一领导的若干规定，严明党的政治纪律和政治规矩，防止和反对个人主义、分散主义、自由主义、本位主义、好人主义等，发展积极健康的党内政治文化，推动营造风清气正的良好政治生态。党中央要求党的领导干部提高政治判断力、政治领悟力、政治执行力，胸怀“国之大者”，对党忠诚、听党指挥、为党尽责。健全党的领导制度体系，完善党领导人大、政府、政协、监察机关、审判机关、检察机关、武装力量、人民团体、企事业单位、基层群众性自治组织、社会组织等制度，确保党在各种组织中发挥领导作用。坚持民主集中制，建立健全党对重大工作的领导体制，强化党中央决策议事协调机构职能作用，完善推动党中央重大决策落实机制，严格执行向党中央请示报告制度，强化政治监督，深化政治巡视，查处违背党的路线方针政策、破坏党的集中统一

---

① 习近平：《在庆祝中国共产党成立100周年大会上的讲话》，《人民日报》2021年7月2日，第2版；《中共中央关于党的百年奋斗重大成就和历史经验的决议（2021年11月11日中国共产党第十九届中央委员会第六次全体会议通过）》，《人民日报》2021年11月17日，第1版。

领导问题，清除“两面人”，保证全党在政治立场、政治方向、政治原则、政治道路上同党中央保持高度一致。[①]

新的征程上，我们必须坚持党的全面领导，不断完善党的领导，增强政治意识、大局意识、核心意识、看齐意识，坚定道路自信、理论自信、制度自信、文化自信，坚决维护习近平总书记党中央的核心、全党的核心地位，坚决维护党中央权威和集中统一领导，不断提高党科学执政、民主执政、依法执政水平，充分发挥党总揽全局、协调各方的领导核心作用，把党的领导落实到国家治理各领域、各方面、各环节。

三、“颜色革命”是我国政权安全面临的现实风险

维护政权安全必须有效应对国内外敌对势力的各种颠覆破坏活动，特别是要防范敌对势力在我国策划“颜色革命”的战略企图。这是我国政权安全面临的现实风险。

“颜色革命”是在西方国家的策动下，发生的以颜色命名，以和平非暴力手段颠覆、更替国家政权或进行政治变革的运动。[②] 从性质上来看，“颜色革命”一般可分为两类：一类是改变社会主义国家政权的性质，把社会主义的无产阶级专政变为资本主义的资产阶级专政。这类“颜色革命”实质上就是“和平演变”。二战结束后，两种制度和价值体系长期并存和较量决定了“和平演变”与反“和平演变”斗争的长期性。新中国成立以后，两种制度模式、两种价值观念的渗透与反渗透、颠覆与反颠覆斗争日趋复杂而激烈。我们党高度重视防范西方“和平演变”战略对我国政治安全所带来的风险与挑战。1959 年 11 月，毛泽东在分析杜勒斯演讲中所提及的美国“放弃使用武力并不意味着维持现状，而是意味着和平的转变”时说：“和平转变谁呢？就是要转变我们这些国家，搞颠覆活动……美国企图利用更富有欺骗性的策略来推行它的侵略和扩张的野心。……美国在标榜希望和平的同时，正在加紧利用渗透、腐蚀、颠覆种种阴谋手段来达到挽救帝国主义的颓势，实现它的侵略野心的目的。就是说，它那个

---

① 《中共中央关于党的百年奋斗重大成就和历史经验的决议（2021 年 11 月 11 日中国共产党第十九届中央委员会第六次全体会议通过）》，《人民日报》2021 年 11 月 17 日，第 1 版。

② 毛欣娟、马振超：《高度重视防范“颜色革命”风险维护我国政治安全》，《江南社会学院学报》2017 年第 4 期，第 16 页。

秩序要维持，不要动，要动我们，用和平转变，腐蚀我们。”[①] 面对美国“和平演变”的企图，1964 年毛泽东在修改“九评”时谈到：“帝国主义对我们第一代、第二代大概没有指望了，但他们寄希望于第三代、第四代和平演变，杜勒斯辈就是这么公开说的。因此我们要准备后事，要培养革命接班人。”[②] 邓小平多次告诫全党要时刻警惕西方的“和平演变”图谋。1989 年 6 月 16 日，邓小平在同几位中央负责同志谈话时指出：“整个帝国主义西方世界企图使社会主义各国都放弃社会主义道路，最终纳入国际垄断资本的统治，纳入资本主义的轨道。现在我们要顶住这股逆流，旗帜要鲜明。”[③] 1989 年 9 月，邓小平直言不讳地指出：“西方世界确实希望中国动乱。……美国，还有西方其他一些国家，对社会主义国家搞和平演变。美国现在有一种提法：打一场无硝烟的世界大战。我们要警惕。”[④] 11 月 23 日，他在会见南方委员会主席、坦桑尼亚革命党主席尼雷尔时表示：“可能是一个冷战结束了，另外两个冷战又已经开始。一个是针对整个南方、第三世界的，另一个是针对社会主义的。西方国家正在打一场没有硝烟的第三次世界大战。所谓没有硝烟，就是要社会主义国家和平演变。”[⑤] 在防范与抵御“和平演变”的斗争的艰巨性、长期性问题上，江泽民在庆祝建党 70 周年大会上的讲话中指出：“阶级斗争已经不是我国社会的主要矛盾，但它还将在一定范围内长期存在，并且在一定条件下还可能激化。这种斗争表现为资产阶级自由化同四项基本原则的对立，斗争的核心依然是政权问题。这种斗争同国际敌对势力与我们之间的渗透与反渗透、颠覆与反颠覆、和平演变和反和平演变的斗争密切联系、相互交织。”[⑥] 他告诫：“……在新的历史条件下，我们党不仅要继续经受执政的考验，而且面临着改革开放和发展商品经济的考验，面临着反对和平演变的考验。”[⑦]

---

① 林克：《回忆毛泽东对杜勒斯和平演变言论的评论》，《党的文献》1990 年第 6 期，第 45—46 页。

② 吴冷西：《十年论战：1956—1966 中苏关系回忆录》（下册），中央文献出版社 1999 年版，第 781—782 页。

③ 《邓小平文选》第 3 卷，人民出版社 1993 年版，第 311 页。

④ 《邓小平文选》第 3 卷，人民出版社 1993 年版，第 325—326 页。

⑤ 《邓小平文选》第 3 卷，人民出版社 1993 年版，第 344 页。

⑥ 《江泽民文选》第 1 卷，人民出版社 2006 年版，第 151—152 页。

⑦ 江泽民：《在庆祝中国共产党成立 70 周年大会上的讲话（一九九一年七月一日）》，宣讲家网，2011 年 9 月 30 日，http：//www. 71. cn/2011/0930/632887. shtml。

另一类是在资本主义国家里把现政权改变为亲美政权。[①] 21 世纪以来，东欧、中亚以及北非许多国家发生的事件，如 2003 年格鲁吉亚“玫瑰革命”，2004 年乌克兰“栗子花革命”，2005 年吉尔吉斯斯坦“郁金香革命”、白俄罗斯的“雪花革命”、阿塞拜疆的“橙色风暴”等即是如此。

西方国家策划“颜色革命”，惯以“反腐”“反独裁”“改善民生”为幌子，打着争取“民主”“人权”“自由”的旗号，通过间接手段如利用社会组织（尤其是各种基金会）、媒体平台、国际教育交流与培训等方式长期经营，潜移默化地影响目标国公众的政治认同，最终通过“街头政治”“民主运动”实现政权更替，结果很多国家政治动荡、社会动乱，人民流离失所。[②] 一般来说，“颜色革命”大体上分为四步：首先是制造颠覆现政权的舆论；其次是建立反对派的政治组织；再次是物色有影响力的、具有一定号召力的自由主义分子和亲美人士作为反对派领袖，把力图推翻现政权的人聚集在一起，待时机成熟，向现政权发起进攻，组织以他为首的新政权；最后是利用突发事件，或者利用选举机会，打着“民主”“自由”的旗号，组织示威、游行、集会、罢工、罢课、占领广场、冲击政府机关等“街头政治”活动，迫使现政府交权。[③] 我国是中国共产党领导的社会主义国家，是各种敌对势力策划“颜色革命”的主要对象。因此，我们要时刻保持头脑清醒，严密防范和严厉打击敌对势力渗透、破坏、颠覆、分裂活动，坚决防止出现“街头政治”，有力抵御策动“颜色革命”图谋，坚决捍卫我国的政权安全。

第三节　坚持和巩固中国特色社会主义制度

《中华人民共和国宪法》规定：“社会主义制度是中华人民共和国的根本制度。中国共产党领导是中国特色社会主义最本质的特征。禁止任何组

---

① 周小兵：《必须高度警惕和防范“颜色革命”》，《红旗文稿》2016 年第 4 期，第 34 页。

② 郑东超：《警惕“颜色革命”新动向》，《前线》2022 年第 4 期，第 52 页；田文林：《美国为何热衷策动“颜色革命”》，《人民论坛》2023 年第 9 期，第 93—94 页。

③ 周小兵：《必须高度警惕和防范“颜色革命”》，《红旗文稿》2016 年第 4 期，第 34—35 页。

织或者个人破坏社会主义制度。”[①] 中国特色社会主义制度是适合中国国情的科学制度体系，必须毫不动摇地坚持与巩固、与时俱进地改革与完善，要高度警惕、有力挫败敌对势力对我国实施“西化、分化战略”图谋，坚决捍卫我国制度安全。

一、坚持和巩固中国特色社会主义制度的重要意义

一个国家选择什么样的国家制度，是由这个国家的历史传承、文化传统、经济社会发展水平决定的，是由这个国家的人民决定的。中国特色社会主义制度是党和人民在长期实践探索中形成的一整套相互衔接、相互联系的科学制度体系，包括党的领导制度体系、人民当家作主制度体系、中国特色社会主义法治体系、中国特色社会主义行政体制、社会主义基本经济制度、社会主义先进文化制度、民生保障制度、社会治理制度、生态文明制度体系、党对人民军队的绝对领导制度、“一国两制”制度体系、独立自主的和平外交政策、党和国家监督体系等方面。在中国特色社会主义制度体系中，起四梁八柱作用的是根本制度、基本制度、重要制度。[②] 党的十九届四中全会通过的《中共中央关于坚持和完善中国特色社会主义制度、推进国家治理体系和治理能力现代化若干重大问题的决定》强调要“突出坚持和完善支撑中国特色社会主义制度的根本制度、基本制度、重要制度，着力固根基、扬优势、补短板、强弱项，构建系统完备、科学规范、运行有效的制度体系”。[③] 党的二十大报告指出，要坚定不移走中国特色社会主义政治发展道路，“坚持和完善我国根本政治制度、基本政治制度、重要政治制度”，加强人民当家作主的制度保障。[④]

中国特色社会主义根本制度指的是那些体现中国特色社会主义本质特征和国家性质、从根本上保证中国特色社会主义方向、在中国特色社会主

① 《中华人民共和国宪法》，人民出版社 2018 年版，第 7 页。

② 何毅亭：《中国特色社会主义制度好在哪里》，《人民日报》2019 年 12 月 26 日，第 12 版。

③ 本书编写组编著：《〈中共中央关于坚持和完善中国特色社会主义制度、推进国家治理体系和治理能力现代化若干重大问题的决定〉辅导读本》，人民出版社 2019 年版，第 5 页。

④ 本书编写组编著：《党的二十大报告辅导读本》，人民出版社 2022 年版，第 33—34 页。

义制度中起决定性作用的制度，主要包括社会主义制度、中国共产党领导制度、马克思主义的指导思想制度、人民代表大会制度、党对人民军队的绝对领导制度等。其中，社会主义制度是总制度，其他一切制度都是为了坚持、巩固和发展这个总制度。中国共产党领导制度是我国的根本领导制度，在中国特色社会主义制度体系中，党的领导制度具有统领地位，其他一切制度都是在党的领导下建立和健全的。马克思主义在意识形态领域指导地位这一根本制度，在我们国家制度架构中属于总的指导思想，对所有制度都发挥着思想引领作用。[①] 人民代表大会制度是符合中国国情、体现社会主义国家性质、保证人民当家作主的根本制度，是支撑国家治理体系和治理能力的根本政治制度。党对人民军队的绝对领导是中国特色社会主义的本质特征，是党和国家的重要政治优势，是人民军队的建军之本、强军之魂。[②]

中国特色社会主义基本制度是指那些体现我国社会主义性质，规定着国家政治生活、经济生活基本原则，对国家经济社会发展具有重大影响的制度，主要包括基本政治制度与基本经济制度。中国共产党领导的多党合作和政治协商制度、民族区域自治制度以及基层群众自治制度是我国的基本政治制度。基本经济制度主要包括生产资料所有制、分配方式和资源配置方式三个基本要素，即坚持公有制为主体、多种所有制经济共同发展，坚持按劳分配为主体、多种分配方式并存，坚持把社会主义制度和市场经济有机结合起来的社会主义市场经济体制。[③]

中国特色社会主义重要制度，是由中国特色社会主义根本制度、中国特色社会主义基本制度派生的国家治理各领域各方面的主体性制度，具体讲就是建立在根本制度、基本制度之上的关于法律法治、行政管理、文化建设、民生保障、社会治理、生态文明、“一国两制”、对外事务、党和国家监督等方面的主体性制度。中国特色社会主义重要制度，连接国家治理体系的顶层即根本制度、基本制度，向下延伸到社会生产生活的方方面

---

① 李泽泉：《根本制度、基本制度、重要制度之间的关系是啥》，求是网，2019年12月3日，http：//www. qstheory. cn/politics/2019 – 12/03/c_1125300634. htm。

② 何毅亭：《坚持和完善中国特色社会主义根本制度》，《学习时报》2019年11月29日，第1版。

③ 何毅亭：《坚持和完善中国特色社会主义基本制度》，《学习时报》2019年12月2日，第1版。

面，使国家治理的总体要求、总体目标和一系列政策举措落实落细，使中国特色社会主义制度优势和国家治理体系的功能作用得到充分发挥。①

方向决定道路，道路决定命运。道路问题直接关系党和人民事业兴衰成败。历史已经并将继续证明，只有社会主义才能救中国，只有坚持和发展中国特色社会主义才能实现中华民族伟大复兴。中国特色社会主义不是从天上掉下来的，而是在改革开放40多年的伟大实践中得来的，是在中华人民共和国成立70多年的持续探索中得来的，是在党领导人民进行百年伟大社会革命的实践中得来的，是在近代以来中华民族由衰到盛180多年的历史进程中得来的，是在对中华文明5000多年的传承发展中得来的，是党和人民历经千辛万苦、付出巨大代价取得的根本成就，是实现中华民族伟大复兴的正确道路。中国特色社会主义，既是我们必须不断推进的伟大事业，又是我们开辟未来的根本保证。中国特色社会主义体现在制度上，就是确立中国特色社会主义制度，巩固发展我国的国体、政体和基本政治制度、基本经济制度以及各方面重要制度。② 中国特色社会主义制度是我国的根本制度，我国国家治理一切工作和活动都依照中国特色社会主义制度展开。③ 中国特色社会主义制度是当代中国发展进步的根本制度保障，是具有鲜明中国特色、明显制度优势、强大自我完善能力的先进制度。④ 从社会主义制度基本确立，到改革开放以来中国特色社会主义制度不断完善和发展，我国国家制度优势不断彰显、不断增强。特别是党的十八大以来，我们党领导人民统筹推进“五位一体”总体布局、协调推进“四个全面”战略布局，推动中国特色社会主义制度更加完善，为政治稳定、经济发展、文化繁荣、民族团结、社会安宁、国家统一提供了有力保障。⑤

---

① 何毅亭：《坚持和完善中国特色社会主义重要制度》，《学习时报》2019年12月6日，第1版。

② 穆兆勇：《中国特色社会主义制度是怎么来的》，《中国青年报》2020年7月20日，第2版。

③ 本书编写组编著：《〈中共中央关于坚持和完善中国特色社会主义制度、推进国家治理体系和治理能力现代化若干重大问题的决定〉辅导读本》，人民出版社2019年版，第3页。

④ 《习近平谈治国理政》第二卷，外文出版社2017年版，第36页。

⑤ 本书编写组编著：《〈中共中央关于坚持和完善中国特色社会主义制度、推进国家治理体系和治理能力现代化若干重大问题的决定〉辅导读本》，人民出版社2019年版，第3页。

二、坚持和巩固中国特色社会主义制度的实践要求

坚持和巩固中国特色社会主义制度必须坚定走自己的路，增强制度自信。改革开放以后，党领导人民坚持中国特色社会主义政治发展道路，发展社会主义民主，取得重大进展。党从国内外政治发展成败得失中深刻认识到，坚定中国特色社会主义制度自信，首先要坚定对中国特色社会主义政治制度的自信，建设社会主义民主政治，发展社会主义政治文明，必须使中国特色社会主义政治制度深深扎根于中国社会土壤，照抄照搬他国政治制度行不通，甚至会把国家前途命运葬送掉。必须坚持党的领导、人民当家作主、依法治国有机统一，积极发展全过程人民民主，健全全面、广泛、有机衔接的人民当家作主制度体系，构建多样、畅通、有序的民主渠道，丰富民主形式，从各层次、各领域扩大人民有序政治参与，使各方面制度和国家治理更好体现人民意志、保障人民权益、激发人民创造。①

坚持和巩固中国特色社会主义制度必须按照党中央的战略部署推进我国治理体系与治理能力现代化。党的十九届四中全会着眼于党长期执政和国家长治久安，对坚持和完善中国特色社会主义制度、推进国家治理体系和治理能力现代化作出总体擘画，重点部署坚持和完善支撑中国特色社会主义制度的根本制度、基本制度、重要制度。党中央强调，必须坚持人民主体地位，保证人民依法实行民主选举、民主协商、民主决策、民主管理、民主监督。党坚持和完善人民代表大会制度，支持和保证人民通过人民代表大会行使国家权力，支持和保证人民代表大会依法行使立法权、监督权、决定权、任免权，果断查处拉票贿选案，维护人民代表大会制度权威和尊严，发挥人民代表大会制度的根本政治制度作用。坚持和完善中国共产党领导的多党合作和政治协商制度，完善民主党派中央对重大决策部署贯彻落实情况实施专项监督、直接向中共中央提出建议等制度，加强人民政协专门协商机构制度建设，推进社会主义协商民主广泛多层制度化发展，形成中国特色协商民主体系。坚持巩固基层政权，完善基层民主制

---

① 《中共中央关于党的百年奋斗重大成就和历史经验的决议（2021 年 11 月 11 日中国共产党第十九届中央委员会第六次全体会议通过）》，《人民日报》2021 年 11 月 17 日，第 1 版。

度，完善办事公开制度，保障人民知情权、参与权、表达权、监督权。按照坚持党的全面领导、坚持以人民为中心、坚持优化协同高效、坚持全面依法治国的原则，全面深化党和国家机构改革，党和国家机构职能实现系统性、整体性重构。坚持和完善民族区域自治制度，坚定不移走中国特色解决民族问题的正确道路，坚持把铸牢中华民族共同体意识作为党的民族工作主线，确立新时代党的治藏方略、治疆方略，巩固和发展平等团结互助和谐的社会主义民族关系，促进各民族共同团结奋斗、共同繁荣发展。坚持党的宗教工作基本方针，坚持我国宗教的中国化方向，积极引导宗教与社会主义社会相适应。完善大统战工作格局，努力寻求最大公约数、画出最大同心圆，汇聚实现中华民族伟大复兴的磅礴力量。围绕增强政治性、先进性、群众性，推动群团工作改革创新，更好发挥工会、共青团、妇联等人民团体和群众组织作用。我们以保障人民生存权、发展权为首要推进人权事业全面发展。①

坚持和巩固中国特色社会主义制度，必须与时俱进地推进其完善与发展。中国特色社会主义制度是当代中国发展进步的根本制度保障，是具有鲜明中国特色、明显制度优势、强大自我完善能力的先进制度。② 善于自我完善、自我发展，是中国特色社会主义制度的鲜明品格，是中国特色社会主义持续焕发生机活力的根本动因。恩格斯早就指出："所谓'社会主义社会'，不是一种一成不变的东西，而应当和任何其他社会制度一样，把它看成是经常变化和改革的社会。"③ 中国特色社会主义制度和国家治理体系是以马克思主义为指导、植根中国大地、具有深厚中华文化根基、深得人民拥护的制度和治理体系，是党和人民长期奋斗、接力探索、历尽千辛万苦、付出巨大代价取得的根本成就。但同时，需要认识到，中国特色社会主义制度又"不是简单套用马克思主义经典作家设想的'模版'，不是延续中国传统国家制度的'母版'，不是其他国家社会主义实践的'再版'，更不是西方国家制度的'翻版'，而是符合中国国情、体现国家性

---

① 《中共中央关于党的百年奋斗重大成就和历史经验的决议（2021 年 11 月 11 日中国共产党第十九届中央委员会第六次全体会议通过）》，《人民日报》2021 年 11 月 17 日，第 1 版。

② 《习近平谈治国理政》第二卷，外文出版社 2017 年版，第 36 页。

③ 中共中央马克思恩格斯列宁斯大林著作编译局编译：《马克思恩格斯选集》第 4 卷，人民出版社 1995 年版，第 693 页。

质、保证人民当家作主、巩固和发展人民民主专政、深得人民拥护的‘新版’”①。因此，我们必须倍加珍惜，毫不动摇坚持，与时俱进发展中国特色社会主义制度。② 随着中国特色社会主义进入新时代，我国发展处于新的历史方位，我国社会主要矛盾已经转化为人民日益增长的美好生活需要和不平衡不充分的发展之间的矛盾，我国国家治理面临许多新任务新要求，必然要求中国特色社会主义制度和国家治理体系更加完善、不断发展。习近平总书记指出：“我们既要坚持好、巩固好经过长期实践检验的我国国家制度和国家治理体系，又要完善好、发展好我国国家制度和国家治理体系，不断把我国制度优势更好转化为国家治理效能。”③ 应当看到，制度更加成熟、更加定型是一个动态过程，治理能力现代化也是一个动态过程，不可能一蹴而就，也不可能一劳永逸。国家制度和国家治理体系建设的目标必须随着实践发展而与时俱进，既不能过于理想化、急于求成，也不能盲目自满、故步自封④；既不走封闭僵化的老路，也不走改旗易帜的邪路，保持政治定力，坚定制度自信，不断革除体制机制弊端，推动各方面制度更加成熟、更加定型，推进国家治理体系和治理能力现代化。⑤我们必须认识到，新时代坚持和完善中国特色社会主义制度，是有方向、有立场、有原则的。在方向问题上，我们头脑必须十分清醒。我们的方向就是不断推动社会主义制度自我完善和发展，而不是对社会主义制度改弦易张。⑥

三、高度警惕“西化、分化陷阱”

制度优势是一个国家的最大优势，制度竞争是国家间最根本的竞争。

---

① 何星亮：《中华民族创造“中国式现代化新道路”的四个保障》，《人民论坛》2021 年第 26 期，第 8 页。

② 习近平：《坚持和完善中国特色社会主义制度推进国家治理体系和治理能力现代化》，《求是》2020 年第 1 期。

③ 习近平：《坚持和完善中国特色社会主义制度推进国家治理体系和治理能力现代化》，《求是》2020 年第 1 期。

④ 习近平：《坚持和完善中国特色社会主义制度推进国家治理体系和治理能力现代化》，《求是》2020 年第 1 期。

⑤ 中共中央宣传部：《习近平新时代中国特色社会主义思想学习纲要》，学习出版社、人民出版社 2023 年版，第 60 页。

⑥ 中共中央党史和文献研究院编：《习近平关于总体国家安全观论述摘编》，中央文献出版社 2018 年版，第 20 页。

我国坚持社会主义制度，境内外敌对势力一刻也没有放松对我国实施“西化、分化战略”。“西化”就是要我们放弃共产党的领导和社会主义制度，实行西方那样的垄断资本操控下的多党制和私有制。“分化”就是要分裂中国，企图分而治之。他们意在打赢“一场没有硝烟的战争”，以达到其瓦解我国社会主义制度的目的。① 江泽民同志曾鲜明指出：“所谓西化，就是企图在政治上用西方的多党制和议会制取代中国共产党的领导地位和人民民主专政的国家制度，在经济上用资本主义私有制取代社会主义公有制，在思想文化上用资本主义意识形态取代社会主义意识形态。所谓分化，就是利用一切手段和各种机会，企图分裂我们的党、我们的民族和我们的国家，使我国重新陷入旧中国那种四分五裂、一盘散沙的状态。总之，他们的目的，就像邓小平同志指出的，是要把社会主义的中国变成‘完全西方附庸化的资产阶级共和国’。”②

为了通过“和平演变”达到“西化”“分化”中国的目的，西方国家所采取的手段主要包括以下几种。③

一是利用传播媒介发动“舆论攻势”。长期以来，美国等西方国家为了向社会主义国家输出其价值观念，利用广播、电视、电影、报纸、杂志、书籍等各种传播媒介，掀起了一轮轮的所谓“舆论攻势”，大搞文化殖民主义。当今世界，信息技术革命日新月异，网络和数字技术裂变式发展，带来媒体格局深刻变革。互联网使人们获取信息的方式和舆论生成的方式发生了重大变化，青年一代更是将互联网作为获取信息的主要途径。新兴媒体对人们思想和行为的影响，尤其是对青年一代的影响从来没有像今天之广泛和深刻，这也使得新兴媒体成为敌对势力进行意识形态渗透和腐朽思想文化沉渣泛起的主要渠道。西方敌对势力借助新媒体在社会主义国家散布谣言、蛊惑人心，兜售其反共产主义意识形态的所谓“全球民主论”“文明冲突论”“意识形态终结论”“普世价值论”“中国崩溃论”“中国威胁论”“中国崛起到顶论”“民主对抗威权论”，等等。不难看出，西方反华势力一直妄图利用互联网“扳倒中国”，多年前有西方政要就声称

---

① 黄中平：《着力提高治理能力　切实防止“两个陷阱”》，《求是》2014 年第 7 期。

② 《江泽民文选》第 1 卷，人民出版社 2006 年版，第 573 页。

③ 刘建武：《论反“和平演变”的长期性、艰巨性》，《马克思主义研究》2016 年第 8 期，第 121—132 页。

“有了互联网，对付中国就有了办法”，“社会主义国家投入西方怀抱，将从互联网开始”。因此，在互联网这个战场上，我们能否顶得住、打得赢，直接关系国家政治安全。①

二是借助经贸联系推进“以商促变”。随着改革开放的推进，我国经济与世界经济之间建立和保持着日益密切的交往和联系，形成了你中有我、我中有你的关系。西方国家认为，经济上的密切往来为其推进“和平演变”创造了难得的机遇。1996 年 1 月初，即将上任的美国驻华大使詹姆斯·萨瑟表示：“当我们同中国进行贸易时，我们不仅仅是向他们推销货物。当美国企业人士到那里开办工厂或工厂之类的东西时，我们不仅仅在商业上同他们打交道，我们也随之带来了我们的一些价值观、我们的某些习惯以及我们的一些文化。这就是我们最终要使他们同我们的人权概念更紧密协同一致的办法。”② 克林顿在关于给予中国永久最惠国待遇问题致国会的声明中说：“加入世界贸易组织将给千百万中国人以政府不可能控制的方式带来信息革命。这将加速中国国有企业的瓦解。这一过程就是使政府远离人们的生活，并催发中国的社会与政治变革。”③ 为了达到利用经济交往进行“西化”“分化”的目的，西方敌对势力往往以经济活动为掩护，进行意识形态渗透，宣扬“私有化”和资产阶级经济学说，攻击公有制和国有企业制度，主张全盘私有化，甚至通过收买企业界及党政界干部进行政权颠覆等非法活动，以实现其所谓“以商养政”和“政商互动”。江泽民同志曾告诫：“通过经济上的自由化来推行所谓的政治上的自由化，是西方某些政治势力对社会主义国家实施西化、分化政治图谋的一个重要战略手段。”④

三是物色与培育社会主义国家内部所谓“持不同政见者”以形成“和平演变”的“内应力量”。支持和帮助中国的所谓“反对派”“民主进步势力”，是西方国家从内部瓦解共产党领导地位的关键步骤。早在新中国成立前夕，时任美国国务卿艾奇逊就提出要把希望寄托在受过西方教育的“资产阶级个人主义者”身上，随后又把希望寄托在中国的第二代、第三

---

① 中共中央党史和文献研究院编：《习近平关于总体国家安全观论述摘编》，中央文献出版社 2018 年版，第 103 页。

② 李庆四：《美国国会与美国对华政策》，当代世界出版社 2002 年版，第 234 页。

③ 《江泽民文选》第 3 卷，人民出版社 2006 年版，第 450 页。

④ 《江泽民文选》第 3 卷，人民出版社 2006 年版，第 450 页。

代身上。尼克松也相信通过增加贸易和接触能够促进社会主义国家内部的“和平演变”。他指出“我们与东方的接触越多，我们使东方受到西方榜样的影响就越多，这不可避免地会增加引起变化的内部力量”①。随着中国对外开放水平的不断提升，西方国家通过扩大学术交往、设立基金会、提供奖学金、开展合作研究、进行培训等途径，想方设法拉拢“现在的一代”，物色、收买、培植“亲西方势力”，并鼓励和支持这些人不断走向各级领导岗位，以掌握越来越重要的权力，从而使他们成为中国共产主义的“掘墓人”，并把为此而进行的大量资金投入看作“给共产主义提供一笔合乎礼仪的安葬费”。②

四是通过民族问题、台湾问题等制造“分化”、固化“分裂”。长期以来，西方敌对势力利用我国民族宗教问题大做文章，以达到其“分化”“分裂”中国的目的。例如，在西藏问题上，西方反华力量对“藏独”分裂势力，不仅政治上庇护，而且经济上援助；不仅在国际上为其提供活动空间，而且在舆论上为其助威造势。再如，在台湾问题上，美国大搞“两面派”手法：一方面在国际上强调一个中国立场与政策未变，另一方面又不断向“台独”分裂势力发出错误信号，企图阻挠、破坏、反对中国的统一进程，甚至妄想着通过台湾这个所谓“民主的橱窗”“民主的灯塔”和“民主的经验”来“催生”“诱变”中国大陆政治制度的转型。

五是打着“人权”旗号搞“人权外交”。呵护人的生命、价值、尊严，实现人人享有人权，是人类社会的共同追求。尊重和保障人权是社会文明进步的重要标志。各国国情不同，历史文化、社会制度、经济社会发展水平存在差异，必须也只能从本国实际和人民需求出发，探索适合自己的人权发展道路。“世界上没有放之四海而皆准的人权发展道路，人权保障没有最好，只有更好。”③ 然而，某些西方国家自诩为“人权”的“教师爷”“模范生”，试图将它们的人权标准强加于人。实际上，这不过是它们打着“人权”的旗号要弄的“人权外交”伎俩，意欲把人权问题政治化、工具

---

① ［美］理查德·尼克松著，陈杨、杨乐译：《现实的和平》，世界知识出版社 1984 年版，第 90 页。

② 刘建武：《论反“和平演变”的长期性、艰巨性》，《马克思主义研究》2016 年第 8 期，第 125 页。

③ 中共中央党史和文献研究院编：《习近平关于尊重和保障人权论述摘编》，中央文献出版社 2021 年版，第 185 页。

化，试图以此为借口“合法”地干涉别国内政。为此，它们还炮制了“普世人权”“人权高于主权”等谬论，积极鼓吹“人权无国界”“主权有限论”和“主权过时论”等，试图赋予“人权外交”理论上的正当性与行为上的合法性。

面对敌对势力的“西化、分化战略”，我们头脑一定要清醒、一定要坚定，必须警惕和防范西方所谓“宪政”、多党轮流执政、“三权鼎立”等政治思潮的侵蚀影响，防止跌入“西化、分化陷阱”。从历史上看，改革开放以后，资产阶级自由化思潮对我国产生了较大影响。资产阶级自由化，是改革开放后国内出现的主张中国实行西方政治模式并力图将中国导向资本主义道路的一种思潮，其实质是主张全盘“西化”，走资本主义道路。1985 年 5 月 20 日，邓小平在会见外国客人时指出，资产阶级自由化思潮“崇拜西方资本主义国家的‘民主’‘自由’，否定社会主义。这不行。中国要搞现代化，绝不能搞自由化，绝不能走西方资本主义道路”。[①] 此后，邓小平多次提及资产阶级自由化的实质及其危害，并指出其与社会主义制度的根本对立性。1985 年 9 月 23 日，邓小平在中国共产党全国代表会议上强调：“资产阶级自由化的宣传，也就是走资本主义道路的宣传，一定要反对。”[②] 1986 年 9 月 28 日，邓小平在党的十二届六中全会上再次强调：“自由化本身就是资产阶级的，没有什么无产阶级的、社会主义的自由化，自由化本身就是对我们现行政策、现行制度的对抗，或者叫反对，或者叫修改”，“搞自由化就是要把我们引导到资本主义道路上去”，“搞自由化，就会破坏我们安定团结的政治局面。没有一个安定团结的政治局面，就不可能搞建设”。[③] 江泽民在党的十四届六中全会上发表的讲话就“西化”“分化”的内涵作了明确界定后紧接着指出：“面对敌对势力的这种图谋（指“西化”“分化”图谋——作者注），我们在社会主义现代化建设的整个过程中，要始终注意防止和反对资产阶级自由化。”[④] 从当前看，西方“普世价值”思潮的影响不可忽视。西方“普世价值”与资本主义相伴相生，资本主义的生产力发展、生产关系特点决定了“普世价

① 《邓小平文选》第 3 卷，人民出版社 1993 年版，第 123 页。
② 《邓小平文选》第 3 卷，人民出版社 1993 年版，第 145 页。
③ 《邓小平文选》第 3 卷，人民出版社 1993 年版，第 182 页。
④ 《江泽民文选》第 1 卷，人民出版社 2006 年版，第 573 页。

值”的全部内涵与内在属性。从文化源流上来看，西方文化与价值观的诸多思想可以追溯到古希腊、古罗马时期，但将这些理念系统化、理论化并将其普遍化则是启蒙运动及其后资产阶级文化的发展。历史地看，近代西方资产阶级倡导的“自由”“民主”“人权”等价值观，在反对封建专制过程中发挥过历史性作用，但随着资产阶级取得统治地位，这些价值观越来越成为维护资本统治的工具。因而，“普世价值”被西方资产阶级赋予了特定化的政治内涵和政治用意。本质而言，“普世价值”是西方资产阶级的价值观念与意识形态的集中体现。然而，西方资产阶级极力将这些价值观美化成超越阶级、超越国家、超越历史，对任何社会、任何时代都适用通行的所谓“普世价值”观念，并把“普世价值”这一资产阶级的价值观念与意识形态包装成人类社会的普遍价值追求，以具体性（特殊性）代替普遍性，以历史性（时间性）代替永恒性，以超阶级性代替阶级性，具有很强的迷惑性与蛊惑性。[①] 2015 年 12 月 11 日，习近平总书记在全国党校工作会议上的重要讲话中告诫要高度警惕西方“普世价值”的迷惑性与蛊惑性。他说，我们有些人甚至党内有的同志“认为西方‘普世价值’经过了几百年，为什么不能认同？西方一些政治话语为什么不能借用？接受了我们也不会有什么大的损失，为什么非要拧着来？有的人奉西方理论、西方话语为金科玉律，不知不觉成了西方资本主义意识形态的吹鼓手”[②]。不仅如此，某些西方大国扛着“普世价值”大旗到处输出、贩卖，动辄对那些不听命、不顺从的国家挥舞价值观念的大棒进行打压，为实现它们的全球霸权图谋张目，从而令“普世价值”具有强烈的对外扩张性，这也是导致国际政治紧张，诸多安全问题、人道主义灾难频发的重要原因。[③] 冷战结束以来，在西方价值观念鼓捣下，一些国家被折腾得不成样子了，有的四分五裂，有的战火纷飞，有的整天乱哄哄的。因此，我们应深刻认识西方“普世价值”的虚伪性、蛊惑性与危害性，旗帜鲜明地反对所谓的“普世价值”。

总之，中国是一个大国，在涉及国家制度这样的根本性问题上，在涉

---

① 陈积敏：《西方“普世价值”的逻辑与困境》，《和平与发展》2021 年第 2 期，第 53—55 页。

② 《习近平谈治国理政》第二卷，外文出版社 2017 年版，第 327 页。

③ 陈积敏：《西方“普世价值”的逻辑与困境》，《和平与发展》2021 年第 2 期，第 53—55 页。

及发展方向的大是大非面前，绝不讲模棱两可的话，绝不做遮遮掩掩的事，绝不犯颠覆性错误。“我们治国理政的本根，就是中国共产党的领导和我国社会主义制度。我们思想上必须十分明确，推进国家治理体系和治理能力现代化，绝不是西方化、资本主义化。”[①] 习近平总书记强调：“我们全面深化改革，不是因为中国特色社会主义制度不好，而是要使它更好；我们说坚定制度自信，不是要固步自封，而是要不断革除体制机制弊端，让我们的制度成熟而持久。我们不仅要防止落入‘中等收入陷阱’，也要防止落入‘西化分化陷阱’。”[②] 党的二十大报告指出，我国发展进入战略机遇和风险挑战并存、不确定难预料因素增多的时期，各种“黑天鹅”、“灰犀牛”事件随时可能发生。我们必须增强忧患意识，坚持底线思维，做到居安思危、未雨绸缪，准备经受风高浪急甚至惊涛骇浪的重大考验。[③] 面对日益复杂的国际形势与更为严峻的外部环境，我们必须坚持正确的道路和方向，时刻警惕与防范敌对势力对我国社会主义制度的任何“分化”“西化”企图，确保中国特色社会主义制度安全。

---

① 中共中央党史和文献研究院编：《习近平关于总体国家安全观论述摘编》，中央文献出版社 2018 年版，第 165 页。

② 中共中央党史和文献研究院编：《习近平关于总体国家安全观论述摘编》，中央文献出版社 2018 年版，第 26 页。

③ 本书编写组编著：《党的二十大报告辅导读本》，人民出版社 2022 年版，第 15 页。

第六章　维护意识形态安全

习近平总书记指出："意识形态工作是党的一项极端重要的工作；历史和现实反复证明，能否做好意识形态工作，事关党的前途命运，事关国家长治久安，事关民族凝聚力和向心力。"① 意识形态本质上是一系列概念、价值与符号的集合，而意识形态安全是国家和社会安全不可或缺的重要内容。② 无数历史事实证明，意识形态关乎举什么旗、走什么路、立什么制度等重大政治方向问题，意识形态安全事关政权的兴衰成败，事关国家与社会稳定，事关中华民族伟大复兴的历史进程。20 世纪 50 年代至今，一些国家长期执政的党派相继丧失生命力，部分地区国家政权动荡。究其根本，这些政党由盛转衰、这些国家由治到乱的原因在于其缺乏对意识形态安全与国家安全之间关系的准确把握。在世界百年未有之大变局及中华民族伟大复兴战略全局的时代背景下，我国主流意识形态建设的国内外环境都发生了深刻变化，意识形态领域的对抗死灰复燃，主流意识形态正在面临着前所未有的冲击与挑战。一方面，西方凭借其经济、技术优势，将"普世价值"、新自由主义论、历史虚无主义、"非意识形态化" 和西方宪政等思潮借助大众传媒对我国进行意识形态渗透，侵蚀我国意识形态安全基础。另一方面，全球化和信息革命背景下，西方国家意识形态输出以更加隐蔽的手段改变人民对意识形态的认同感。因此，意识形态安全是国家安全的核心构成及关键要素，在国家安全中居于极其重要地位，且与其他领域安全存在密切关联性，维护国家安全必须注重维护意识形态安全。

---

① 本书编写组：《学习习近平总书记 8 · 19 重要讲话》，人民出版社 2013 年版，第 12 页。

② 王中汝：《美国维护意识形态安全的做法及启示》，《人民论坛 · 学术前沿》2020 年第 23 期，第 29—37 页。

第一节　意识形态安全是政治安全的前沿

意识形态是社会意识诸形式中构成思想上层建筑的部分。意识形态安全事关国家利益，也是最重要的国家安全议题之一。意识形态的冲突与对抗是造成国家间战略冲突或合作的重要原因。因此，意识形态安全是国家安全的前沿。

一、意识形态及其相关概念界定

意识形态这一概念最早起源于西方哲学的思辨。自意识形态一词诞生以来，学界对其概念定义一直存在争议，反映了意识形态概念界定的复杂性。西方学者主要从两个层面界定意识形态的内涵。一是将其界定为认识社会或改造现实的工具。法国哲学家特拉西在 1796 年最早提出意识形态这一概念，将其定义为一种积极的内涵和中立的观念科学，并赋予其纠正人类错误认知和偏见的神圣使命。① 二是将其理解为某种意志和利益的反映，从信仰和价值认知角度界定意识形态。德国哲学家卡尔·曼海姆则认为意识形态的含义转变为特定社会群体对世界、社会的信念和信仰系统。②《美国政府与政治》词典将意识形态解释为一种关于人与社会本质的政治信念的综合体系；是一种最好生活方式和最佳社会机构安排的有机集合体。③英国学者麦克里兰认为意识形态是探究人们最基本观念的基础和正确性的概念。④ 斯洛文尼亚学者齐泽克则认为意识形态是指任何事务，从曲解对社会现实依赖性的沉思的态度到行动取向的一整套信念，从个体依赖以维系其与社会结构之关系的不可缺少的媒介，到使得主导政治权力合法化的

---

① 冯宏良：《国家意识形态安全与马克思主义大众化：基于社会政治稳定的研究视野》，天津人民出版社 2017 年版，第 67 页。

② ［德］卡尔·曼海姆著，黎鸣、李书崇译：《意识形态与乌托邦》，商务印书馆 2000 年版，第 66 页。

③ 刘建飞：《美国与反共主义——论美国对社会主义国家的意识形态外交》，中国社会科学出版社 2001 年版，第 9 页。

④ ［英］大卫·麦克里兰著，孔兆政、蒋龙翔译：《意识形态》（第 2 版），吉林人民出版社 2005 年版，第 1 页。

错误观念，几乎无所不包。[①] 马克思主义理论研究者则强调意识形态阶级性的本质属性，将意识形态界定为一定社会条件下社会阶级、阶层或政党自觉，系统地反映社会、经济、政治关系与制度的思想体系，具体体现为哲学、政治、法律、道德、宗教、艺术等社会意识形式。虽然学界在多种文化和思潮影响下，对意识形态的概念内涵界定趋于多元化和复杂化，但基本上都认同意识形态是“一个社会群体用来认识世界的任何一套综合的、共同的观念集合”，[②] 即意识形态是以独特世界观为基础的国家或社会群体所认同的一套理论、思想、认知的集合，是对社会、政治和经济问题的认知、信念、价值、信仰体系，是人们对于价值观、道德观和政治观的统一认识。

随着马克思主义的广泛传播，社会主义意识形态得到了迅速发展。从意识形态概念来看，社会主义意识形态本质上区别于资本主义意识形态，可以被阐释为以历史唯物主义为世界观基础，反映无产阶级根本政治经济利益的理论、思想和认知体系。社会主义意识形态的产生最早可以追溯到16世纪的空想社会主义，这可视为是社会主义意识形态的萌芽期。法国圣西门、傅里叶和英国欧文等思想家对资本主义制度进行深刻批判，并对未来社会的政治、经济和精神等具体方面展开畅想，为科学社会主义理论的形成和社会主义意识形态的产生做出了重要的思想准备。19世纪中期《共产党宣言》的发表标志着科学社会主义和社会主义意识形态形成。社会主义意识形态涵盖政治、法律、经济、军事、道德等一系列思想领域，形成了以唯物史观和马克思主义哲学为核心，以实现社会主义为价值目标的科学思想体系。[③] 19世纪末至20世纪，社会主义意识形态又经历了从马克思主义到列宁主义再到毛泽东思想、邓小平理论的不同阶段。[④] 进入21世纪，社会主义意识形态不断适应时代变化，最终形成了涵盖政治、经济和文化等领域的全方位、多层次的中国特色社会主义意识形态体系。可以

---

① ［斯洛文尼亚］斯拉沃热·齐泽克等著，方杰译：《图绘意识形态》，南京大学出版社2002年版，第4页。

② Iain Mclean and Alistair Mcmillan, “The Concise Oxford Dictionary of Politics”, Oxford University Press, 2003, p. 256.

③ 郭文亮、杨菲蓉等：《当代国外社会主义意识形态发展导论》，人民出版社2010年版，第22页。

④ 宋惠昌：《当代意识形态研究》，中共中央党校出版社1993年版，第355页。

说，社会主义意识形态是由社会主义经济基础及现实物质生活条件所决定，与社会主义基本政治制度、基本经济制度相适应，从劳动者立场出发，以实现人的全面发展和社会进步为出发点和归宿，自觉反映无产阶级和最广大人民群众根本利益诉求的系统化、理论化思想观念体系，其本体论是马克思主义价值观。

由于意识形态一般由反映一国价值观的认知体系、价值体系和信仰体系组成，意识形态安全对于国家安全来说至关重要。意识形态的非中立特性使其相关问题呈现出安全化与工具化倾向。国家安全问题涉及多领域和多学科，当国家安全与特定学科结合时就会产生新的议题。就意识形态安全而言，当意识形态问题涉及国家利益，对国家利益造成危险或威胁，并被列入国家安全议程之中时，意识形态问题就转变成意识形态安全问题。特别在面对“意识形态 + 安全”复合型新问题、新现象时，意识形态安全更是与国家安全息息相关。根据《中华人民共和国国家安全法》对于“国家安全”的界定，意识形态安全根植于国家安全规定之中，是国家安全的重要一环，是指一个国家的主流理论、思想、认知体系具有能够获得社会主体的广泛而自觉认同和拥护的能力，相对处于没有威胁和不受威胁的状态，并拥有维持长期安全稳定健康良性状态的能力。

意识形态的属性决定了各国、各社会群体间的意识形态差异，只要国际社会存在多种社会制度，国内存在多种阶级、阶层，意识形态斗争就会存在。意识形态斗争是指思想上根本对立的不同阶级在思想、理论、观点、政治主张，以及世界观、人生观、价值观等方面的根本对立和论辩。意识形态斗争从本质上说是唯物主义和唯心主义、马克思主义与反马克思主义、社会主义和资本主义、无产阶级和反动阶级两条根本路线的斗争。20 世纪 80 年代末，福山认为，资本主义和社会主义两种意识形态和社会制度在长达半个世纪的竞争中胜负已分，社会主义方案宣告失败，从历史逻辑上认为意识形态斗争已经结束。[①] 事实上，冷战后社会主义运动、社会主义意识形态并没有像西方学者宣称的那样死亡和终结，反而社会主义国家对社会主义意识形态进行了新的探索，使社会主义意识形态得到了新

---

① 贺银垠、尚庆飞：《中国道路与“历史终结论”的终结》，《人民论坛》2021 年第 26 期，第 55—57 页。

的发展，同样也面临新的斗争。[①] 邓小平指出："可能是一个冷战结束了，另外两个冷战又已经开始。一个是针对整个南方、第三世界的，另一个是针对社会主义的。西方国家正在打一场没有硝烟的第三次世界大战。所谓没有硝烟，就是要社会主义国家和平演变。"[②] 有学者认为，"在21世纪，国际意识形态格局的斗争会以更加隐蔽和更为深刻的方式表现出来"。[③] 也有学者提出"只有到了共产主义社会，阶级和国家走向了消亡，阶级社会中的意识形态才会最终走向彻底终结"。[④] 还有学者认为当前国际意识形态斗争和对立的主线长期化，意识形态斗争领域复杂化和扩大化，意识形态交锋和斗争形式广泛化和多样化，意识形态斗争目的呈现出差异性和全球性。[⑤] 所以，意识形态是国家间竞斗的重要工具。意识形态斗争本质上是不同国家、不同社会群体因为所秉持的差异化意识形态而展开的斗争。这种斗争既存在于国际政治之中，又表现在国内政治上，国内、国际既紧密联系，又相互影响。而围绕意识形态领域展开的斗争势必将传导到国内政治活动之中，国内意识形态的变化是国际意识形态斗争的直接反映。

二、意识形态在维护国家安全中的功能

意识形态功能是意识形态安全研究的基础，而意识形态安全又是国家政治安全的价值认同和现实要求。因此，意识形态在维护国家安全中有不可替代的作用。从学理角度看，意识形态在国家政治安全中的功能主要包括以下四个方面：一是维护功能，以非强制方式维护阶级利益、巩固统治阶级政治合法性，防范化解意识形态领域风险，全力保障国家政治安全。二是判定功能，影响对根本国家利益的判定、对国家间深层次的相互认知的界定。三是引领功能，引领社会主义先进文化的前进方向；作为世界观

---

① 范树成：《国外意识形态新变化对中国的影响及其对策研究》，社会科学文献出版社2017年版，第85—88页。

② 《邓小平文选》第3卷，人民出版社1993年版，第344页。

③ 罗国杰主编：《理想信念与"三观"建设》，中共中央党校出版社2000年版，第265—268页。

④ 梁建新：《穿越意识形态终结的幻象——西方意识形态终结论思潮评析》，中国社会科学出版社2008年版，第187页。

⑤ 王永贵等著：《经济全球化与社会主义意识形态建设研究》，人民出版社2005年版，第108—111页。

和方法论，为对外政策提供价值尺度和辩护体系，决定国家对外政策的性质及趋向。四是凝聚功能，社会整合与社会导向的精神凝聚作用，统一国内思想、推动大规模政治动员；作为伦理道德原则，使外交政策合理化；提供符合选民意愿和公众舆论的价值观，维系与盟国关系的纽带，争取中间力量的理解与同情，体现为外交政策目标、手段和工具。

第一，意识形态维护执政党的长期执政地位，保障国家政治安全。任何一个取得政权的阶级或政治集团，首要任务就是确立自己的意识形态，并寻求社会全体成员的主观认同，通过主导意识形态维护自身政权的合法性。王浦劬教授认为："当政治社会化过程造成社会政治成员对吸纳有政治体系的强烈认同的政治心理和政治思想时，它对于现有政治体系具有极大的维系作用。"① 即主流意识形态通过主导社会主流价值观，以非强制方式维护阶级利益，证明社会的组织、制度的合法性，促进社会内部的认同，防范化解意识形态领域风险，有效维护统治阶级的政治统治地位，从而全力保障国家政治安全。

第二，意识形态是判定国家利益、界定国家关系深层次认知的风向标。"对外政策是一个国家向世界展示的面孔。所有国家在保护国家的完整和利益的目标都是一致的，但是一个国家设计和执行本国外交政策的方式，受到国家特性的巨大影响。"② 因此，国内执政党变动所引起的意识形态波动，将直接影响一国对本国利益的认知，甚至影响国际局势的变化。现代执政党意识形态在一定程度上影响着国际政治的变幻，特别是大国国内执政党更替所引发的政治冲击更是直接影响国家的对外政策，并对地区和世界安全形势产生巨大的影响。如美国民主党和共和党在对外政策上就一直存在巨大分歧。虽然两党的出发点都是为了维护美国国家利益，但民主党倾向于淡化意识形态对立，强调国家间合作，共和党则更强调意识形态对立，侵蚀美国与他国合作基础。特别是随着民粹主义的盛行，拜登政府推出"价值观外交"、日本执政党右翼化倾向加剧、部分欧洲执政党外交政策受极端右翼民族主义影响趋于强势、拉美部分国家政党向右倾化的转向，这些国家的执政党都将自身的意识形态外化为国家意志，影响全球

① 王浦劬主编：《政治学基础》，北京大学出版社 1995 年版，第 373—374 页。

② 刘建飞：《美国与反共主义——论美国对社会主义国家的意识形态外交》，中国社会科学出版社 2001 年版，第 1 页。

和地区政治与经济安全局势。显然，意识形态特征的波动可以被视为判断一国外交政策的风向标。

第三，意识形态引领国家和社会群体的前进方向，并外化为对外政策的性质和趋向。毛泽东早年曾说过："主义譬如一面旗子，旗子立起了，大家才有所指望，才知所趋赴。"① 美国学者戴维·伊斯顿也指出，意识形态可以帮助系统成员解释历史、说明现在，并设想未来；意识形态具有捕获人的能量和唤起、激励人们行动的价值。② 这实际上是对意识形态引领功能的具体认知。特别是在某一国家或者社会群体确定特定意识形态居于主导地位后，该意识形态就转变为该国或该社会群体政治实践的指导思想，为共同奋斗目标提供思想引领。当作为世界观和方法论时，意识形态又为对外政策提供价值尺度和辩护体系，决定国家对外政策的性质及趋向。

第四，意识形态具有统一国家和社会群体思想，整合各政治群体和国家间价值观分歧，达成政治共识的实践功能。美国学者奥罗姆认为："一个国家的散在的人们会围绕着共同的意识形态而团结在一起，这一意识形态的重要性在共产党国家中也是同样重要的。"③ 在失序与无序的社会中，更加需要一个意识形态作为人们之间思想上与精神上的联系媒介，作为集体良心的一般标准。④ 意识形态作为一种信仰体系，当被视为一个国家和社会群体的价值追求后，具有统一国家和社会群体思想、推动大规模政治动员的作用。在对外政策上，意识形态作为国内伦理道德原则，可以使外交政策合理化。在国际关系中，相近的意识形态可以被作为维系盟国关系的纽带，并体现为相应的外交政策目标、手段和工具。

三、意识形态安全在政治安全中的意义

意识形态安全是维护执政党根本利益和价值观念的集中反映。意识形

① 中共中央文献研究室、中共湖南省委《毛泽东早期文稿》编辑组编：《毛泽东早期文稿》，湖南出版社 1990 年版，第 554 页。

② ［美］戴维·伊斯顿著，王浦劬等译：《政治生活的系统分析》，华夏出版社 1989 年版，第 349—350 页。

③ ［美］安东尼·奥罗姆著，张华青、孙嘉明等译：《政治社会学：主体政治的社会剖析》，上海人民出版社 1989 年版，第 343 页。

④ ［美］迈克尔·罗斯金等著，林震等译：《政治科学》，华夏出版社 2001 年版，第 105 页。

态安全本质上反映民众对国家意识形态认同的稳定和巩固。中国的主流意识形态就是社会主义意识形态，是党的根本利益和价值观念的集中体现。百年未有之大变局下，面对西方意识形态渗透，维护我国意识形态安全的核心就在于塑造社会主义意识形态的说服力和权威性，并使其成为一种统一思想、凝聚力量的思维模式，从而使社会主义意识形态根植于社会心理深层，成为一种稳定的存在。党的十八大以来，我国意识形态领域发生全局性、根本性转变。一方面，我们党始终坚持马克思主义在意识形态领域指导地位这一根本制度，进而从制度层次确立社会主义指导地位，强化党管意识形态的基本要求，从而保障我们的根本利益和价值观念安全。另一方面，创立习近平新时代中国特色社会主义思想，实现了马克思主义中国化时代化新的飞跃。从实践上看，党的十八大以来我们党组织多项党性教育活动，围绕重大党史、国史节点举办多场纪念活动，围绕重大决策部署策划多项主题宣传活动。理论和实践相结合，使人民群众文化自信显著增强，社会主义意识形态凝聚力和向心力得到极大提升，有效防范西方意识形态渗透，维护我们党的根本利益和价值观念。

意识形态安全是执政党维护和巩固执政合法性和合理性的内在支撑。在阶级社会，政治秩序的形成与稳固既需要军队系统和司法系统等强制性部门，也需要意识形态为政权合法性和正当性提供内在支撑。在现代社会，只依靠强制部门管理社会已经不可持续。任何制度的现代国家运行和制度建构都离不开公民的认同和支持，严重缺乏民众基础的政权和执政党都不会长期存在，并最终走向解体，而公民的认同和支持就是通过意识形态所提供的合法性论证和正当性辩护塑造形成的，一旦人民的理性判断、情感认同与现实相割裂，国家的意识形态就会土崩瓦解。中国共产党的政治合法性是由社会主义意识形态支持和塑造的。在百年未有之大变局下，国际意识形态斗争势必引发国内错误思潮的蠢蠢欲动。一些错误思潮再次举起“普世价值”大旗，套用西方敌对势力话语，将新一届政府和党的治国方略解读为“新威权主义”。一些错误思潮发起新的意识形态攻势，以历史虚无主义为主要手段，以诋毁和亵渎民族英雄和革命英烈为名，企图从根本上否定马克思主义的指导地位、否定中国共产党的领导和中国走向社会主义的历史必然性。因此，构建社会主义意识形态安全体系，需要党和政府敢于并善于与国内错误思潮展开意识形态斗争，不断提升民众对社会主义意识形态所蕴含的合法性和合理性的认可度与支持度。

意识形态安全是政治安全的首要条件。意识形态领域是国家政治安全的前沿阵地，意识形态安全是新时代总体国家安全的重要基石。[①] 政治安全是指国家政权能够在内外部威胁面前保持稳定，政治制度不受到颠覆或破坏的状态。政治安全关注的核心是国家政治体系的稳定性、合法性和可持续性。而意识形态安全是指维护国家核心价值观和意识形态的安全，包括对国家意识形态的认同、维护以及对外来价值观的防范。意识形态问题从来不局限于思想文化领域，它渗透于政治、经济、文化、生活的方方面面。意识形态安全是政治稳定的基础。一个政权的瓦解往往是从思想领域开始的，尤其在外部环境动荡时，意识形态的安全与稳定是保持战略定力、保证政权存续的重中之重。因此，国家政权的巩固和稳定需要建立在对国家主流意识形态的认同和共鸣之上。习近平总书记指出，“意识形态领域斗争依然复杂，国家安全面临新情况”。[②] 2021 年 11 月 18 日，中共中央政治局会议强调，必须坚持把政治安全放在首要位置，要坚定维护国家政权安全、制度安全、意识形态安全。[③] 其中，政权的稳定就是靠制度和意识形态来维持的，这就决定了社会主义意识形态安全对政治安全的极端重要性和首要建设性。

意识形态安全是国家政治安全的价值认同和现实要求。意识形态工作是为国家立心、为民族立魂的工作，必须“坚定维护国家政权安全、制度安全、意识形态安全”。[④] 马克思指出：“如果从观念上来考察，那么一定的意识形式的解体足以使整个时代覆灭。”[⑤] 面对国际上意识形态领域风云激荡的严峻考验，确保国家、政党和民族的文化安全，是世界上所有国家高

---

① 王永贵：《新时代国家意识形态安全体系建构研究》，《马克思主义研究》2022 年第 6 期，第 114—124 页。

② 习近平：《决胜全面建成小康社会 夺取新时代中国特色社会主义伟大胜利——在中国共产党第十九次全国代表大会上的报告》，人民出版社 2017 年版，第 9 页。

③ 中共中国社会科学院党组：《在新的伟大斗争中赢得胜利（深入学习贯彻习近平新时代中国特色社会主义思想）》，《人民日报》2021 年 8 月 25 日，第 9 版。

④ 习近平：《高举中国特色社会主义伟大旗帜 为全面建设社会主义现代化国家而团结奋斗——在中国共产党第二十次全国代表大会上的报告》，人民出版社 2022 年版，第 53 页。

⑤ ［德］马克思、恩格斯著，中共中央马克思恩格斯列宁斯大林著作编译局编译：《马克思恩格斯全集》第 30 卷，人民出版社 1995 年版，第 539 页。

度关注的重要问题。维护意识形态安全要求关注意识形态的价值认同和对现实政治稳定之间的内在联系。意识形态安全包括对国家核心价值观念、意识形态理念的保护，不仅包括政府官方宣传的意识形态，也包括社会共识中的核心价值观。改革开放以来，我国社会结构发生了深刻变化，出现了很多新的社会阶层和利益团体，从自身的经济利益出发，他们有着不同于以往的利益诉求与愿望。因此，在新时代新征程上，要努力推进国家意识形态安全的体系化进程，形成集中统一、高效权威的意识形态安全体系。

意识形态安全是坚持和完善中国特色社会主义制度体系，推进国家治理体系和国家治理能力现代化建设的重要环节。2019 年 10 月，党的十九届四中全会通过了《中共中央关于坚持和完善中国特色社会主义制度、推进国家治理体系和治理能力现代化若干重大问题的决定》。全会强调："坚持和完善中国特色社会主义制度、推进国家治理体系和治理能力现代化，是全党的一项重大战略任务。"① 《决定》整体谋划了意识形态制度体系，明确了我国国家制度和国家治理体系必须坚持的根本点和发展完善方向，提出中国特色社会主义制度体系主要包括根本制度、基本政治制度和重要制度三个层面，由 17 个制度体系组成。其中根本制度包括党的领导制度、人民代表大会制度、马克思主义指导制度；基本政治制度包括中国共产党领导的多党合作和政治协商制度、民族区域自治制度、基层群众自治制度；重要制度包括：中国特色社会主义法治体系、中国特色社会主义行政体制、社会主义基本经济制度、繁荣发展社会主义先进文化的制度、统筹城乡的民生保障制度、共建共治共享的社会治理制度、生态文明制度体系、党对人民军队的绝对领导制度、"一国两制"制度体系、独立自主的和平外交政策、党和国家监督体系。其中，党的领导制度在中国特色社会主义制度体系中发挥统领作用，是中国特色社会主义制度体系具有独特创造性和巨大优越性的集中体现，这标志着以根本制度为保障的意识形态安全工作制度体系的首次正式确立。中国特色社会主义制度体系是确保国家长治久安的根本性、长期性、稳定性的制度保障，决定着国家治理体系和国家治理能力现代化建设的方向、立场和原则，推进国家治理体系和国家治理能力现代化建设的一切工作都要紧紧围绕该制度体系展开。意识形态

① 《中共中央关于坚持和完善中国特色社会主义制度、推进国家治理体系和治理能力现代化若干重大问题的决定》，人民出版社 2019 年版，第 44 页。

安全与中国特色社会主义制度体系建设息息相关，是能否坚持和完善中国特色社会主义制度体系的思想基础和政治基础，是防范化解危害中国特色社会主义制度体系风险的思想屏障，是推进国家治理体系和国家治理能力现代化建设的关键环节。为进一步坚持和完善以意识形态领域制度体系维护、巩固中国特色社会主义制度体系安全，党的十九届四中全会明确提出了“三个坚持”的指导原则，即“坚持马克思主义在意识形态领域指导地位的根本制度，坚持以社会主义核心价值观引领文化建设制度，完善坚持正确导向的舆论引导工作机制”。[①]“三个坚持”原则为意识形态领域各项制度体系的健全和完善提供了思想遵循和行动指南，特别是首次提出了“坚持马克思主义在意识形态领域指导地位的根本制度”这一重大理论命题，为不断强化党的全面领导，一以贯之地坚持马克思主义，弘扬社会主义核心价值观，加强正确舆论引导等方面的工作机制，不断提升意识形态话语权建设，以推进意识形态工作的制度化、法治化、规范化，推动国家治理体系和治理能力现代化，发挥了强基固本的重要作用。

意识形态安全是抵御西方国家推动“颜色革命”、防范颠覆中国共产党领导和我国社会主义制度风险的重要屏障。“颜色革命”与“和平演变”战略一脉相承，是“和平演变”战略在新形势下的一种演化形式。一些西方国家始终把意识形态渗透、制造“颜色革命”作为颠覆政权的重要手段。进入21世纪，以“颜色革命”为手段实现政权更替的案例比比皆是。据统计，近30年来，以所谓“非暴力革命”推翻的政权占政权垮台总数的90%以上；数十年来，美国中央情报局至少推翻或试图推翻超过50个他国合法政府（而中央情报局只承认其中的7起）。[②]其中，中国一直是西方发动“颜色革命”的重点对象。习近平指出：“西方敌对势力一直把我国发展壮大视为对西方价值观和制度模式的威胁，一刻也没有停止对我国进行意识形态渗透。”[③]“当前，各种敌对势力一直企图在我国制造‘颜色革命’，妄

① 习近平：《决胜全面建成小康社会　夺取新时代中国特色社会主义伟大胜利——在中国共产党第十九次全国代表大会上的报告》，《人民日报》2017年10月28日，第1版。

② 田文林：《美国为何热衷策动“颜色革命”》，《人民论坛》2023年第9期，第92—97页。

③ 中共中央文献研究室编：《习近平关于社会主义文化建设论述摘编》，中央文献出版社2017年版，第53页。

图颠覆中国共产党领导和我国社会主义制度。”① 境外敌对势力与宗教极端分子将宣扬分裂、暴力、极端民族主义等思想编入新疆中小学维吾尔语教材长达 13 年，直接成为引发“7 · 5”等打砸抢烧严重暴力恐怖事件的导火索；2019 年 4 月，美国国务院政策规划事务主任基伦 · 斯金纳在华盛顿安全论坛上将中美关系定性为一场美国以前从未经历过的、面对一种完全不同的文明和意识形态的战争，并明确宣称美国为首次应对一个“非白人种族的强大挑战”，正在为中国制定一项基于“与一个真正不同的文明作战”理念的战略。2019 年的香港“修例风波”其实就是一场与我国争夺全面管制权的未遂的“颜色革命”。2020 年 5 月，美国政府发布的《美国对华战略方针》明确将“价值观挑战”列为中国对美国的三大挑战之一。在拜登政府刚刚上台之际，美国著名智库大西洋理事会在 2021 年 1 月向其提交了一份题为《更长的电报：走向新的美国对华政策》的政策咨询报告，主张美国对华进行战略竞争时应当将具体政策和话语工具等矛头直指中国共产党以挑拨中国党群关系，强调美国决策者不应该把赌注押在等待中国内部瓦解上，而应当优先考虑从外部瓦解中国政权。美国《2021 年战略竞争法案》提出，每年拨付 3 亿美元建立“对抗中国影响基金”资助“自由媒体”和“公民记者”来“打击中国影响力”。美国前副国家安全顾问马修 · 波廷杰在国会发言中刻意分割中国政府、中国共产党与中国人民、中国的内在联系，意图削弱中国共产党与群众之间的相互信任，企图在中国煽动“颜色革命”。由此可见，意识形态渗透是“颜色革命”的前奏，“颜色革命”是意识形态渗透的直接后果。不论西方国家如何策划和粉饰“颜色革命”，渲染自由主义意识形态语境，美化“民主输出”，提升“颜色革命”受众青睐度，进行政权颠覆、重塑政治制度都是其题中应有之义。因此，维护意识形态安全是抵御“颜色革命”的前沿阵地，更是防范西方敌对势力危害党的领导和颠覆社会主义制度风险的重要屏障，是国家安全的重要组成部分。党的二十大报告指出：“我们必须增强忧患意识，坚持底线思维，做到居安思危、未雨绸缪，准备经受风高浪急甚至惊涛骇浪的重大考验。”②

---

① 中共中央党史和文献研究院编：《习近平关于总体国家安全观论述摘编》，中央文献出版社 2018 年版，第 118 页。

② 习近平：《高举中国特色社会主义伟大旗帜　为全面建设社会主义现代化国家而团结奋斗——在中国共产党第二十次全国代表大会上的报告》，人民出版社 2022 年版，第 26 页。

意识形态安全是抵御西方国家以大国竞争挑动意识形态对立、维护国家政治安全的根本前提。习近平指出："意识形态关乎旗帜、关乎道路、关乎国家政治安全。"① 百年变局之下的主要西方国家普遍存在将大国竞争泛意识形态化的趋势，即西方蓄意扩大意识形态差异和挑动意识形态对立，将大国竞争蔓延到意识形态领域。② 拜登政府明确将与中国的关系定性为美国应对21世纪最严峻的地缘政治考验、最主要的战略竞争对手、最长期的安全威胁；主张与中国展开"基于国家利益和价值观的全面竞争"。拜登在2021年3月入主白宫后的首次记者招待会上，赤裸裸地将中美在21世纪的竞争定性为"民主与专制的较量"，构建全球民主同盟，推进价值观外交。尽管当前的中美战略竞争不同于冷战时期的美苏意识形态之争，但美国展开的对华意识形态攻势是牵制中国发展的重要组成部分，这对中国维护意识形态安全带来了诸多挑战。③ 苏联解体、东欧剧变、"颜色革命"及新时代美国对华的错误认知及定位等诸多历史事实都在警示我们，意识形态安全是政治安全的前沿，妥善有效应对以大国竞争挑动意识形态对立必须维护意识形态安全。

意识形态安全是新时代伟大斗争的重要组成部分和关键领域。伟大斗争是对国家在政治、经济、文化等多个领域面临的重大矛盾问题、风险挑战的应对过程。实现伟大梦想，必须进行伟大斗争。④ 与西方敌对势力在意识形态领域的斗争是其中至关重要的一环。在国内制度中，意识形态涉及对国家发展道路的自主选择权，是维护国家综合国力的重要环节，是一个国家文化的重要组成部分。在国际舞台上，各种意识形态争夺全球话语权和影响力，国家的国际地位和国际形象很大程度上取决于国际社会对其意识形态的认同度。因此，意识形态斗争关系到一个国家在国内政治制度上的稳定性与持久性，也关系到一个国家在国际上的话语权和影响力。习

---

① 中共中央文献研究室编：《习近平关于社会主义文化建设论述摘编》，中央文献出版社2017年版，第176页。

② 魏志奇：《世界百年未有之大变局下的意识形态风险及其防范》，《马克思主义研究》2022年第7期，第130—139页。

③ 曾向红、田嘉乐：《"百年未有之大变局"背景下维护国家意识形态安全的挑战与路径》，《兰州大学学报》（社会科学版）2023年第2期，第57—66页。

④ 曾向红、田嘉乐：《"百年未有之大变局"背景下维护国家意识形态安全的挑战与路径》，《兰州大学学报》（社会科学版）2023年第2期，第57—66页。

近平总书记深刻指出，“新形势下，意识形态领域斗争复杂尖锐”，“这是我国政权安全面临的现实危险”。[①] 党的十八大以来，以习近平同志为核心的党中央统筹中华民族伟大复兴战略全局和世界百年未有之大变局，统筹发展和安全，把意识形态斗争作为进行具有许多新的历史特点的伟大斗争的重要方面，切实增强意识形态工作的积极性、主动性和创造性，推动全党对意识形态工作的理论认识和实践认知都达到新高度。社会主义意识形态安全作为新时代伟大斗争的重要组成部分和关键领域，直接关系到一个国家政权的巩固、国家总体安全的稳固及国际话语权的提升。因此，我们在伟大斗争中既要坚持底线思维和极限思维，树立居安思危、防患于未然的忧患意识，又要强化化险为夷、转危为机的战略主动性，切实提高防范化解意识形态安全重大风险的能力。

第二节　牢牢掌握党对意识形态工作领导权

“意识形态工作是党的一项极端重要的工作。”[②] 意识形态工作具有根本性、战略性、全局性意义，事关党的前途命运，事关国家长治久安，事关民族凝聚力和向心力。在国际国内形势纷繁复杂，各种社会矛盾和问题相互叠加、集中呈现的情况下，民众思想活动的独立性、选择性、多变性、差异性明显增强，能否做好意识形态工作是对我们党的一个现实考验。坚持党的领导是意识形态工作的本质属性。党的十八大以来，以习近平同志为核心的党中央高度重视意识形态工作，习近平总书记亲自谋划、亲自部署、亲自推动，发表一系列重要讲话、作出一系列重要指示，正本清源、守正创新，推动我国意识形态领域形势发生全局性、根本性转变。

一、深刻认识意识形态工作的极端重要性

2013 年 8 月 19 日，在党的十八大后首次召开的全国宣传思想工作会议上，习近平总书记明确提出并深刻阐述“意识形态工作是党的一项极端

---

① 中共中央文献研究室编：《习近平关于社会主义文化建设论述摘编》，中央文献出版社 2017 年版，第 37 页。

② 《习近平著作选读》第一卷，人民出版社 2023 年版，第 147 页。

重要的工作”。这是在新的历史时期对意识形态工作重要地位和作用的总体判断，强调了意识形态工作的根本性、战略性、全局性意义，以及它在推动发展、维护安全以及引领思潮方面的强大支撑作用。

以史为鉴，深刻认识意识形态工作的极端重要性。党的百年奋斗史、革命史是一部深刻认识意识形态工作极端重要性的演进史。从新民主主义革命时期通过有效话语建构、舆论宣传、思想动员，统一革命思想、凝聚革命力量；到社会主义革命和建设时期破除封建落后思想、开展思想改造，推动马克思主义由党的意识形态转化为人民群众的思想共识，巩固和壮大新生政权；到改革开放和社会主义现代化建设新时期开展真理标准问题大讨论、反对资产阶级自由化，形成了中国特色社会主义理论体系；再到中国特色社会主义新时代就意识形态领域作出方向性、战略性部署，确立和坚持马克思主义在意识形态领域指导地位的根本制度，构建党对意识形态工作的战略布局，丰富和完善党领导意识形态工作制度体系，我们党始终把意识形态工作放在极端重要的位置。历史和现实反复证明，能否做好意识形态工作，事关党的前途命运，事关国家长治久安，事关民族凝聚力和向心力，具有根本性、战略性、全局性意义。无论在任何时候、任何情况下，必须丝毫不能放松意识形态工作，不断增强做好意识形态工作的自觉性和坚定性，党和人民的事业才能持续发展，党的执政基础和群众基础才会更加巩固。

建党百年，意识形态工作对于巩固党的执政地位极端重要。党的百年奋斗史、革命史也是一部艰苦卓绝的意识形态斗争史，更是一部马克思主义科学性真理性不断得到验证彰显及社会主义意识形态不断赢得支持认同的发展史。意识形态工作一直是我们党伟大斗争的前沿阵地，历来受到高度重视。意识形态是我们党“起家”和“当家”的一个重要依靠，始终坚持掌握思想领导是掌握一切领导的首位，新中国成立的一项重要工作首先是“意识形态立国”。毛泽东曾指出，“掌握思想教育，是团结全党进行伟大政治斗争的中心环节”①，“掌握思想领导是掌握一切领导的第一位”②。邓小平指出：“改善党的领导，其中最主要的，就是加强思想政治工作。”③

---

① 《毛泽东选集》第3卷，人民出版社1991年版，第1094页。
② 《毛泽东选集》第2卷，人民出版社1991年版，第435页。
③ 《邓小平文选》第2卷，人民出版社1994年版，第365页。

习近平总书记在新进中央委员会的委员、候补委员学习贯彻党的十八大精神研讨班上的讲话中曾指出："苏联为什么解体？苏共为什么垮台？一个重要原因就是意识形态领域的斗争十分激烈，全面否定苏联历史、苏共历史，否定列宁，否定斯大林，搞历史虚无主义，思想搞乱了，各级党组织几乎没任何作用了，军队都不在党的领导之下了。"[①] 党的十九届六中全会审议通过的《中共中央关于党的百年奋斗重大成就和历史经验的决议》再次指出，"意识形态工作是为国家立心、为民族立魂的工作"。经过长期实践，我们党在意识形态工作领域基本形成了坚持马克思主义指导地位是意识形态工作的根本遵循、捍卫党对意识形态绝对领导权是意识形态工作的组织保障、坚守符合中国基本国情原则是意识形态工作的演进理路、坚持党性与人民性相统一是意识形态工作的思想根基、坚持意识形态斗争性与主流意识形态引导性相协调是意识形态工作的方法指引、践行将中华优秀传统文化融入意识形态建设等宝贵历史经验和工作指引。

立足现实，意识形态工作对于维护国家长治久安极端重要。意识形态是国家利益的重要组成部分，意识形态工作内容庞大且涉及面广，集中分布在政治和文化等领域，并且渗透于方方面面。意识形态工作的成败，事关党和国家长治久安。意识形态安全是国家安全体系的有机组成部分，是政治安全和文化安全的主要内容，并且会从根基上影响政治安全和社会经济安全。如果意识形态阵地局部失守进而逐渐全盘被动，就会从根本上动摇党的领导，威胁国体和政体。进入新时代，党和国家事业发展处于新的历史方位，这为丰富发展壮大社会主义意识形态提供了有利机遇和广阔空间。但也应充分认识到，意识形态领域斗争形势依然复杂严峻。目前，意识形态领域并非波澜不惊、风平浪静，而是既面临外来的意识形态渗透性挑战，也面临内部主流意识形态的时代适应性挑战。意识形态领域仍存在四大严峻问题，包括马克思主义指导地位面临多样化社会思潮的影响与挑战；社会主义核心价值观面临多元化价值观念的影响与挑战；中国日益走近世界舞台中央面临国际上一些势力的遏制与渗透以及意识形态管理工作方式面临新媒体的影响与挑战。因此，基于对意识形态工作的地位功能及其风险意识的高度自觉，我们党尤其应该从政治高度、战略高度看待意识

---

① 中共中央文献研究室编：《十八大以来重要文献选编》（上），中央文献出版社2014年版，第113页。

形态工作及其问题，增强时刻准备迎接任何风险挑战的意识自觉。

开创未来，意识形态工作对于实现民族复兴中国梦极端重要。风云变幻的国际形势要求建设具有强大凝聚力和引领力的社会主义意识形态。当前，世界百年未有之大变局加速演进，世界进入新的动荡变革期，世界之变、时代之变、历史之变的特征更加凸显。我们党团结带领全国各族人民正在奋发有为地向着第二个百年奋斗目标迈进，面临着复杂多变的国内国际形势，肩负着加快改革和高质量发展的历史重任，承担着进行具有许多新的历史特点的伟大斗争的神圣使命。只有充分认识到意识形态工作的极端重要性，高举习近平新时代中国特色社会主义思想伟大旗帜，顺势而为、乘势而上，推进建设具有强大凝聚力和引领力的社会主义意识形态，引导广大干部群众以党的旗帜为旗帜、以党的方向为方向，坚决在思想上政治上行动上同以习近平同志为核心的党中央保持高度一致，才能使全党全国人民坚定信心、迎难而上，在新时代新征程上赢得更加伟大的胜利和荣光。

二、当前意识形态领域面临的主要风险挑战

新时代，意识形态领域仍然暗流涌动，面对的形势仍然错综复杂，面临的风险挑战依然严峻，马克思主义指导地位面临多样化社会思潮的严峻挑战，意识形态建设工作之艰巨面临四个前所未有的风险挑战。

第一，中华民族伟大复兴正处于关键时期，统一思想、凝聚力量任务之艰巨前所未有。中国正处于一个复杂多变的国内外环境中，实现中华民族伟大复兴正处于关键时期。我国发展仍然处于重要战略机遇期，但机遇和挑战都有新的发展变化。[①] 国际格局演变、全球化进程、科技工业革命等因素都对中国意识形态安全产生了深远的影响。作为全球第二大经济体，中国的发展与国际社会联系密切相关。在全球化深刻调整背景下，中国需要发展与不同国家和地区的政治、经济、文化交往，还要在国际事务中发挥更大的作用。这要求中国在国际舞台上既要维护自身的核心利益和意识形态立场，还要维系密切的国际、国内交流。一些社会矛盾、社会问题、群体性事件在特定条件下，会转化为舆情事件、意识形态事件，这给

---

① 中共中央宣传部干部局编：《新时代宣传思想工作》，学习出版社 2020 年版，第 11 页。

主流意识形态带来极大的安全隐患。[①] 从某种意义上说，我国已进入“风险社会”阶段、“矛盾凸显期”和社会矛盾、社会问题集中爆发时期。[②] 在中华民族伟大复兴的关键时期，中国需要应对包括来自西方国家的价值观和意识形态的渗透等不同层面的意识形态挑战。因此，统一思想、凝聚力量，确保社会各界在共同目标下团结一致，成为了一项紧迫的任务。这意味着社会主义意识形态工作需要承担更多弥合社会内部分歧、维护国家政治稳定的工作。

第二，世界正经历百年未有之大变局，增强国际话语权、提升国家文化软实力任务之艰巨前所未有。世界正在经历百年未有之大变局，全球政治、经济、科技、文化格局都在发生深刻变化。发展中国家和新兴经济体群体性崛起、全球治理结构调整、第四次科技工业革命等因素都在塑造新的国际秩序。因此，中国需要适应新的国际环境，积极参与全球事务，提出凝聚中国智慧和中国贡献的解决方案，维护国家核心利益和意识形态独立性。作为世界第二大经济体和全球最大的发展中国家，中国在国际事务中承担的国际责任越来越大。中国需要在国际舞台上表达自己的声音，倡导和平、发展、合作和公平，同时维护国际秩序的公正性和平衡性。但是，目前我国还未获得与国际地位相匹配的国际话语权。一些西方国家通过信息战和公共外交的形式扭曲中国形象，将中国描绘成威胁国际秩序和人权的威权国家。西方国家一方面利用全球媒体和社交媒体传播虚假信息，影响中国国际声誉，抹黑中国国际形象；另一方面甚至提出“价值观外交”政策，以意识形态差异为由，采取军事制衡、经济制裁和贸易战等手段，迟滞打乱中国复兴进程，削弱中国的经济实力，动摇中国政府的合法性和稳定性。因此，在百年变局下中国面临意识形态风险仍然很大，意识形态领域工作仍然艰巨。中国需要在国际舞台上表达自己的声音，与削弱社会主义意识形态合法性的错误思潮开展坚决斗争，增强国际话语权，通过与其他国家的文化合作，增进国际社会的相互理解与尊重，构建更加和平与包容的国际秩序。

---

① 唐爱军：《防范化解意识形态领域风险—坚定维护意识形态安全》，《中国党政干部论坛》2022 年第 7 期，第 31—35 页。

② 中共中央文献研究室编：《习近平关于社会主义文化建设论述摘编》，中央文献出版社 2017 年版，第 53 页。

第三，世界思潮相互激荡、价值理念多元多样，建设具有强大凝聚力和引领力的社会主义意识形态任务之艰巨前所未有。全球化使得全球文化交流更加频繁和广泛，中国与他国的文化交流互鉴也更加密切。一方面，价值观念多元多样交流，促进世界思潮的多样性发展，不断促进中国与世界的交往与交融。但另一方面，我国也长期面临价值多元与西方“分化”挑战。社会主义和资本主义两条道路、两种制度的斗争是长期的、复杂的、尖锐的。自新中国成立以来，新生的社会主义政权就处在敌对势力的封锁、遏制之下，社会主义和资本主义两种意识形态、两种制度的较量始终未曾停歇。迄今为止，各种敌对势力也从来没有停止对我国实施“西化、分化战略”，从来没有停止对中国共产党领导和我国社会主义制度进行颠覆破坏活动，始终企图在我国推进“颜色革命”。2019 年 1 月，美国参议院情报委员会的报告就宣称，自由民主国家应做好准备，应对与重新崛起的威权国家之间“即将到来的意识形态战”。① 习近平总书记指出：“国内外各种敌对势力，总是企图让我们党改旗易帜、改名换姓，其要害就是企图让我们丢掉对马克思主义的信仰，丢掉对社会主义、共产主义的信念。”② 中华民族伟大复兴进程中会始终面临各种敌对势力渗透遏制的挑战，马克思主义指导地位面临多样化社会思潮的严峻挑战。一些错误思想思潮，特别是西方的“宪政民主”、“普世价值”、新自由主义以及历史虚无主义等思潮，试图挑战马克思主义的指导地位，攻击并否定我国的政治制度以及发展道路，争夺在中国国内意识形态领域的主导权和话语权。在此背景下，社会主流价值观受到市场导向的逐利性挑战，拜金主义、享乐主义和极端个人主义在一定程度肆意蔓延，导致道德滑坡行为、唯利是图、低俗庸俗媚俗等不良现象屡次突破道德底线，动摇社会主义意识形态的凝聚力和引领力。“世界上各种文化之争，本质上是价值观念之争，也是人心之争、意识形态之争”，“要打好价值观念之争这场硬仗”。③ 因此，如何建设具有强大吸引力的社会主义核心价值观，如何建设具有凝聚力和

---

① 赵春丽、王鲁娜：《西方学界开展意识形态领域话语权争夺的做法及应对》，《科学社会主义》2019 年第 4 期，第 149—154 页。

② 中共中央党史和文献研究院编：《习近平关于总体国家安全观论述摘编》，中央文献出版社 2018 年版，第 33 页。

③ 中共中央文献研究室编：《习近平关于社会主义文化建设论述摘编》，中央文献出版社 2017 年版，第 105 页。

引领力的社会主义意识形态，如何既坚定维护社会主义意识形态主导地位，又吸收借鉴有益的外部文化，如何在全球化背景下开展社会主义意识形态工作仍然面临艰巨的挑战，这对我国当前的意识形态工作提出了新的要求。

第四，新一轮科技革命带来传播格局深刻变革，改进、创新思想宣传工作任务之艰巨前所未有。主流媒体、传统宣传管理方式面临着新媒体新技术的严峻挑战。新一轮科技革命，特别是互联网和社交媒体的兴起，已经深刻改变了信息传播的方式。5G、大数据、云计算、物联网、区块链、人工智能等技术高速发展。移动应用、社交媒体、问答社区、网络直播、聚合类平台、个人账号和公众号等新应用、新业态不断涌现，在更广范围内推动着思想、文化、信息的传播和共享，媒体格局和舆论生态正在重塑。① 信息传播不再受限于传统媒体，而是呈现出更加分散、多样化的特点。社交媒体平台成为了广泛传播信息和意见的渠道，网络舆论对社会意识形态的影响越来越大，形成了越来越复杂的“大舆论场”。网络的自发性、突发性、公开性、多元性、冲突性、匿名性、无界性、难控性也大大增加了舆论引导的难度，模糊国际国内、线上线下、虚拟现实、体制内外四个界限。在这个信息技术数字化、网络化、智能化高速发展的时代，宣传思想工作的任务变得前所未有的复杂，互联网被西方国家视为“最大变量”，西方反华势力一直妄图利用互联网“扳倒中国”。因此，中国的网络意识形态宣传思想工作需要不断创新和改进策略和方法，以确保宣传的针对性、权威性和有效性。此外，政府对网络舆论的引导和管理也变得至关重要，确保社会主义核心价值观在互联网时代得以传播和弘扬。这些都意味着我们党需要改变落后时代发展的思想宣传渠道和方式，以更灵活和创新的方式宣传社会主义意识形态所倡导的价值观取向，确保社会信息传递的准确性和有效性，更好地引导网络舆论。

三、牢牢把握党对意识形态建设的领导权

党的十八大以来，以习近平同志为核心的党中央把宣传思想工作摆在全局工作的重要位置，针对意识形态工作问题进行全局谋划，作出了一系

---

① 中共中央宣传部干部局编：《新时代宣传思想工作》，学习出版社 2020 年版，第 13 页。

列重大决策，实施了一系列重大举措。习近平指出，“要始终坚持思想工作‘两个巩固’的根本任务”①，“把意识形态工作的领导权、管理权、话语权牢牢掌握在手中”②，“坚定中国特色社会主义道路自信、理论自信、制度自信、文化自信”③。习近平总书记在2018年8月召开的全国宣传思想工作会议上强调：“建设具有强大凝聚力和引领力的社会主义意识形态，是全党特别是宣传思想战线必须担负起的一个战略任务。”④ 在2023年10月召开的全国宣传文化思想工作会议上，提出了习近平文化思想，进一步强调了党对宣传思想工作的全面领导，旗帜鲜明坚持党管意识形态、党管宣传思想文化工作领导的极端重要性。为了落实党中央建设具有强大凝聚力和引领力的社会主义意识形态这一重大决策，需要我们发扬伟大斗争精神，重点抓好宣传、新闻媒体、高校、文艺创作、人文社科等方面工作。

第一，坚持宣传思想工作“两个巩固”的根本任务。宣传思想工作要“巩固马克思主义在意识形态领域的指导地位，巩固全党全国人民团结奋斗的共同思想基础”，是习近平总书记2013年8月19日在全国宣传思想工作会议上提出的明确要求。随后，习近平又进一步把“坚持思想工作‘两个巩固’的根本任务”作为党的十八大以来在实践中提出的新思想新观点新论断加以强调，并认为这是做好宣传思想工作的一个根本遵循。在2023年全国宣传思想文化工作会议上，习近平总书记指出，建设具有强大凝聚力和引领力的社会主义意识形态，是全党特别是宣传思想战线必须担负起的一个战略任务。我们必须坚持以立为本、立破并举，不断增强社会主义意识形态的凝聚力和引领力。

一方面，我们要巩固并强化马克思主义在意识形态领域的指导地位。马克思主义遵循的是人类历史发展的客观规律，追求的是人类社会的科学真理。拥有马克思主义科学理论指导是我们党坚定信仰信念、把握历史主动的根本所在。⑤ 马克思主义是我们立党立国、兴党兴国的思想灵魂和根本指导思想，只有在马克思主义科学指引下，我们才能自觉地站在历史正

---

① 习近平：《论党的宣传思想工作》，中央文献出版社2020年版，第14页。

② 习近平：《论党的宣传思想工作》，中央文献出版社2020年版，第21页。

③ 习近平：《论党的宣传思想工作》，中央文献出版社2020年版，第2页。

④ 习近平：《论党的宣传思想工作》，中央文献出版社2020年版，第340页。

⑤ 习近平：《在二十届中央政治局第四次集体学习时的讲话》，《求是》2023年第10期，第4—6页。

确的一边、人民的一边，作出合乎客观规律的理性判断与科学选择。100多年来，党坚持把马克思主义写在自己的旗帜上，不断推进马克思主义中国化时代化，用博大胸怀吸收人类创造的一切优秀文明成果，用马克思主义中国化的科学理论引领伟大实践，马克思主义的科学性和真理性在中国得到充分检验，马克思主义的人民性和实践性在中国得到充分贯彻，马克思主义的开放性和时代性在中国得到充分彰显。① 马克思主义是我们党和人民事业持续发展的坚实基石，是我们党和人民不断前进的源泉。不论时代如何改变，传承和推动马克思主义的发展始终是我们不可推卸的责任。在意识形态领域，坚决维护和弘扬马克思主义的指导地位是我们必须时刻铭记、毫不动摇的原则。坚持马克思主义是我们应对意识形态挑战的必然选择。

另一方面，我们也要着力巩固全党全国人民团结奋斗的共同思想基础。"中国特色社会主义，是科学社会主义理论逻辑和中国社会发展历史逻辑的辩证统一，是根植于中国大地、反映中国人民意愿、适应中国和时代发展进步要求的科学社会主义。"② 历史证明，只有社会主义才能救中国，只有中国特色社会主义才能发展中国，只有坚持和发展中国特色社会主义才能实现中华民族的伟大复兴。由社会主义意识形态为导向形成的中国特色社会主义制度符合中国国情的发展道路、发展模式、发展的体制机制，是马克思主义的基本原理与中国的具体实际和时代特征相结合的发展道路。因此，必须始终以坚定理想信念筑牢精神之基，深化中国特色社会主义宣传教育工作，巩固壮大主流思想舆论，形成团结奋斗的强大主流舆论场。

第二，牢牢把握意识形态领导权、管理权、话语权。马克思指出："统治阶级的思想在每一个时代都是占统治地位的思想。这就是说，一个阶级是社会上占统治地位的物质力量，同时也是社会上占统治地位的精神力量。支配着物质生产资料的阶级，同时也支配着精神生产资料……作为思想的生产者进行统治，他们调节着自己时代思想的生产和分配。"③ "党

① 《深刻理解党百年奋斗的历史意义——论学习贯彻党的十九届六中全会精神》，《人民日报》2021 年 11 月 14 日，第 1 版。

② 中共中国社会科学院党组理论学习中心组：《必须坚持和发展中国特色社会主义》，《人民日报》2021 年 8 月 31 日，第 12 版。

③ 中共中央马克思恩格斯列宁斯大林著作编译局编译：《马克思恩格斯选集》第 1 卷，人民出版社 1995 年版，第 550—551 页。

管宣传、党管意识形态、党管媒体是坚持党的领导的重要方面。”① 习近平强调，我们必须把意识形态工作的领导权、管理权、话语权牢牢掌握在手中，任何时候都不能旁落，否则就要犯无可挽回的历史性错误。② 党牢牢把握意识形态的领导权，就是要努力破解意识形态工作不想抓、不敢抓、不会抓的突出问题，本质上是增强意识形态理论建构权、制度管理权和话语主导权，提高社会主义意识形态的引领力、传播力和感染力。

推动理论创新、强化理论建构是掌握意识形态领导权的必然要求。意识形态工作的源头在思想生产、理论建构。恩格斯指出：“我们决不想把新的科学成就写成厚厚的书，只向‘学术’界吐露。正相反，我们两人已经深入到政治运动中……我们有义务科学地论证我们的观点，但是，对我们来说同样重要的是：争取……无产阶级……拥护我们的信念。”③ 中国共产党历来秉承着马克思主义思想精髓，重视意识形态理论建构问题。在中国共产党不断壮大的过程中，我们找到了“马克思主义中国化”这一思想生产与再生产机制，先后提出了毛泽东思想、邓小平理论、“三个代表”重要思想、科学发展观等一系列思想理论。进入新时代，中国共产党与时俱进提出“习近平新时代中国特色社会主义思想”这一重大理论创新。以中国话语阐释中国道路、中国实践和中国问题，是马克思主义中国化、时代化、大众化新境界的时代彰显和必然要求。以习近平新时代中国特色社会主义思想为指导，宣传思想阵线遵循意识形态建设系统性、人民性、时代性和世界性原则，敢于斗争、敢于亮剑，弘扬新风正气，坚决果断消除思想痼疾，意识形态领域形势发生根本性转变，全党全国各族人民文化自信增强，全社会凝聚力和向心力极大提升，为新时代开创党和国家事业新局面提供了坚强思想保证和强大精神力量。

马克思主义是完善国家意识形态政策和方针，维护国家对意识形态工作制度管理权的根本。国家对意识形态的管理权直接体现为推行的意识形态政策。一国的意识形态政策能否明确国家的核心价值观和发展方向，能否实现该国的意识形态目标，是衡量一国意识形态政策管理水平高低的重要指标。中国共产党人一直注重对意识形态的管理权。党的一大就要求党

---

① 习近平：《论党的宣传思想工作》，中央文献出版社 2020 版，第 21 页。

② 习近平：《论党的宣传思想工作》，中央文献出版社 2020 版，第 21 页。

③ 《马克思恩格斯文集》（第 4 卷），人民出版社 2009 年版，第 233 页。

要加强对杂志、书籍的管理。毛泽东更是提出为了革命，必须注重对宣传工作的管理。改革开放后，面对多元思潮、新技术带来的挑战，党中央提出了以党性为根本、加强平台构建和提升人员素质等意识形态管理要求。在新时代，习近平指出我们把马克思主义作为必修课，抓好理论学习，通过坚持不懈学习，学会运用马克思主义立场、观点、方法观察和解决问题，坚定理想信念。[①] 党中央不断完善意识形态政策相关管理制度，加强党对各类宣传文化阵地的管理，运用马克思主义引导舆论朝向正确的方向发展，积极有效开展舆论斗争工作，严密防范和抑制意识形态攻击渗透行为，组织力量与错误思想观点展开积极斗争。

坚持社会主义意识形态对各种社会思潮的话语主导权，形成一元主导、多元协调的话语格局。中国共产党始终坚守马克思主义的立场、观点和方法，明确意识形态工作“理论、路线、方针、政策”的关系。对一般性争论和模糊认识，不能靠行政、法律手段解决，而是靠马克思主义真理的力量，靠深入细致的思想政治工作，用真理揭露谎言，让科学战胜谬误。[②] 只有坚持“实事求是”的认识方法和“一分为二”的思维方式，才能坚守马克思主义的纯粹一元论，以强大的力量和明确的方向，从根本上抵制和战胜各种非社会主义意识形态、反社会主义意识形态、“西化”和“分化”等错误和反动思潮。意识形态的较量是长期而复杂的，必须始终自觉发扬斗争精神，不断建设具有强大凝聚力和引领力的社会主义意识形态。

第三，树立四个自信。旗帜引领方向，道路决定命运。习近平指出：“中国特色社会主义是改革开放以来党的全部理论和实践的主题，全党必须高举中国特色社会主义伟大旗帜，牢固树立中国特色社会主义道路自信、理论自信、制度自信、文化自信，确保党和国家事业始终沿着正确方向胜利前进。”[③] 坚持四个自信，体现了中国共产党将领导中国人民坚定不移地沿着中国特色社会主义道路走下去，也充分显示了我们党在旗帜、方向与道路问题上具有强大的战略定力。

---

① 习近平：《胸怀大局把握大势着眼大事——努力把宣传思想工作做得更好》，《人民日报》2013 年 8 月 21 日，第 1 版。

② 习近平：《胸怀大局把握大势着眼大事——努力把宣传思想工作做得更好》，《人民日报》2013 年 8 月 21 日，第 1 版。

③ 习近平：《高举中国特色社会主义伟大旗帜　奋力谱写全面建设社会主义现代化国家崭新篇章》，《人民日报》2022 年 7 月 28 日，第 1 版。

全党牢固树立中国特色社会主义道路自信。中国特色社会主义是我们党始终高扬的引领前进方向的旗帜，牢固道路自信就是要确立起对中国特色社会主义和社会主义意识形态未来发展方向和前途命运的充分信心。在长期奋斗中，中国共产党坚持科学社会主义基本原则，坚持解放思想、改革创新，突破旧思想、旧观念、旧体制桎梏，牢牢把握意识形态建设工作，建设出一条具有中国特色的适合自己国情的社会主义的道路。“历史和现实都告诉我们，只有社会主义才能救中国，只有中国特色社会主义才能发展中国，这是历史的结论、人民的选择。”①

全党牢固树立中国特色社会主义理论自信。党的科学理论是指引我们党不断前行的光辉旗帜，是牢牢把握社会主义意识形态工作主导权的理论来源。“一个民族要想站在科学的最高峰，就一刻也不能没有理论思维。”②我们党之所以能完成近代以来各种政治力量不可能完成的艰巨任务，一个极为重要的原因就在于始终坚持党的科学理论。纵观马克思主义发展史，马克思和恩格斯运用辩证唯物主义和历史唯物主义的方法科学地揭示了生产力与生产关系、经济基础与上层建筑的矛盾运动，是推动人类社会由低级向高级发展的根本原因。中国特色社会主义始终坚持发展科学理论，以科学理论确保社会主义意识形态的权威性，确保我们党对社会主流意识形态发展方向的主导权。

全党牢固树立中国特色社会主义制度自信。“凡将立国，制度不可不察也。”制度优势是一个国家的最大优势，制度稳则国家稳。③ 制度优势是应对风险挑战、赢得主动的有力保证，制度自信在有效应对重大风险挑战中愈益坚定。④ 中国特色社会主义制度是当代中国发展进步的根本制度保障，是中国特色社会主义的制度支柱。⑤ 在中国特色社会主义新时代，牢牢掌握意识形态主导权，就必须把社会主义制度建设和治理能力建设摆到

---

① 《人间正道开新篇——关于新时代坚持和发展中国特色社会主义》，《人民日报》2021 年 7 月 26 日，第 5 版。

② 习近平：《在纪念马克思诞辰 200 周年大会上的讲话》，《人民日报》2018 年 5 月 5 日，第 2 版。

③ 李君如：《显著优势铸就“四个自信”》，《人民日报》2020 年 1 月 7 日，第 8 版。

④ 《习近平谈治国理政》第三卷，外文出版社 2020 年版，第 119 页。

⑤ 《习近平谈治国理政》第三卷，外文出版社 2020 年版，第 125 页。

更加突出的位置，继续深化各领域各方面体制机制改革，以不断完善的社会主义制度增强社会主义意识形态合法性，证明只有中国共产党才能带领中华民族走向伟大复兴，只有牢牢坚持社会主义意识形态的主导地位才能保障中国繁荣发展。

全党牢固树立中国特色社会主义文化自信。“文化兴国运兴，文化强民族强。没有高度的文化自信，没有文化的繁荣兴盛，就没有中华民族伟大复兴。”① 文化自信是我们对自身文化价值的充分肯定与积极实践。“中国有坚定的道路自信、理论自信、制度自信，其本质是建立在5000多年文明传承基础上的文化自信。”② 中华优秀传统文化、革命文化与社会主义先进文化一起构成了中国特色社会主义文化的三个来源，也是构成当代中国社会主流意识形态的宝贵精神财富。文化自信是进行伟大斗争、建设伟大工程、推进伟大事业、实现伟大梦想的精神支撑，更是推动国际传播能力建设、讲好中国故事、宣传中国和平发展道路、争取各国人民对中国特色社会主义意识形态理解和支持的精神内核。因此，我们党牢牢掌握意识形态主导权需要树立中国特色社会主义文化自信，坚持内宣外宣相结合，以文化自信为基础讲好中国故事，向世界展示一个真实、文明、和平、负责任的社会主义大国形象。

第四，坚守和加强意识形态传播阵地建设，重点抓好宣传、新闻媒体、高校、文艺创作、人文社科五个方面工作。意识形态涉及的广泛领域特性要求意识形态宣传工作从社会各方面展开，意识形态大众化也决定了意识形态宣传工作需要按照党性与人民性相统一的原则走进大众。习近平指出：“意识形态决定文化前进方向和发展道路。必须推进马克思主义中国化时代化大众化，建设具有强大凝聚力和引领力的社会主义意识形态，使全体人民在理想信念、价值理念、道德观念上紧紧团结在一起。”③ 因此，坚持党对意识形态工作的绝对领导，坚守和着力加强意

---

① 习近平：《在文艺工作座谈会上的讲话》，《人民日报》2015年10月15日，第2版。

② 杜尚泽：《阔步走在中华民族伟大复兴的历史征程上——记以习近平同志为总书记的党中央推进全方位外交的成功实践》，《人民日报》2016年1月5日，第1版。

③ 习近平：《决胜全面建成小康社会　夺取新时代中国特色社会主义伟大胜利——在中国共产党第十九次全国代表大会上的报告》，人民出版社2017年版，第41页。

识形态传播阵地建设是掌握意识形态话语权、推进意识形态宣传工作守正创新的必然要求和关键举措，必须抓好新闻媒体、高校、出版机构、理论界和文艺作品，引领和塑造国家的核心价值观，确保社会稳定和国家安全。

新闻媒体作为意识形态大众化传播的主要途径，是意识形态认同从宏观国家认同延伸到社会生活各个领域的传播媒介。马克思主义政党历来把新闻舆论工作作为进行革命斗争的有力武器。① 从建党以来，中国共产党一方面创办了一系列报纸杂志，坚持政治家办报、办刊、办台、办新闻网站，培养坚持党性原则的高素质的新闻从业人员，严肃报道党的路线方针政策，坚决抵制错误思潮观念对主流意识形态的冲击，筑牢全党全国人民团结奋斗的共同思想基础；另一方面又创办一系列外宣平台，展开一系列话语权外交活动，提升对外新闻报道能力，将社会主义意识形态融入当地群众关心的话题中去，提升世界民众对我国国际形象的正面理解和认知水平。习近平总书记强调，党的新闻舆论工作“坚持党性原则，最根本的是坚持党对新闻舆论工作的领导。党和政府主办的媒体是党和政府的宣传阵地，必须姓党”。② 因此，新闻媒体要捍卫主流意识形态安全的绝对底线和原则，真正成为体现党的意志，反映党的主张，维护党中央权威，维护党的团结，爱党、护党、为党的坚强堡垒。

高校作为人才培养和文化传承的重要阵地，是各种思想文化交流交融交会的场所，是意识形态工作的前沿阵地。学校是人才培养的摇篮、科技创新的重镇、文化传承的高地。在学校意识形态工作上，中国共产党一方面不断推动高校意识形态工作落实、落小和落细，强化学校党委责任担当，全面提升新时代高校意识形态工作的实效性。另一方面还发挥党校、干部学院和社会主义学院以及各类肩负意识形态工作建设使命学校的作用，始终坚持社会主义办学方向，坚守党的意识形态阵地，确保社会主义人才教育培养的政治性。

各类出版发行机构作为建设社会主义意识形态的重要力量之一，是守住社会主义意识形态安全的重要防线。出版机构及其出版物是推动马克思

---

① 中共中央文献研究室编：《习近平关于社会主义文化建设论述摘编》，中央文献出版社 2017 年版，第 38 页。

② 《习近平著作选读》第一卷，人民出版社 2023 年版，第 451 页。

主义及其中国化深入研究和最新阐释的重要载体。中国共产党始终坚持马克思主义在意识形态领域的指导地位，保证社会主义意识形态安全，要求出版机构确保稿件内容不踩红线、不越底线，自觉抵制错误意识形态，并通过鼓励出版深刻、扎实论证的高质量出版物推动理论界对社会主义意识形态守正创新，引导学者以新理念、新思路、新方法，赋予马克思主义在内的社会主义意识形态新的时代内涵。

文艺作品作为意识形态的载体和表现形式，是增强意识形态凝聚力和发挥主流意识形态导向性的重要媒介。新中国成立以来，我们党始终坚持深化改革，推动各类文艺创作生产传播机构和文化服务机构的发展，扩大社会参与，形成开放多元、充满活力的公共文化服务供给体系。与此同时，我们党还不断支持和鼓励文化产业发展，培养了大量文艺创作人才，为文艺创作提供自由的空间，推出了一系列高质量、高水平的文艺作品，提高了广大群众对社会主义核心价值观和社会主流意识形态的认同。

人文社科工作是意识形态理论发展和意识形态语言表达创新的基础。没有自己的哲学科学体系，就没有话语权。[①] 马克思主义是中国社会科学的理论基础。我们党通过不断发展中国特色社会主义理论，为社会主义道路践行提供坚定的理论支持，提出构建中国自主学术话语体系和叙事体系，主张用学术讲政治，向世界展示中国特色社会主义理论成果和成功实践，有效提升了中国学术的国际影响力。

第五，敢于斗争和善于斗争，坚决维护意识形态领导权和主动权。针对新形势下意识形态领域斗争极其尖锐复杂的严峻挑战，习近平总书记明确提出“在意识形态领域斗争上，我们没有任何妥协、退让的余地”，强调“宣传思想战线的同志要当战士、不当绅士，不做‘骑墙派’和‘看风派’，不能搞爱惜羽毛那一套”。[②] 斗争精神是马克思主义的理论品质，敢于斗争、善于斗争是中国共产党人的鲜明品格，是伟大建党精神的核心内涵，是新时代新征程进行伟大斗争的必然要求。党的历史反复证明，以斗争求安全则安全存，以妥协求安全则安全亡；以斗争谋发展则发展兴，以

① 中共中央文献研究室编：《习近平关于社会主义文化建设论述摘编》，中央文献出版社 2017 年版，第 69 页。

② 中共中央党史和文献研究院编：《习近平关于总体国家安全观论述摘编》，中央文献出版 2018 年，第 118 页；杜尚泽：《坚持正确方向创新方法手段　提高新闻舆论传播力引导力》，《人民日报》2016 年 2 月 20 日，第 1 版。

妥协谋发展则发展衰。我们正在进行具有许多新的历史特点的伟大斗争，面临的挑战和困难前所未有。维护意识形态领导权、管理权和话语权，我们必须依靠敢于斗争和善于斗争实践打开事业发展新天地，必须坚持巩固壮大主流思想舆论，弘扬主旋律，传播正能量，激发全社会团结奋进的强大力量，建设具有强大凝聚力和引领力的社会主义意识形态。

第三节 反对和抵制各种错误思潮

当前，世界百年未有之大变局加速演进，西方政治思潮乱象丛生，中华民族伟大复兴战略开创新局，中国式现代化建设正处于两个大局与新发展阶段的历史交汇期。在两个大局的历史交汇中，中国与世界的关系正在发生历史性变化，“西强东弱”的总体态势正在加速演变。在此背景下，意识形态建设面临西方错误政治思潮乱象新挑战，我国意识形态工作建设的主动性、拓展性更为明显。以习近平同志为核心的党中央高瞻远瞩、审时度势，带领全党全军全国各族人民迎难而上、攻坚克难，着力破解意识形态领域党的领导弱化问题，坚决有效防范化解意识形态安全风险，意识形态领域形势发生全局性、根本性转变，“中国之治”和“西方之乱”进一步形成鲜明对比，意识形态工作大有可为、大有作为。

一、当前意识形态领域主要错误思潮及其理论基础

西方政治思潮是产生意识形态安全风险的主要源头。确保社会主义意识形态的主导地位，就必须深刻剖析产生意识形态风险源头的错误思潮。西方错误思潮种类繁多，有相当大的共性。从冷战后西方错误思潮渗透的指导目标来看，有明确的指向性，矛头直指社会主义制度，在理论上否定马克思主义的指导地位，在政治上否定中国共产党的领导、否定社会主义制度和道路。从错误思潮的理论基础来看，秉持立论的西方中心主义，以西方国家特别是以美国的民主价值观、民主制度为立论基础，极力巩固和维护以美国为核心的西方世界在国际格局中的霸权地位。从民主输出理论的转化路径与目标指向看，其终极指向是推动政治运动、政治变革乃至建立新的政治制度。错误思潮是西方错误政治主张、思想理论、对外政策和社会心理共同作用的产物。为更好地明辨各种错误思潮的理论局限，我们

不仅要全面归纳西方错误思潮的共性，而且必须深入剖析各种西方错误思潮的理论基础。

（一）新自由主义思潮

自20世纪70年代以来，新自由主义替代凯恩斯主义成为主流经济发展理论，20世纪90年代“华盛顿共识”的出现，标志着发达国家和主要经济组织已经将新自由主义作为普世的发展范式。新自由主义早已经从一种经济理论思潮，跨越大西洋两岸，演变成英、美等资本主义国家的一种经济政策主张，更借助其国家力量向全球推销，上升为一种国际性的意识形态。新自由主义不仅构成了欧美发达国家对外输出的重要内容，而且是主要国际经济组织极力向广大发展中国家和地区推荐的“发展模式”①。从理论要旨观之，一般可将新自由主义的核心主张概括为四点。

第一，新自由主义坚持否定公有制，主张“私有化”。所谓“私有化”，是基于“公有制天生效率低下”的偏见，主张国有企业的私有化以及公共服务的私有化。几乎所有的新自由主义者都一致地认为公有制限制个人自由，违反人的本性，不可能建立真正的市场经济。美国经济学家布坎南更是认为“当集体化的范围扩大了之后，‘经济’变得更糟而不是具有更高的‘生产率’”。② 英国经济学家哈耶克甚至主张“私有制是自由的最重要的保障，这不单是对有产者，而且对无产者也是一样。只是由于生产资料掌握在许多个独立行动的人的手里才没有人有控制我们的全权，我们才能够以个人的身份来决定我们要做的事情”。③

第二，新自由主义挑战社会主义政治制度根基，否定社会主义制度。在新自由主义学者看来，社会主义就是对自由的限制和否定，必然导致集权主义。他们认为社会主义的平等是形式上的平等，不仅与实质上的平等互不相容，也是对法制的破坏。哈耶克甚至赤裸裸地评价“在法律面前的形式上的平等，是和政府有意识地致力于使各种人在物质上或实质上达到平等的活动相冲突并在事实上是不相容的，而且任何旨在实现公平分配的

---

① 陈卓：《新自由主义对东亚经济发展的影响》，外交学院2006级博士学位论文，第22页。

② ［美］詹姆斯·布坎南著，韩旭译：《财产与自由》，中国社会科学出版社2002年版，第50页。

③ ［英］弗雷德里希·奥古斯特·冯·哈耶克著，王明毅等译：《通往奴役之路》，中国社会科学出版社1997年版，第101页。

重大理想的政策，必定会导致法制的破坏”。[1]

第三，新自由主义否定国家对市场经济的干预，推进“市场化”与“自由化”。自由主义者认为自由主义为导向的指导模式是经济发展的制度前提，是确保社会能开启“自下而上”发展的唯一路径。[2] 只有新自由主义市场经济体系能够顺利地解决一切经济问题，限制政府职能，排斥政府对市场经济做出过多的干涉。激进的自由主义学者甚至认为政府在经济发展中应该担任“守夜人”“裁判员”的角色，提出了所谓的“有限政府论”“政府补缺论”。

第四，新自由主义推动非国家团体参与到国际进程，鼓吹“公民社会”。“公民社会”理念主张围绕共同利益、目标和价值而组成非强制团体，体现市民利益和意愿。在政府部门无暇顾及的地方，通过构建“公民社会”，使公民在社区活动中自洽，互相帮助。西方学者认为公民社会是自由主义的共生体，本质上认为国家会干预削弱公民自由和公民社会的独立性。[3] 也有学者主张通过维护个人自由，进而维护自由竞争的资本主义制度，主张社会和国家之间的对立，支持不恰当的自由主义和个人主义立场。[4]

（二）西方宪政民主观

西方宪政民主根植于基督教政治文化，又受到近代自然法学说和契约论影响，为资产阶级民主制提供正当性证明。因此，西方宪政民主的底层逻辑与西方价值观、文化和政治实践密不可分。从价值导向来看，西方宪政民主思潮以西方自然法学说的抽象价值为导向，以个人主义为出发点和落脚点。从理论逻辑来看，西方宪政民主以人性本恶的唯心主义人性观为理论建构基础。从现实层面来看，资产阶级以宪政民主为蓝图反抗封建统治，并以成文法的形式确定资本主义制度，为资产阶级统治地位提供正当

---

① ［英］弗雷德里希·奥古斯特·冯·哈耶克著，王明毅等译：《通往奴役之路》，中国社会科学出版社 1997 年版，第 9 页。

② 张南燕：《新自由主义思潮在中国的流变与破产》，《南京航空航天大学学报》（社会科学版）2021 年第 3 期，第 40 页。

③ John Keane, “Civil Society and the State: New European Perspectives”, Verso, 1988.

④ Marinus R. R. Ossewaarde, “Citizenship in Civil Society?”, Journal of Civil Society, Vol. 2, No. 3, 2006, pp. 199 – 215.

性证明。经过近两个世纪的发展，西方宪政民主思潮逐渐演变出诸如“三权分立”“多党政治”“普选制”“司法独立”“军队国家化”等一系列主张，并作为新自由主义思潮的一种变体被西方国家向全世界推销，其直接指向是动摇社会主义制度的政治根基。

西方宪政民主观以资本主义市场经济为基础。17 世纪、18 世纪欧洲资产阶级革命爆发的口号就是“私有财产神圣不可侵犯”。在资产阶级革命胜利后，资本主义国家都确立了以宪政和法律保护私有财产这一基本原则。虽然这一原则在 19 世纪和 20 世纪初在西方学界和政府实践中受到批判，但其核心观点仍然是政府为了公共利益可以在合理补偿的前提下对私有财产进行征收、征用和限制。由此可见，西方宪政民主观以资本主义市场经济为基础并没有被动摇。

西方宪政民主观主张施行议会民主制度。主权在民是宪政民主观最具有代表性的主张，其实现途径就是由不同政见的利益集团和个人组成不同利益主张的政党，通过资本主义所谓“自由”竞选上台执政。多党竞选，轮流执政，议会是各党派发表政治主张、展开政治斗争的场所。表面上似乎多党制能保证各个党派都有参加竞选、发表政治主张的权利，但事实上巨额的竞选经费决定了只有财力雄厚的资产阶级政党，及其代表的资产阶级利益集团才能取得最终的胜利。显而易见，西方宪政民主观倡导的议会民主制成为资产阶级政党“合法性”的来源。

西方宪政民主观提倡三权分立、相互制衡的国家政权体制。西方宪政民主观以孟德斯鸠提出的“要防止滥用权力，就必须以权力约束权力”为指导，在宪法中规定立法权、行政权和司法权分别由立法机关、行政机关和司法机关行使，确保“三权”相互独立且互相制衡。美国在宪法中明确规定立法权、行政权和司法权由国会、总统、法院行使。国会的立法需要经过总统的批准才能生效，总统提名的大法官必须由国会批准才能上任，国会和大法官都有权弹劾总统，最高法院则可以对国会立法和行政机关的行政行为进行违宪审查，最终实现“三权”相互制衡这一目的。

（三）历史虚无主义

历史虚无主义本质上是一种建立在历史唯心主义基础上的反动社会思潮，以对国家和社会形成和发展中具有重大影响的历史事实和人物进行颠覆性评价为核心，带有极强的政治倾向和意图。历史虚无主义的根源是唯心史观，主要手法是混淆历史的支流和主流、现象和本质，具有怀疑主义、相对主义、解构主义与颓废主义等思想特色，是带有西方意识形态的历史观、文化观。从其诞生之日起，历史虚无主义就凭借其对国家政权的破坏性注定了其政治本性，是服务于政治的一种思想倾向。当前，历史虚无主义以西方中心论为理论基础，以唯心主义历史观为思维方式，以特定时期的历史评价问题为核心内容，常爆发于非西方国家的社会转型期，传播于主流意识形态影响力不足的文化领域之中，契合西方国家“和平演变”思维，最终颠覆国家政权。在实践中，历史虚无主义多以重大历史问题学术争论为外衣，实则对非西方国际政党、国家等相关事务做出负面历史评价，消解非西方国家的历史根基与合理性，最终为西方国家“和平演变”服务。

从世界历史发展角度来看，历史虚无主义否定无产阶级革命和历史发展规律，鼓吹“革命无用论”“革命破坏论”，贬损和否定无产阶级革命进程。“革命无用论”否定了无产阶级革命作为社会和政治变革的有效手段，声称革命通常不会实现其既定的目标，而只会导致混乱、破坏和社会动荡。“革命破坏论”者认为无产阶级革命往往导致社会的破坏，包括经济崩溃、基础设施损坏、社会秩序的崩溃和人员伤亡，并引发政治不稳定、政权的真空，甚至可能导致社会动荡、暴力革命和政权颠覆。但不容置疑的是，无产阶级革命是历史上推动社会进步和政治改革的关键力量之一。历史虚无主义者忽视了无产阶级革命的社会背景和其优势。在历史发展进程中，无产阶级革命是推动人类历史向前发展的唯一有效手段。历史虚无主义者用事后观念去假设革命道路的不同选择、革命领袖的不同策略、革命思想的不同遵循，实际上是试图以错误的逻辑预设解构我国革命、建设与改革的真实的历史逻辑，以肆意捏造、无中生有的话语颠覆、抹杀主流意识形态的正当性与合理性。①

从中国视角观之，历史虚无主义歪曲党史，否定党的历史和合法性基础。西方敌对势力把歪曲党史作为对我国“西化”图谋的重要手段，企图以错误党史言论混淆是非，歪曲党史重大事件，否定近代中国革命、建设、改革道路，从根本上质疑党的领导，挑战党中央的绝对权威，动摇社会主义意识形态稳固性。具体表现为历史虚无主义者以史料拼凑攻击抹黑

---

① 梁雪玉：《唯物史观视域下当代历史虚无主义话语叙事的批判策略及纠治之道》，《理论建设》2023 年第 2 期，第 106—112 页。

党史重要人物、革命英雄英勇事迹，曲解党的革命历史和执政成就，炮制一系列针对执政基础的伪命题，否定中国特色社会主义道路的必然性，将中国特色社会主义污名化为“国家资本主义”“资本国家主义”“新官僚资本主义”等。历史虚无主义者表面上打着学术探讨的外衣，实际上以动摇中国共产党的合法性、推翻社会主义制度为根本目的。“一个国家实行什么样的主义，关键要看这个主义能否解决这个国家面临的历史性课题。”① 中国共产党自成立以来，领导中国人民完成了新民主主义革命，实现了民族独立和人民解放，完成了从新民主主义到社会主义的历史转变，确立了社会主义基本制度，推进改革开放，探索出了一条中国式现代化道路。历史事实不可辩驳，只有中国共产党，才能带领中国走向繁荣与富强。

（四）“非意识形态化”

“非意识形态化”思潮的产生同东欧剧变、苏联解体有着直接关系。“非意识形态化”思潮主张淡化意识形态、淡化政治，提倡价值中立，以科学主义为名反对马克思主义的政治思潮。当代西方思潮愈加重视标榜自己的“非意识形态”性，以“价值中立”之名掩盖政治图谋。“非意识形态化”思潮的概念，表述多样，常见的有“非意识形态化”“淡化意识形态”“去政治化”“价值中立”“意识形态终结论”等论断。

“非意识形态论”主张意识形态的终结。“意识形态终结论”以冷战为背景，提出“社会主义不如资本主义”“马克思主义在今天没有解释力”“资本主义社会才是人类的理想归宿”等论点，鼓吹资本主义和社会主义“趋同论”。东欧剧变、苏联解体之后，马克思主义、社会主义失败论甚嚣尘上。“意识形态终结论”很大程度上动摇了当时全社会的政治思想认知基础，影响了人们对政治和意识形态的看法。一些人借“反思”失误而否定社会主义制度，以自我为中心的个人主义价值观在西方存在主义等哲学社会科学概念包装下不断传播，将爱国主义、集体主义、社会主义视为“陈腐说教”，否定社会主义政治制度，淡化意识形态。

“非意识形态论”主张去意识形态和淡化意识形态。当前西方资产阶级政党党员与非党员界限正在日渐模糊，西方部分政党正在走向“全民

① 习近平：《关于坚持和发展中国特色社会主义的几个问题》，《思想政治工作研究》2019 年第 5 期，第 15—19 页。

化”。因此，党内与党外的模糊要求西方政党将主要精力集中在吸引最多选民问题上，于是提出了“去意识形态”和“淡化意识形态”的主张。该论调要求把意识形态因素从事物和观念中清除出去，主张脱离政治理解、看待、评价事件和问题。一些西方学者甚至认为政党制度发展到今天，各个政党之间差异不大，都能掌握政权。

“非意识形态论”还倡导价值中立。价值中立提出时间较早，且概念涉及领域十分广泛。因此，部分西方学者将价值中立这一理念应用到意识形态研究中，提出结合“非意识形态论”的“价值中立”这一最新主张。在“价值中立”者看来，意识形态是“一群人统治和伤害一群人的游戏”，是思想专制工具，社会发展不需要意识形态。

（五）“普世价值”

不论是新自由主义还是宪政民主论，抑或是历史虚无主义和“非意识形态论”，都要求有相应的价值观为其辩护，“普世价值论”便契合这一需求。“普世价值论”与历史虚无主义互为表里，历史虚无主义攻击社会主义意识形态基础，“普世价值论”则乘机宣传西方价值观，离析和消解社会主义核心价值观。西方“普世价值”以民主、人权和市场经济为核心，强调个人有不可剥夺的权利，政府的职责是保护和尊重这些权利，且所有政府都应该由人民选举产生，政府的合法性应该建立在选举和政治自由的基础上。此外，西方“普世价值”还将自由市场经济包装为最有效的经济体制，认为私有财产权和市场竞争有助于创造经济繁荣。

“普世价值”是以美国为代表的西方发达国家资本主义价值观的集中体现。其核心理念是：从美国的价值观中抽象而出的自由、民主、博爱、人权价值观可以超越阶级和时空，具有“普世意义”，美国的民主制度是世界上的“最佳模式”，代表着民主政治的发展方向，适于全人类共同遵循。“普世价值”的前身是 1948 年 12 月联合国《世界人权宣言》中提出的注重人权的思想。在美国学界的极力推动下，“普世价值”和“普世价值文明转型”对话模式的说法开始流行开来，并成为主导西方国际关系的政治理论之一。在外交实践中，美国政府从 20 世纪 80 年代末开始以“普世价值”为思想武器推行其全球化的战略部署，奥巴马政府则在 2010 年《美国国家安全战略》报告中首次明确地把“普世价值”作为美国主要的国家利益之一，强调美国的长期安全和繁荣有赖于对“普世价值”的坚持和推广，如今拜登政府则将维护“普世价值”作为美国价值观外交的重要目标和内容。从学者的理论论述到将“普世价值”融入美国价值观外交，充分表明美国高度重视“普世价值”的推广，“普世价值”已经从理论上升为美国国家外交战略的重要内容。

（六）非主流网络意识形态

网络意识形态本质上是随着互联网迅猛发展，各种物质条件和社会关系发生新变化后，产生的一种以网络空间为生存空间的新型意识形态。由于互联网具备技术性高、虚拟性强、互动频繁和政治转化性快等特性，网络带有强烈意识形态属性，并在发展过程中形成了一种以网络为载体的系统化、部分理论化的观念体系。它是网络社会交往实践的产物，是网络时代意识形态的新样态，是人类社会意识形态的一种新范式。网络空间的包容特性决定注定存在多样社会思潮和不同主张，根据意识形态所属地位划分，大致可以分为主流网络意识形态和非主流网络意识形态。

在当代中国，主流网络意识形态主要为马克思主义的意识形态，其主张多表现为秉持马克思主义指导思想，拥护中国共产党的领导地位，坚持中国特色社会主义制度，维护中国的国家利益与国家形象。具体而言，主流网络意识形态包括马克思主义理论、中国特色社会主义理论体系、社会主义核心价值观以及以爱国主义为核心的民族精神和以改革创新为核心的时代精神和社会主义先进文化等内容。

非主流网络意识形态主要是各种非马克思主义思潮（反马克思主义思潮）、网上宗教极端思想、不良网络舆论、不健康网络文化，还包括新自由主义、历史虚无主义、无政府主义、新保守主义、民族主义、民粹主义、泛娱乐主义、极端女权主义、科技本位主义等各种思潮在网上的反映。由于非主流网络意识形态多种多样，其主张不能一概而论，但概括来看，其主张多以我国社会转型阶段为契机，以社会民生问题为切口，结合自由主义、历史虚无主义等形形色色具有反动色彩的思潮质疑马克思主义权威性，动摇社会主义意识形态信仰和认同，直接冲击我国主流网络意识形态安全。

二、对各种错误政治思潮的理论批判

在大国竞争泛意识形态化、西方意识形态渗透隐蔽化和“颜色革命”泛政治化背景下，这些错误思潮是构成消解社会主义意识形态领导地位、动摇党长期执政基础、否定中国特色社会主义政治制度、改变中国特色社会主义性质的主要意识形态风险。维护意识形态安全除了需要全面剖析各种思潮的理论基础，更要深刻揭示各种错误思潮的理论缺陷，坚持以立为本、立破并举，用马克思主义对各种错误思潮进行深入批判。

（一）新自由主义挑战以社会主义意识形态为导向的政治、经济制度

在我国经济体制改革的背景之下，新自由主义思潮作为西方发达国家实施“和平演变”的理论乘虚而入，对社会主义意识形态产生了广泛而深刻的影响。新自由主义是在亚当·斯密古典自由主义思想基础上发展而来的理论体系，强调以市场为导向，包含全球秩序和主张贸易自由化、价格市场化、私有化等论点，其最终表现形式是所谓的“华盛顿共识”。[①] 新自由主义的主张尽管与市场经济的改革导向存在某些契合之处，但它本质上是要挑战和取代中国特色社会主义的政治和经济制度。

新自由主义提倡的经济制度不适合中国国情。新自由主义理论主张以个体主义取代集体主义，以全面私有制取代以公有制为主体的所有制结构，以完全市场化取代政府经济管理行为的合理性，以出让一国经济主权换取彻底的全球化。在其发展过程中，以“全球化”“自由贸易”“资本自由流动”之名，行“新殖民主义”之实。这严重削弱发展中国家的民族工业和本国市场的保护屏障，大大削弱这些国家的政府控制本国经济和保证金融安全的能力，使其民族独立、国家主权不断弱化，为国际垄断资本控制、掠夺和盘剥广大发展中国家、推行霸权扫清障碍。如果盲目采纳新自由主义经济制度，不仅脱离中国实际，更不符合全人类共同价值，难以促进生产力发展，增强党和国家的生机活力，创造世所罕见的经济快速发展奇迹。

新自由主义主张的政府退出机制并不能为世界经济发展带来繁荣。新自由主义简单强调政府与市场的二元对立关系，单纯强调市场主导、政府退场的政策方案，给世界经济和社会发展带来了诸多恶果，如经济发展减速、贫富分化加剧、社会撕裂、金融风险加大等。20 世纪 80 年代，新自由主义为拉美国家和苏联东欧地区国家提供经济转轨方案，多次引发区域性甚至国际性金融危机，造成这些国家内部人民生活质量的倒退，甚至造成社会动乱。因此，在 2008 年经济危机后各国的经济发展实践中，新自由

---

① ［美］诺姆·乔姆斯基著，徐海铭、季海宏译：《新自由主义和全球秩序》，江苏人民出版社 2000 年版。

主义提倡的单一固化的政府退出逻辑和市场原教旨主义改革理论已经被越来越多的国家抛弃。历史发展到今天，世界各国已经认识到单纯的自由主义经济政策无法有效解决自身缺陷。

新自由主义提倡的“公民社会”不适合中国社会的发展。“公民社会”理念缺乏对中国社会和国家之间关系的更客观的考察，忽视中国国情。在中国，政府是人民的政府，共产党领导的多党合作和政治协商制度统领人民及民间组织共创美好社会。习近平同志强调，“中国共产党始终代表最广大人民根本利益”，“江山就是人民、人民就是江山，打江山、守江山，守的是人民的心”。[①] 长期以来，我们党坚持发展社会主义民主政治，始终体现人民意志、保障人民权益、激发人民创造活力，用制度体系保证人民当家作主。

新自由主义在西方国家已经遭遇失败。2023 年 4 月 27 日，美国国家安全顾问沙利文在布鲁金斯学会发表《复兴美国经济领导地位》演讲。他认为，新自由主义所倡导的“旧华盛顿共识”已经失败，美国必须推动达成新的共识，资本主义必须从根本上作出改变以应对当前的问题。他提出，受“旧华盛顿共识”的影响，美国面临着工业基础已经被掏空、如何适应地缘政治和安全竞争所定义的具有重要经济影响的新环境、气候危机的加速以及公正高效的能源转型的迫切需要、国内严重的不平等及其对民主制度的损害四个根本挑战。因而，新自由主义所倡导的自由市场是错误的，华尔街金融业的过度扩张严重伤害了美国的实体工业，自由贸易伤害了美国的工人阶级，巨大的贫富差距严重伤害了美式民主，美国必须强化国家的作用，出台一系列战略措施，如制定美国战略产业的工业政策，和盟友建立一个强大的、有韧性的、先进的和包容互惠的供应链体系，创建超越传统贸易协议的新型国际经济伙伴关系，推动国际金融领域变革等来应对上述挑战，复兴美国世界经济领导地位。沙利文的这篇“华盛顿共识”反思演讲实际上已经宣告了新自由主义的失败。[②]

（二）西方宪政民主观否定以社会主义意识形态为导向的政治制度

西方宪政民主观是近年来在我国意识形态领域涌现的又一错误政治思

---

① 习近平：《在庆祝中国共产党成立 100 周年大会上的讲话》，《人民日报》2021 年 7 月 2 日，第 2 版。

② 《沙利文在布鲁金斯学会演讲全文》，《参考资料》2023 年第 98 期。

潮，与新自由主义思潮相互契合。该思潮实质上是要彻底否定我国社会主义法治、社会主义制度和中国共产党领导下的人民民主专政的社会主义国体，代之以西方资本主义的法治理念和法治模式，搞“三权分立”“多党制”“议会制”。宪政民主观点看似具有崇高的政治理想，但事实上仍然是具有资本主义意识形态导向的政治理论，带有不可避免的阶级偏向性和理论缺陷性，并不符合中国国情。

西方宪政民主观违背社会主义国家性质，更不代表最广大人民根本利益。从宪政民主理论上看，宪政民主思潮起源于资本主义，因此在实践过程中不可避免地为资产阶级服务。不论哪种宪政民主观点都将其鼓吹的宪政民主主体——资产阶级，等同于广大人民群众，掩饰其民主的阶级性，为隐蔽地剥削无产阶级剩余价值增加合法性，从根本上与社会主义国家性质相违背，更不能代表中国最广大人民的根本利益。

西方宪政民主观实质上是对资产阶级的保障。西方宪政民主观思潮表面上倡导法律权威，推崇法律公平公正，实际上是对资本主义价值观的维护。在生产资料私有制占主体的资本主义国家，国家法律本质上就是将资产阶级剥削无产阶级剩余价值的行为合法化、普遍化。在社会主义中国，宪法法律规定生产资料公有制，从源头上消灭了资产阶级对无产阶级的剥削，真正有效保护最广大人民群众的利益。

西方宪政民主观所倡导的国家制度不适合中国国情。中国的国体是人民民主专政，政体是人民代表大会制度，人民才是国家的主人。从历史上看，近代以来资本主义的各种思潮都没有改变中国的命运，只有中国共产党领导的无产阶级革命才改变了中国人民的命运。在中国共产党的领导下，中国最终选择维护最广大人民群众根本利益的社会主义道路，取得了一系列发展成果。中国特色社会主义制度是历史发展的结果，是14亿中国人民的共同选择。所以，没有阶级基础和民众基础的西方宪政民主思潮所提倡的宪政制度不适合中国，更不代表中国政治改革的方向。

（三）历史虚无主义动摇中国共产党执政合法性

近年来，历史虚无主义这一错误政治思潮以“重新评价”为名，以唯心主义理论为基础，用孤立、片面史学研究方法，对历史事实大肆歪曲捏造，企图扭曲主流大众社会认知、消解中国主流社会意识形态，动摇中国共产党的执政根基和执政合法性。针对党的十八大以来历史虚无主义的一系列错误主张及其危害，习近平总书记指出：“要警惕和抵制历史虚无主义的影响，坚决抵制、反对党史问题上存在的错误观点和错误倾向……历史虚无主义的要害，是从根本上否定马克思主义指导地位和中国走向社会主义的历史必然性，否定中国共产党的领导。”① 他强调：“要旗帜鲜明反对历史虚无主义，加强思想引导和理论辨析，澄清对党史上一些重大历史问题的模糊认识和片面理解，更好正本清源。”②

历史虚无主义从根本上违背了中国历史实际。多数民众难以直接参与历史研究的具体工作，因此对历史的认知取决于外部信息，真实准确的历史信息直接决定了主体对正确历史认知的形成。错误的历史认知会严重干扰中华民族集体历史记忆的建构与历史自觉自信的建立，直接影响人们对历史规律的掌握与运用，从而导致社会整体逐渐丧失历史主动、陷入历史被动。历史虚无主义正是抓住这一认知局限，释放虚假的历史信息扰乱视听，以偏概全，企图动摇民众对社会主义意识形态的认知。

历史虚无主义刻意忽视中华民族和中国人民的智慧与贡献。以爱国主义为核心的民族精神作为中华民族自强不息、接续奋斗的精神动因，亦是推动党和人民取得新民主主义革命伟大胜利、进行社会主义伟大建设、推动改革开放伟大实践和创造新时代中国特色社会主义伟大成就的思想动因。③ 历史虚无主义瓦解民族精神，着重刻画人民群众的愚昧、无知与麻木，将中华民族的历史描绘成冷漠、残酷、压抑的历史，诱导民众自身否定本民族存续，不断消解民族凝聚力并离间中华民族的团结力与向心力。

历史虚无主义以错误理念消解中国文化自信。历史虚无主义以“愚昧”“奴性”“封建”等标签否定中华优秀传统文化；以“革命破坏论”“英雄无功论”“领袖无能论”等论调颠覆革命文化；以“去思想化”“去主流化”“去集体化”等诉求阻碍社会主义先进文化。文化自信的缺失不仅使中华民族丧失生存和发展的精神动力，也同时削弱中国特色社会主义道路自信、理论自信和制度自信的文化基础，进一步削弱了民众对中国特

---

① 中共中央党史研究室：《历史是最好的教科书——学习习近平同志关于党的历史的重要论述》，《人民日报》2013 年 7 月 22 日，第 8 版。

② 习近平：《关于〈中共中央关于党的百年奋斗重大成就和历史经验的决议〉的说明》，《人民日报》2021 年 11 月 17 日，第 2 版。

③ 习近平：《党的伟大精神永远是党和国家的宝贵精神财富》，《人民日报》2021 年 9 月 1 日，第 1 版。

色社会主义道路、理论与制度的认同，威胁我国文化安全，阻碍我国文化强国建设进程。

（四）“非意识形态化”淡化人民对马克思主义和社会主义的信仰

意识形态不会终结，政治问题更无法回避价值判断，意识形态与国家机器共同存在。社会主义意识形态和资本主义意识形态对立的国际格局之中，不同意识形态的国家体现为不同的国家性质，只要意识形态存在斗争，所谓的非意识形态就不可能存在。“非意识形态化”思潮提出的主动放弃意识形态斗争，抑或是淡化意识形态斗争，是对社会主义意识形态安全的直接挑战。不论“非意识形态化”思潮如何发展，其实质还是一种虚妄的理论主张，不可能改变人民群众对社会主义意识形态的信心。“非意识形态化”看似讲求价值中立和去政治化，但其本质是“泛政治化”与“去马克思主义化”。

“非意识形态化”将国家失败偶然性错误归因于社会主义意识形态无效。西方国家将社会主义理论与实践混同于科学社会主义的理论与实践。西方学界将苏联社会主义崩溃看作社会主义的整体崩溃，鼓吹“世界社会主义运动已经走向灭亡”，简单地认为中国走社会主义道路只会是苏联失败道路的再现，通过历史类比动摇人民群众对社会主义意识形态与社会主义制度的真挚信仰。“‘意识形态终结论’本质上就是一种社会主义失败论。”① “非意识形态化”思潮在理论上通过论证意识形态的虚假性、社会主义与资本主义的趋同性等观点，淡化乃至否定社会主义意识形态；在实践上假借“学术创新”，打着“重写新中国历史”“重构价值标准”的旗号，将中国特色社会主义制度和社会主义意识形态污蔑为僵化、保守、落后的制度和思想，淡化了人民群众对社会主义意识形态的信仰。

“非意识形态化”以“价值中立”否定马克思主义的科学性和真理性。“非意识形态化”思潮通过借助“价值中立”“拒斥意识形态”等所谓的“学术标准”，消解马克思主义的科学性和真理性，将社会主义国家失误错误归因于马克思主义不好、马克思主义不行，反对马克思主义的思想理论，淡化了阶级区别，模糊了意识形态的界限，企图用资本主义的意识形

---

① 王岩、茅晓嵩：《“意识形态终结论”批判与我国意识形态安全》，《政治学研究》2009 年第 5 期，第 74—83 页。

态取代马克思主义的意识形态。党中央一贯非常重视意识形态建设，党的十六届六中全会提出要用马克思主义理论武装全党，强调要用社会主义核心价值体系引领社会思潮。百年变局之下，国家间交往泛意识形态化使中国人民认清了“非意识形态化”的真实目的，更加巩固了社会主义意识形态的主流地位。同时随着中国国际影响力和话语权的不断提升，中国式现代化道路模式赢得了越来越多发展中国家的认可。

（五）“普世价值”侵蚀中国政治文化基础

习近平总书记2015年在全国党校工作会议上指出：“我们有些人甚至党内有的同志却没有看清这里面暗藏的玄机，认为西方‘普世价值’经过了几百年，为什么不能认同？西方一些政治话语为什么不能借用？接受了我们也不会有什么大的损失，为什么非要拧着来？有的人奉西方理论、西方话语为金科玉律，不知不觉成了西方资本主义意识形态的吹鼓手。”① 他认为西方“普世价值”的实质是“挂羊头卖狗肉，目的就是要同我们争夺阵地、争夺人心、争夺群众，最终推翻中国共产党领导和中国社会主义制度”。② 这深刻揭示了美国推广“普世价值”的实质，并不在于“普世价值”本身，而是作为一种隐蔽的西方意识形态侵蚀中国政治文化基础。因此，西方“普世价值”并不普世，且具有极大的不合理性。

“普世价值”是西方国家独占话语权的表现。西方国家以“普世价值”为幌子，侵蚀和替代发展中国家自身的文化价值，将干涉他国的行为正当化，从而为西方的“颜色革命”“和平演变”埋下伏笔。在全球化的过程中，西方国家一方面利用其在经济和政治上的优势，通过外交政策、贸易协定、援助条件等方式，推动其他国家接受和实施这些“普世价值”；还通过建立全球性机构推动蕴含西方“普世价值”的规则在世界范围内的传播。冷战结束后，美西方国家发动新一轮针对中国的“和平演变”攻势，以“普世价值”为思想武器，否定中国共产党的领导和中国社会主义制度，歪曲中国特色社会主义道路，企图引导我国改革陷入歧途。习近平指出：

---

① 习近平：《在全国党校工作会议上的讲话》，中共中央党校（国家行政学院）网站，2016年5月1日，https://www.ccps.gov.cn/xxsxk/zyls/202112/t20211210_152253.shtml。

② 中共中央文献研究室编：《习近平关于社会主义文化建设论述摘编》，中央文献出版社2017年版，第27页。

“如果我们用西方资本主义价值体系来剪裁我们的实践，用西方资本主义评价体系来衡量我国发展，符合西方标准就行，不符合西方标准就是落后的陈旧的，就要批判、攻击，那后果不堪设想！”①

“普世价值”是西方推行文化帝国主义的工具。不同文化和社会具有不同的价值观和传统，西方单一标准并不适用于各国国情。西方国家以推动“普世价值”为名，把非本国文化视为“普世价值”对立面，并辅以武力打击、政治颠覆、外交封锁、经济制裁等手段，干涉其他国家的内政，在东欧、中亚、西亚、北非等国家策动“颜色革命”，对伊拉克、南斯拉夫联盟、阿富汗、叙利亚发动一系列战争，在社会主义国家频繁从事颠覆国家政权活动，引发国际紧张局势和冲突。可以说，“普世价值”已经沦为西方“颜色革命”工具，而脱离实际国情和阶级的“普世价值”更是不存在的。

西方“普世价值”最终将被更加先进的社会主义价值观替代。从人类社会发展趋势来看，落后的价值观理念最终会被先进的价值观理念替代。马克思主义揭示了人类社会发展规律，资本主义最终会被社会主义替代，而与之对应的社会主义价值观最终会代替腐朽的资本主义价值观。当前，我国主张的自由、民主、人权等价值观以马克思主义为指导，构建以社会主义意识形态为导向的政治、经济体制，得到了全体中国人民的认同，更吸引了越来越多的发展中国家的认同，更加显示出西方“普世价值”的阶级性、虚伪性和历史局限性。

（六）非主流网络意识形态扩大西方意识形态对社会主义意识形态建设的冲击

信息网络的快速发展一方面为信息传播、大众交流提供了更加便利快捷的渠道，另一方面也为非主流意识形态的话语表达提供了“自由”的空间。网络“泛自由化”倾向打破了传统媒体的传播方式，挑战主流意识形态的话语权。

非主流网络意识形态消解马克思主义信仰。非主流网络意识形态还传播被误解和曲解的马克思主义，往往以“重读”和“创新”为名对马克思主义进行个人理解。这些被曲解的错误思潮在网络上的传播，不仅扭曲了马克思主义的真理性，还造成了群众的思维混乱，最终消解了群众对马克

---

① 中共中央党史和文献研究院编：《习近平关于总体国家安全观论述摘编》，中央文献出版社 2018 年版，第 4 页。

思主义的信仰。

非主流网络意识形态削弱社会主义意识形态主体性地位。一方面，由于网络技术不断取得突破性发展，以互联网为基础的网络意识形态思潮对社会主义意识形态安全的影响日益显现。西方国家凭借技术优势、新兴媒体等以文化自由传播的方式，在网络空间对我国各种“西化”“分化”意识形态渗透力度不断加大，西方反动思潮不断冲击社会主义意识形态主导地位。另一方面，网络信息化潮流也使得国家对大众意识形态引导难度加大，社会主义意识形态在无形中被消解。非主流网络意识形态以文字、图片、音频、视频为传播载体，形式丰富，吸引力高，互动性强，社会主义意识形态被边缘化风险加剧。

非主流网络意识形态攻击社会主义核心价值观。自网络时代到来，以美国为首的西方国家凭借先发技术优势，挤占网络核心技术发展前沿，并凭借先进的技术手段在网络上宣传资产阶级价值观，妄图在中国通过技术优势实现意识形态领域的“新殖民主义”，进行网络版“和平演变”。非主流网络意识形态的攻势不断削弱社会主义核心价值观影响力。一些人受此影响，爱国主义、集体主义观念淡薄，特别是年轻人受此荼毒，价值取向出现偏差。

随着非主流网络意识形态正在变成西方对中国意识形态渗透的新形式、危害我国政治安全的新威胁，网络成为当前意识形态斗争的主阵地、主战场、最前沿。我们必须加强网络意识形态监管与引导，强化防范网络意识形态的渗透和冲击风险。习近平总书记在2013年全国宣传思想工作会议上指出：“在互联网这个战场上，我们能否顶得住、打得赢，直接关系我国意识形态安全和政治安全。”[①] 2016年4月19日，习近平总书记在网络安全和信息化工作座谈会上明确指出：“互联网不是法外之地。利用网络鼓吹推翻国家政权，煽动宗教极端主义，宣扬民族分裂思想，教唆暴力恐怖活动，等等，这样的行为要坚决制止和打击，决不能任其大行其道。”习近平总书记强调，“网络已是当前意识形态斗争的最前沿。掌控网络意识形态主导权，就是守护国家的主权和政权”。[②] 习近平总书记在全国宣传

---

① 中共中央党史和文献研究院编：《习近平关于网络强国论述摘编》，中央文献出版社2021年版，第51页。

② 中共中央党史和文献研究院编：《习近平关于防范风险挑战、应对突发事件论述摘编》，中央文献出版社2020年版，第40页。

思想工作会议上鲜明指出，要把网上舆论工作作为宣传思想工作的重中之重来抓。因此，掌握信息化条件下网络意识形态主导权，必须把网上舆论工作作为宣传思想工作的重中之重，科学认识网络传播规律，严格落实网络意识形态工作责任制，不断健全网络综合治理体系，提高网络综合治理能力，巩固网络意识形态安全防线，充分利用数字技术提升意识形态风险防范治理的精准性、科学性和前瞻性，辨析人工智能的意识形态属性，严防人工智能技术所诱发的新的意识形态风险，广泛凝聚社会共识，推动形成良好网络生态，这不仅是基于掌握舆论引导主导权、主动权、话语权的需要，更是保障我国意识形态安全和政权安全的需要。

三、防范化解错误政治思潮风险，构建意识形态安全体系的中国路径

意识形态工作是党的一项极端重要的工作，是新时代伟大斗争的重要组成部分。目前，我国正面临西方的"分化"、"西化"、同化、丑化、腐化、淡化及溶化"七化"攻势，意识形态工作面临新挑战。进入新发展阶段，中国更要从时代高度，从总体国家安全观的战略高度深刻认识各种错误政治思潮的影响和风险，全面准确把握意识形态安全体系建设的重大意义和实践要求。随着世界格局"东升西降"、我国发展由大到强，我国要统筹中华民族伟大复兴战略全局和世界百年未有之大变局，统筹新发展格局和新安全格局，积极构建新时代意识形态安全体系建设的系统性、整体性、全局性新布局，为全面建设社会主义现代化强国提供科学的思想理论指导、先进的价值观念、强大的精神动力，构建适应新时代要求的意识形态安全体系。

第一，培育和构建以人类命运共同体为核心的人类文明新形态话语体系。西方现代文明曾一度推动了全球社会生产力的快速发展，确立了西方国家在全球的优势地位，其意识形态也曾一度取得统治地位。但世界思潮发展方向绝不是西方国家一家独大决定的。不论是在理论还是实践维度，抛弃自身的文明传统，照搬西方国家意识形态道路都是行不通的。唯有立足自身的文明传统，立足本国的具体国情，通过独立自主、实事求是的探索，不断推进自身文化传统的创造性转化与创新性发展，才能找到符合本民族发展的意识形态之路。

弘扬全人类共同价值，推动构建人类命运共同体为核心的人类文明新形态话语体系，是中国共产党为破解世界百年未有之大变局，为人类解决

全球性危机、走出现代性困境、共同推动构建人类命运共同体的世界观、价值观基础。党的百年奋斗历史和实践证明，建构人类文明新形态的中国话语，就要不断激活中华传统文化内在的强大生命力，不断推进马克思主义中国化的时代进程，不断吸纳人类文明成果、贯彻人类命运共同体的时代理念，为人类更美好社会制度进行积极探索，为人类文明的发展进步提供中国方案与中国智慧。正如习近平所说："让中华文化同各国人民创造的多彩文化一道，为人类提供正确精神指引。"[①] 构建以人类命运共同体为核心的人类文明新形态话语体系，是对中华优秀传统文化的继承与发展，并将在新时代焕发出"两个结合"新的光辉。

第二，高度重视意识形态的理论体系和话语体系建设，推动构建中国自主理论体系和中国学派。拥有先发优势的发达国家依托其经济、政治、军事霸权，不断在全世界推行"西方式文明"，将西式意识形态上升为适合全人类不同民族、种族的"普世价值"，将西方式现代文明的特殊性上升为人类社会形态的普遍性。其背后的深层次逻辑不过是将西方国家利益包装成文明利益，使发展中国家的价值观落入西方陷阱，将构建自身现代化文明或自发或被动地嵌入少数发达国家的现代世界殖民话语体系中。我们要高度重视国际事务中的自主理论体系和话语体系建设，推动国际关系理论研究的创新，培育和建设中国学派，用具有中国特色的国际关系理论和国际话语范式抵御意识形态渗透。

推动构建适合中国国情的意识形态话语体系。我国适合什么样的制度、适用什么样的模式，是由我国国情决定的。照抄照搬他国的政治制度和政治模式行不通，甚至会葬送国家前途命运。[②] 牢牢掌握意识形态工作主动权，构建中国自主理论体系和中国学派，是党领导意识形态工作的重要要求。意识形态工作的源头是思想生产及理论建构。我们要积极主动推进国际传播能力，讲好中国故事，加快构建中国话语和中国叙事体系，将我国的发展优势转化为话语优势，清晰准确宣介中国主张、中国智慧、中国方案，把中国的发展观、文明观、安全观、人权观、生态观、国际秩序

---

① 习近平：《在中国文联十大、中国作协九大开幕式上的讲话》，人民出版社 2016 年版，第 16 页。

② 唐洲雁、韩冰：《照抄照搬他国政治制度行不通——学习习近平同志在庆祝全国人民代表大会成立 60 周年大会上的讲话》，《人民日报》2014 年 9 月 23 日，第 7 版。

观和全球治理观向世界传播好。在此过程中，我们必须注意意识形态建设的主体主导性、目的主导性、领域主导性与关系主导性。其一，中国意识形态话语体系建构必须坚持以习近平同志为核心的党中央全面领导意识形态建设的主体主导性作用，制定意识形态安全战略，作出意识形态领域斗争重大决策。其二，中国意识形态话语体系建设要以国家政治安全为大、以人民为重、以坚持和发展中国特色社会主义为本，以清晰的目的为导向，巩固马克思主义在意识形态领域的指导地位，巩固全党全国人民团结奋斗的共同思想基础。其三，中国意识形态话语体系建设要凸显领域主导性作用，要覆盖社会各个领域，统领意识形态的哲学社会科学、新闻出版、文化事业和产业、文艺工作、网络媒体等各个阵地。其四，中国意识形态话语体系建设在各种关系中要凸显关系主导性作用，如社会主义意识形态与资本主义意识形态、中国与西方、正确思想与错误思潮等关系，都要体现意识形态建设的主动地位和主导力量。

第三，构建多主体立体式的大外宣格局，建设国际传播体系。党的二十大报告对建设社会主义文化强国作出战略部署："加快构建中国话语和中国叙事体系，讲好中国故事、传播好中国声音，展现可信、可爱、可敬的中国形象。"[①] 将外宣与外交、外贸、外援、外联、军事等领域，中央与地方、官方与民间、国内与国外结合起来，实现政府推动、民间参与、市场运作的统筹，协调好各种关系、凝聚各种力量，实现资源效益最大化。加强中国对外宣传水平，重点讲好中国共产党的初心及使命的故事；讲好中国式现代化的故事；讲好中国改变自己、影响世界、正确处理与世界关系的故事；讲好全人类共同价值与人类命运共同体的故事；讲好中国是完善全球治理、推动全球治理变革的坚定推动者和实践者的故事；讲好共建"一带一路"、全球发展倡议和全球安全倡议的故事。加强我国国际传播能力建设，全面提升国际传播效能，形成同我国综合国力和国际地位相匹配的话语权，成为我国意识形态建设需要解决好的重大问题。

建设大外宣格局必须自觉承担起举旗帜、聚民心、育新人、兴文化、展形象的使命任务。外宣工作一方面要求做好做强马克思主义宣传教育工

---

① 习近平：《高举中国特色社会主义伟大旗帜　为全面建设社会主义现代化国家而团结奋斗——在中国共产党第二十次全国代表大会上的报告》，人民出版社 2022 年版，第 46 页。

作，把坚定“四个自信”作为建设社会主义意识形态的关键，加强传播手段和话语方式创新，建设社会主义文化强国和社会主义意识形态。建设大外宣格局，需要同时做好管人、管事、管物三大方面。在“管人”上落实意识形态工作责任制，树立“大外宣”的工作理念，压紧压实做好意识形态工作的领导责任。在意识形态工作中要明确各级党委（党组）承担全面领导责任，树立党委（党组）书记是第一责任人、党委（党组）分管领导是直接责任人、班子其他成员承担分工范围内的领导责任的意识，并将意识形态工作纳入重用干部人选考核考察内容。在“管事”上正确处理各种意识形态事件，摒弃“瞒、拖、压”的想法，正确区分和处理政治原则问题、思想认识问题、学术观点问题。无论处理什么问题，都要有利于坚持和加强党的领导，有利于凝聚党心民心，有利于促进改革发展稳定的目标导向。在“管物”上同时做到争夺阵地、争夺人心、争夺群众，守好包括媒体、社科研究机构和理论界院校及各类学校、各类出版发行机构和出版物以及各类文艺创作生产传播机构和文化服务机构的意识形态阵地。

构建全方位、多层次、立体化、动态性的国际传播工程。做好国际传播工作需要提高国际传播能力，分析国内外的新现象，把握传播规律，实现宣传舆论工作的内外联动。在基本原则问题上要巩固马克思主义在意识形态领域的指导地位，在处理国际舆论危机时要坚持正确政治方向，站稳政治立场。在参与主体上，构建多主体立体式的大外宣格局需要政府主导，学界、媒体、文化产业、民间组织、教育等多方的积极参与，共同讲好中国故事，介绍中国方案，传播中国理念，增强中国理论的国际影响力、感召力、竞争力和塑造力。重点强化西方经常攻击抹黑我们的人权、民主、新闻自由、司法和民族、宗教、网络安全等领域。在传播途径上，强调全球传播，借助国际化的媒体、社交媒体和国际组织，将中国的核心理念传播到国际社会。在传播过程中，始终坚持创新叙事逻辑和呈现方式，打造融通中外的新概念、新范畴和新表述，坚持古为今用、洋为中用，去粗取精、去伪存真，经过科学的扬弃后使之为我所用。

第四，以始终弘扬全人类共同价值，扬弃和超越西方错误思潮为意识形态安全工作落脚点。在应对国际错误政治思潮挑战中，要把牢意识形态斗争的主动权，把意识形态斗争作为新时期伟大斗争的重要组成部分和关键领域，旗帜鲜明地批驳错误思潮，推动构建以人类命运共同体为核心的人类文明新形态话语体系。世界上存在多种多样的价值观念和价值取向，要把世界人民的意志和力量凝聚起来，必须有一套与经济基础和政治制度相适应、能解决全球性问题的价值共识和精神力量，谋求最广泛国际共识的世界观和价值观基础。习近平明确指出："我们应该大力弘扬和平、发展、公平、正义、民主、自由的全人类共同价值，共同为建设一个更加美好的世界提供正确理念指引。"① 全人类共同价值既树立了共同事业、共同理想、共同追求三个经度，又标定了和平、发展、公平、正义、民主、自由这六个纬度，并有机融合成为一整套全新的价值认知体系，具有很强的历史性、科学性、时代性、实践性，实现了人类文明发展史上一场伟大的价值观革命。② 弘扬全人类共同价值，代表了中国共产党人对于人类进步事业的最新探索，是向世界上一切爱好和平、梦想美好的国家和人民的鲜明宣示，具有宏阔的时代背景、丰厚的时代意蕴、积极的时代价值，其理论与实践源流非常深刻，实现了理论革命、道路革命和价值革命，为引领人类文明正确发展方向、共同建设美好世界提供了正确的理论引领、价值指引和强大精神动力。

弘扬全人类共同价值符合全人类共同愿望，是破除西方价值观迷思的关键一招。针对西方"普世价值"存在的狭隘历史局限，中国应倡导和积极践行全人类共同价值，着力推进"四个倡导"，坚持普遍性与特殊性相统一，着眼于维护全球共同利益，主动设置相关议题，向世界各国表明全人类共同价值是各国人民普遍享有的权利，而非少数国家或联盟可以垄断的特权，是世界价值观评判的真正标准，超越西方文明的中心主义和优越主义的错误观念。过去西方国家以其武力的优势定义国际规则，以异端定义国家间的意识形态差别，以强权政治、霸权逻辑开展国际交往的模式正在走向人类进步和历史发展的对立面。封建主义、帝国主义早已不复存在，当今国际体系也已是以联合国为核心的国际体系，"普世价值"在实践过程中早已暴露西方国家在诸多方面的"双标"，打破了西方国家长期在价值观上树立的道义形象。当下，越来越多的国家和人民反对单一价值观输出，反对构筑"小院高墙"、设立"小圈子"和"小集团"的做法。中国

---

① 《习近平著作选读》第二卷，人民出版社 2023 年版，第 543 页。

② 董青：《论全人类共同价值的时代意义》，《南京社会科学》2022 年第 5 期，第 1—8 页。

应主动顺应时代发展潮流，主张尊重国家差异，倡导共同构建人类命运共同体，共享全人类共同价值，共建更美好的世界。在此基础上通过融合各国文化，以共同价值注解自由、民主、人权、正义等基本价值观，为促进人类文明进步作出更大贡献。

第七章　防范化解党的建设面临的风险

习近平总书记指出，党的十八大以来，我们以自我革命精神推进全面从严治党，清除了党内存在的严重隐患，成效是显著的，但这并不意味着我们就可以高枕无忧了。党面临的长期执政考验、改革开放考验、市场经济考验、外部环境考验具有长期性和复杂性，党面临的精神懈怠危险、能力不足危险、脱离群众危险、消极腐败危险具有尖锐性和严峻性，这是根据实际情况作出的大判断。全党要增强"四个意识"、坚定"四个自信"、做到"两个维护"，自觉在思想上、政治上、行动上同党中央保持高度一致，自觉维护党的团结统一，严守党的政治纪律和政治规矩，始终保持同人民的血肉联系。中华民族正处在伟大复兴的关键时期，我们的改革发展正处在克难攻坚、闯关夺隘的重要阶段，迫切需要锐意进取、奋发有为、关键时顶得住的干部。党的十八大以来，我们取得了反腐败斗争的压倒性胜利，但反腐败斗争还没有取得彻底胜利。反腐败斗争形势依然严峻复杂，零容忍的决心丝毫不能动摇，打击腐败的力度丝毫不能削减，必须以永远在路上的坚韧和执着，坚决打好反腐败斗争攻坚战、持久战。①

经过党的十八大以来全面从严治党，许多突出问题得到解决，但党面临的"四大考验"和"四大危险"将长期存在。因此，全面从严治党永远在路上，党的自我革命永远在路上，决不能有松劲歇脚、疲劳厌战的情绪，必须持之以恒推进全面从严治党，深入推进新时代党的建设新的伟大工程，以党的自我革命引领社会革命。

---

① 《习近平著作选读》第二卷，人民出版社 2023 年版，第 247—248 页。

第一节　维护政治安全关键在党

党的二十大报告指出，全面建设社会主义现代化国家、全面推进中华民族伟大复兴，关键在党。我们党作为世界上最大的马克思主义执政党，要始终赢得人民拥护、巩固长期执政地位，必须时刻保持解决大党独有难题的清醒和坚定。

一、政治安全关系党的长期执政和国家长治久安

政治安全是国家安全的生命线，关系党的长期执政和国家的长治久安，关系人民幸福和民族复兴。党的十八大以来，习近平总书记创造性提出总体国家安全观，明确坚持以政治安全为根本，把我们党对国家安全的认识提升到新境界，为推进新时代国家安全工作提供了根本遵循。习近平总书记指出，各级党委和政府要坚决贯彻总体国家安全观，落实党中央关于维护政治安全的各项要求，确保我国政治安全。筑牢国家安全屏障，不断开创新时代国家安全工作新局面，必须始终把政治安全放在首要位置，始终以政治上的清醒和主动牢牢把握国家安全的主导权。

坚定维护政治安全是维护国家安全、成就百年大党的根本前提。一个国家若对外不能独立自主，对内无法维护政治团结，则不可能有效维护国家尊严和国家根本利益。前些年的西亚北非局势动荡使中东、北非地区多个国家政局动荡、多个政权垮台，凸显了政治安全的重要性，即政治安全是国家安全的生命线，离开了政治安全，国家安全就无从谈起。习近平总书记指出："过去不能搞全盘苏化，现在也不能搞全盘西化或者其他什么化。冷战结束后，不少发展中国家被迫采纳了西方模式，结果党争纷起、社会动荡、人民流离失所，至今都难以稳定下来。《庄子·秋水》中写道：'且子独不闻夫寿陵余子之学行于邯郸与？未得国能，又失其故行矣，直匍匐而归耳。'我们千万不能'邯郸学步，失其故行'。我们就是把马克思主义中国化，就是搞中国特色社会主义。"[①] 进入新时代，以习近平同志为

① 中共中央党史和文献研究院编：《习近平关于总体国家安全观论述摘编》，中央文献出版社 2018 年版，第 21 页。

核心的党中央坚定维护政权安全、制度安全、意识形态安全，推动香港局势实现由乱到治的重大转折，深入开展涉台、涉疆、涉藏、涉海等斗争，稳步推进兴边富民、稳边固边，妥善处置周边安全风险，反渗透反恐怖反分裂斗争卓有成效。可以说，坚定维护政治安全是成就百年大党、造福中国人民、实现复兴伟业的根本前提。

重视维护政治安全是建党百年的重要历史经验。我们党诞生于国家内忧外患、民族危难之时，对国家安全特别是政治安全有着刻骨铭心的认识。在新中国成立后的各个历史时期，我们党始终把维护政治安全放在重要位置，在社会主义和资本主义两种意识形态、两种制度的长期较量中坚决斗争、毫不退让，坚决抵御西方“西化、分化战略”图谋、维护国家政权稳定、强化党的全面领导，确保了国家政治坚强、经济发展、社会稳定和人民幸福。毛泽东认为，“政治工作是一切经济工作的生命线”，“在社会经济制度发生根本变革的时期，尤其是这样”。[①] 邓小平反复强调要保证中国共产党执政地位的安全，“从根本上说，没有党的领导，就没有现代中国的一切”。[②] 江泽民指出：“社会主义在世界上处于低潮，国际敌对势力始终没有放弃西化、分化我国的政治图谋。”[③] 胡锦涛也指出：“必须把确保国家安全特别是政治安全放在全部政法工作更加突出的位置。”[④] 习近平总书记提出“以政治安全为根本”的重要指示，是对我们党关于政治安全理念的继承与发展，是对我们党治国理政经验的历史性总结。

维护政治安全是实现第二个百年奋斗目标的战略举措。党的十九届五中全会审议通过的《中共中央关于制定国民经济和社会发展第十四个五年规划和二〇三五年远景目标的建议》，历史性地用专章对“统筹发展和安全，建设更高水平的平安中国”作出战略部署，强调要坚定维护国家政权安全、制度安全、意识形态安全。新形势下，中华民族伟大复兴进入关键阶段，要有效防范和化解影响我国现代化进程中的各种风险，首先要防范和化解政治安全方面的风险，坚决有力维护政权安全和制度安全，为新时代有力应对外部安全挑战、促进我国经济社会健康有序发展提供坚强政治

① 《毛泽东文集》第 6 卷，人民出版社 1999 年版，第 449 页。
② 《邓小平文选》第 2 卷，人民出版社 1994 年版，第 266 页。
③ 《江泽民文选》第 2 卷，人民出版社 2006 年版，第 280 页。
④ 《胡锦涛文选》第 3 卷，人民出版社 2016 年版，第 29 页。

领导、稳定政治秩序和优良政治环境。

二、党的领导是维护政治安全的最根本保证

政治安全的核心是政权安全和制度安全，最根本的是维护党的领导和执政地位、维护中国特色社会主义制度，最现实的考验是坚决打赢意识形态斗争。

中国共产党坚强有力的领导是维护政治安全最根本的保证。习近平总书记强调："党政军民学，东西南北中，党是领导一切的。"[①] 办好中国的事情，关键在党。中国共产党坚强有力的领导是维护政治安全最根本的保证。中国特色社会主义最本质的特征是中国共产党领导，中国特色社会主义制度最大优势是中国共产党领导，党是最高政治领导力量。习近平总书记指出："历史已经并将继续证明，没有中国共产党的领导，民族复兴必然是空想。"[②] "以史为鉴、开创未来，必须坚持中国共产党坚强领导。"[③] 我国宪法以国家根本法的形式确认了党领导人民进行革命、建设、改革的伟大斗争和根本成就，确认了中国共产党的执政地位，确认了党在国家政权结构中总揽全局、协调各方的核心地位，为我们党长期执政提供了根本法律依据。习近平总书记要求："在坚持党的领导这个重大原则问题上，我们脑子要特别清醒、眼睛要特别明亮、立场要特别坚定，绝不能有任何含糊和动摇。"[④]

党的领导制度是中国特色社会主义制度中最具统领性、决定性、创造性的制度。制度优势是一个国家的最大优势，制度竞争是国家间最根本的竞争。中国特色社会主义制度是一个严密完整的科学制度体系，起四梁八柱作用的是根本制度、基本制度、重要制度，其中最具统领性、决定性、创造性的是党的领导制度。中国快速发展的生动实践充分证明，中国特色社会主义制度是具有鲜明中国特色、明显制度优势、强大自我完善能力的

---

① 《中国共产党第十九次全国代表大会文件汇编》，人民出版社 2017 年版，第 16 页。

② 中共中央党史和文献研究院编：《习近平关于总体国家安全观论述摘编》，中央文献出版社 2018 年版，第 39 页。

③ 《习近平著作选读》第二卷，人民出版社 2023 年版，第 481 页。

④ 中共中央党史和文献研究院编：《习近平关于总体国家安全观论述摘编》，中央文献出版社 2018 年版，第 32 页。

先进制度。坚持制度自信，就是要保持政治定力，既不走封闭僵化的老路，也不走改旗易帜的邪路，坚持好、巩固好、完善好我国国家制度和国家治理体系，推动中国特色社会主义各方面制度更加成熟、更加定型，使“中国之治”的制度优势最大化。

坚持党的领导是打赢意识形态斗争的必然要求。“意识形态关乎旗帜、关乎道路、关乎国家政治安全。”① 历史和现实反复证明，搞乱一个社会、颠覆一个政权，往往先从意识形态领域打开缺口，先从搞乱人们的思想入手。思想防线一旦被攻破，其他防线就很难守住，政权安全和制度安全也会随之垮塌。在意识形态斗争上，我们没有任何妥协、退让的余地，必须坚持马克思主义指导地位不动摇，全面学习贯彻习近平新时代中国特色社会主义思想，旗帜鲜明加强思想舆论引导，坚决抵御西方敌对势力对我国意识形态渗透，对各种错误思想敢于亮剑和斗争。习近平总书记要求我们保持清醒头脑、坚定理想信念，坚持马克思主义在意识形态领域的指导地位，坚守中国共产党人的初心和使命，不能用西方资本主义的价值体系、评价体系衡量和评判我们国家的发展，严防西方资本主义意识形态的渗透，时刻警惕掉入“颜色革命”的陷阱之中。

三、夯实维护政治安全的基石

我们党领导人民进行革命、建设、改革的历史进程反复证明了一个道理：政治上的主动是最有利的主动，政治上的被动是最危险的被动。贯彻总体国家安全观，必须善于从政治高度谋划和推进各领域国家安全工作，把维护政治安全作为应对各领域安全风险挑战的首要任务，充分发挥其在协调各领域安全中的抓手作用。

坚定不移推进自我革命。习近平总书记强调：“党面临的最大风险和挑战是来自党内的腐败和不正之风。”腐败问题对党的执政基础破坏力最大、杀伤力也最大，是最容易颠覆政权的关键问题。必须站在事关党的领导、政权稳定的高度，坚定不移推进自我革命，保持严的主基调，保持惩治腐败高压态势，一体推进不敢腐、不能腐、不想腐，凡是影响党的创造力、凝聚力、战斗力的问题都要全力克服，凡是损害党的先进性和纯洁性

---

① 中共中央党史和文献研究院编：《习近平关于总体国家安全观论述摘编》，中央文献出版社 2018 年版，第 111 页。

的病症都要彻底医治，凡是党的健康肌体上的毒瘤都要坚决祛除，有效防范化解影响党的领导权威和执政巩固的内在风险，使党的坚强领导纵向到底、横向到边，不断把政治安全的堤坝加固筑牢。

增强政治敏锐性和政治鉴别力。新形势下，各种风险、威胁和挑战联动效应明显，各种矛盾源、风险点相互交织、相互作用，若防范不及、应对不力，就会导致风险传导、叠加、升级，演变为政治风险，最终危及政权安全和制度安全。我们必须增强政治敏锐性和政治鉴别力，绷紧政治安全这根弦，善于从政治高度研判和化解各类风险，及时消除各种政治隐患，坚决防止和克服看不出敌情、分不清是非、辨不明方向的“政治麻痹症”，确保不出现大的政治风险和其他危害政治安全的突出问题。

提高防范和化解政治风险的能力。习近平总书记强调，防范化解重大风险，是各级党委、政府和领导干部的政治职责，大家要坚持守土有责、守土尽责，把防范化解重大风险工作做实做细做好。[①] 要强化忧患意识、风险意识，常观大势、常思大局，提高政治警觉，注重源头防范，加强对各种风险源的调查研判，科学预见形势发展趋势和隐藏其中的风险挑战，提前做好堵漏洞、补短板的基础工作，做到防患于未然，做到未雨绸缪。要强化斗争精神，胸怀“国之大者”，坚决同企图颠覆中国共产党领导和我国社会主义制度、企图迟滞甚至阻断中华民族伟大复兴进程的一切势力斗争到底，坚决打赢防范化解政治风险攻坚战，敢于担责、善于履责、全力尽责，以高水平政治安全保证高质量发展。要提高风险化解能力，透过复杂现象把握本质，对各种可能的风险及其原因都要心中有数，抓住要害、找准原因、果断决策、对症下药，不让小风险演化为大风险，不让个别风险演化为综合风险，不让局部风险演化为区域性或系统性风险，不让经济风险演化为社会政治风险，牢牢掌握维护政治安全的主动权。要善于引导群众、组织群众，善于整合各方力量、科学排兵布阵，有效防范和化解风险。领导干部要加强理论修养，深入学习马克思主义基本理论，学懂弄通做实习近平新时代中国特色社会主义思想，掌握贯穿其中的辩证唯物主义的世界观和方法论，提高战略思维、历史思维、辩证思维、创新思维、法治思维、底线思维能力，善于从纷繁复杂的矛盾中把握规律，不断

---

① 习近平：《提高防控能力着力防范化解重大风险　保持经济持续健康发展社会大局稳定》，《人民日报》2019 年 1 月 22 日，第 1 版。

积累经验、增长才干。要完善风险防控机制，建立健全风险研判机制、风险评估机制、风险防控协同机制、风险防控责任机制，主动加强协调配合，坚持一级抓一级、层层抓落实。

第二节　始终保持党同人民群众的血肉联系

密切党群关系作为党的优良作风和创造伟大成就的重要法宝，是我们党赢得革命、建设、改革开放和新时代胜利无比宝贵的历史经验总结，是新时代中国共产党带领中国人民接续奋斗、砥砺前行并续写新篇章的不竭动力。始终把人民“放在第一位”是中国共产党最鲜明的政治本色。毛泽东在党的七大的政治报告《论联合政府》中指出，我们共产党人区别于其他任何政党的一个显著的标志，就是和最广大的人民群众取得最密切的联系。①

习近平总书记深刻指出：“坚持一切为了人民、一切依靠人民，从群众中来、到群众中去，始终保持同人民群众的血肉联系，始终接受人民批评和监督，始终同人民同呼吸、共命运、心连心。”2021 年 11 月，党的十九届六中全会通过的《中共中央关于党的百年奋斗重大成就和历史经验的决议》总结党的百年奋斗的历史经验指出，“党的最大政治优势是密切联系群众”，“这是党立于不败之地的根本所在”，强调“全党必须永远保持同人民群众的血肉联系”。

习近平总书记指出：“我们党来自人民、扎根人民、造福人民，全心全意为人民服务是党的根本宗旨，必须以最广大人民根本利益为我们一切工作的根本出发点和落脚点。”②

一、保持党同人民群众血肉联系是党的优良传统和政治优势

政党是近代政治的产物，具有鲜明的阶级性，政党同人民群众的关系是判断政党性质的主要依据。马克思恩格斯提出无产阶级运动是绝大多数人的、为绝大多数人谋利益的独立的运动，共产党人没有任何同整个无产

---

① 中共中央文献研究室编：《毛泽东在七大的报告和讲话集》，中央文献出版社 1995 年版，第 93 页。

② 《习近平谈治国理政》第三卷，外文出版社 2020 年版，第 182 页。

阶级利益不同的利益。党群关系，与政党的政治权威、政治地位和事业布局密切相关，是衡量政党政治基础稳定与否的关键尺度。我们党来自于人民，党的根基和血脉在人民。为人民而生，因人民而兴，始终同人民在一起，为人民利益而奋斗，是我们党立党、兴党、强党的根本出发点和落脚点。我们党的百年历史，就是一部践行党的初心使命的历史，就是一部党与人民心连心、同呼吸、共命运的历史。大革命失败后，30 多万牺牲的革命者中大部分是跟随我们党闹革命的人民群众；红军时期，人民群众就是党和人民军队的铜墙铁壁；抗日战争时期，我们党广泛发动群众，使日本侵略者陷入了人民战争的汪洋大海；淮海战役胜利是靠老百姓用小车推出来的，渡江战役胜利是靠老百姓用小船划出来的；社会主义革命和建设的成就是人民群众干出来的；改革开放的历史伟剧是亿万人民群众主演的。历史充分证明，江山就是人民，人民就是江山，人心向背关系党的生死存亡。赢得人民信任，得到人民支持，党就能够克服任何困难，就能够无往而不胜。反之，我们将一事无成，甚至走向衰败。[①]

我们党来自人民、植根人民、服务人民，一旦脱离群众就会失去生命力。人民群众是我们党的力量之源和胜利之本。党性和人民性的高度统一，党和人民群众的关系血肉相连、不可分割。

历史和现实充分证明，我们党是全心全意为人民服务的党，是坚持立党为公、执政为民的党，始终保持同人民群众血肉联系是我们党的最大政治优势。离开这一政治优势，党的事业就不可能取得成功。党的十八大以来，以习近平同志为核心的党中央坚持一切为了人民、一切依靠人民，在密切党同人民群众联系方面采取了一系列富有开创性、战略性的重大举措，把十四亿多中国人民凝聚成推动中华民族伟大复兴的磅礴力量。经过持续努力，全党贯彻党的群众路线的自觉性和坚定性明显增强，党在群众中的威信和形象进一步树立，党心民心进一步凝聚，推动党和国家事业取得历史性成就、发生历史性变革。

习近平总书记指出："中国共产党始终代表最广大人民根本利益，与人民休戚与共、生死相依，没有任何自己特殊的利益，从来不代表任何利益集团、任何权势团体、任何特权阶层的利益。[②]"中国共产党是以马克思

---

① 《习近平谈治国理政》第四卷，外文出版社 2022 年版，第 511—512 页。

② 习近平：《在庆祝中国共产党成立 100 周年大会上的讲话》，《人民日报》2021 年 7 月 2 日，第 2 版。

主义为行动指南的无产阶级政党，全心全意为人民服务是党的根本宗旨。中国共产党是中国人民的最忠实的代言人，党和人民群众血肉相连，体现人民至上的根本政治立场。我们党自成立之日起，就把为中国人民谋幸福、为中华民族谋复兴确立为自己的初心使命，在长期实践中确立和坚持全心全意为人民服务的根本宗旨和党的群众路线，始终保持同人民群众的血肉联系。

在新民主主义革命时期，我们党进行了密切党群关系的开创性探索。当时，以毛泽东为代表的中国共产党人从中国的基本国情出发，使党和人民群众形成了血肉相连、水乳交融的密切关系，为赢得民族独立和人民解放奠定了坚实的群众基础。毛泽东在总结中国革命胜利经验时说，我们党有许多宝贵的革命经验，其中，最集中表现为其是“有马克思列宁主义理论武装的，采取自我批评方法的，联系人民群众的党”。[①] 中国共产党之所以能够团结带领全国各族人民取得中国革命的伟大胜利，与中国共产党坚持密切联系群众、坚持走群众路线是分不开的。密切党群关系是中国革命胜利的关键和重要法宝。党的一大通过的《中国共产党第一个纲领》明确提出，“承认苏维埃管理制度，要把工人、农民和士兵组织起来”。[②] 党的二大通过的《关于共产党的组织章程决议案》明确要求，“党的一切运动都必须深入到广大的群众里面去”。[③] 党的四大通过的《对于民族革命运动之议决案》指出，农民“是工人阶级之同盟者”。[④] 该论断的提出，标志着我们党对中国革命规律有了本质的认识，对人民群众的认识达到了崭新的高度，党的群众观点具备了初步轮廓。1927 年 10 月，中共中央和共青团中央在反对军阀战争的宣言中指出，党应当“扩大到工农群众之中去”，“更加和工农群众密切联系”。在土地革命战争、抗日战争和解放战争不同阶段，中国共产党人通过锻造过硬政治本领、培育优良工作作风、壮大革命统一战线等多种方式，与广大人民群众建立了“血肉联系”，与其他性

---

① 《毛泽东选集》第 4 卷，人民出版社 1991 年版，第 1480 页。

② 中国社会科学院现代史研究室、中国革命博物馆党史研究室选编：《“一大”前后——中国共产党第一次代表大会前后资料选编》，人民出版社 1980 年版，第 6 页。

③ 沈云锁、潘强恩主编：《共产党通史》（第三卷 · 上册），人民出版社 2011 年版，第 241 页。

④ 中共中央党史研究室：《中国共产党历史》（上卷），人民出版社 1991 年版，第 109 页。

质的政党形成了鲜明对比。因此党在同各类政治力量博弈时都能得到群众支持，从而牢牢把握战略主动权。1938 年 5 月，毛泽东在《论持久战》中提出了“兵民是胜利之本”的著名论断。1941 年，毛泽东要求全党要牢固树立群众观点。他说：“群众是真正的英雄，而我们自己往往是幼稚可笑的，不了解这一点，就不能得到起码的知识。”① 重庆谈判结束后，毛泽东同志在延安干部会上对党群关系作了形象生动的比喻：“我们共产党人好比种子，人民好比土地。我们到了一个地方，就要同那里的人民结合起来，在人民中间生根、开花。”② 把共产党人比作种子、广大人民群众比作土地，将党群关系形象比喻为种子与土地的关系，巧妙表达了共产党人与人民群众二者之间深度依存的关系。1945 年，毛泽东在《论联合政府》中进一步强调了“为人民服务”这一思想。他提出：“共产党人的一切言论行动，必须以合乎最广大人民群众的最大利益，为最广大人民群众所拥护为最高标准。”③ 要求党员干部全心全意为人民服务，要把维护最广大人民群众的利益作为最高标准，加强党同人民群众的血肉联系。

在社会主义革命和建设时期，党群关系得到全面塑造。随着新中国的成立和社会主义基本制度在中国的确立，在执政条件下坚持人民的主体地位、保证人民当家作主、继续保持党同人民群众的密切联系，引导党员干部树立全心全意为人民服务的意识、巩固新生的人民政权，成为党面临的重大任务。面对百废待兴的艰巨任务，党紧紧依靠人民群众，制定了正确的路线、方针、政策，领导人民群众取得了一系列重大胜利。“共产党是人民的大救星”成为亿万群众的心声，党群关系和谐融洽。一是确立人民当家作主地位。正如毛泽东在《共产党基本的一条就是直接依靠广大人民群众》中所指出的：“我们代表了无产阶级，代表了人民群众，打倒了人民的敌人，人民就拥护我们。”④ 在毛泽东看来，中国共产党的权力是人民赋予的，中国共产党掌握权力后，必须更好地代表人民群众的根本利益。二是提升党性。新中国成立初期，党组织规模和党员数量与革命战争年代相比显著扩大。中国共产党人敏锐地察觉到革命胜利后，党内存在脱离群

---

① 《毛泽东选集》第 3 卷，人民出版社 1991 年版，第 790 页。

② 《毛泽东选集》第 4 卷，人民出版社 1991 年版，第 1162 页。

③ 曲青山：《中国共产党百年辉煌》，人民出版社 2021 年版，第 56 页。

④ 《建国以来毛泽东文稿》第 12 册，中央文献出版社 1998 年版，第 581 页。

众的政治危险。1950 年，毛泽东同志在党的七届三中全会上提出，要通过全党范围的整风运动“改善党和人民的关系”。同时党也及时发现党员领导干部队伍中存在贪污腐化、贪图享乐、官僚做派等现象，进而通过领导“三反”等群众运动严肃查处损害党群关系的消极行为。1956 年，刘少奇同志在党的八大政治报告中提出，为了把我国建设成为一个伟大的社会主义国家，我们必须用最大的努力继续加强党和群众的团结。1957 年 4 月，中共中央发出《关于整风运动的指示》提出，加强党员干部自我修养，增强全心全意为人民服务的党性，增强党组织的凝聚力和战斗力，保持党的先进性和人民性本色。三是提出正确处理人民内部矛盾是加强党同人民群众联系的重要手段。新中国成立初期，我国在政治上的矛盾主要表现为敌我矛盾和人民内部矛盾。毛泽东指出：“敌我之间和人民内部这两类矛盾的性质不同，解决的方法也不同。”[①] 敌我矛盾是同人民的根本利益相对立的，只能采取专制的手段解决；而人民内部矛盾是非对抗性的矛盾，只能采取民主的方式解决。毛泽东根据矛盾的不同性质和表现形式，提出了“团结—批评—团结”的解决方法。正确处理人民内部矛盾的提出，有力团结一切可以团结的力量，推动社会主义建设不断向前发展。在大规模国家建设活动中，党领导人民群众坚持独立自主、自力更生的发展理念，充分发挥共产党员的先锋模范作用，激发各族群众的进步活力和奋斗精神，党同人民群众的血肉联系得到进一步深化，为党的长期执政创造了坚实基础。

在改革开放和社会主义现代化建设时期，党群关系不断发展。进入改革开放新时期，邓小平把群众路线和社会主义经济建设相结合，以切实维护人民的根本利益作为经济发展的最高目标。邓小平在《建设社会主义的物质文明和精神文明》一文中强调：“执政以后，一定要致力于发展生产力，并在这个基础上逐步提高人民的生活水平。”[②] 1992 年，邓小平在南方谈话中，提出了“三个有利于”标准，对计划和市场的关系进行了深刻论述，提出大力发展社会主义市场经济，不断提高人民物质生活和精神生活水平，逐步实现共同富裕。在探索改革开放前进道路的过程中，中国共产党人通过密切联系群众及时掌握真实情况，洞察时代发展大势，果断地把党和国家的工作重点转到以经济建设为中心的现代化建设上来，制定了

---

① 《毛泽东文集》第 7 卷，人民出版社 1999 年版，第 206 页。

② 《邓小平文选》第 3 卷，人民出版社 1993 年版，第 28 页。

一系列代表人民群众根本利益的路线、方针、政策，取得了改革开放和现代化建设的举世瞩目的伟大成就。我国国民经济建设取得较快发展，人民生活水平成倍增长，人民从中得到了实惠，人民群众对党的政策更加拥护，党在人民心目中的地位进一步提升，党群之间的鱼水关系进一步加强。同时，改革开放各项举措的顺利推进对新时期党群关系建设提出了新的更高要求。针对党内存在的脱离群众、搞特殊等不良风气，邓小平在改革开放之初即强调："我们必须恢复和发扬党的艰苦朴素、密切联系群众的优良传统。"为提升党群关系建设实效，党结合新时期管党治党新要求，从纪律层面要求党员密切联系群众。1980 年颁布的《关于党内政治生活的若干准则》明确要求党员应接受党和人民群众的监督，并针对党员密切联系群众设定了具体行为标准。江泽民提出："制定防止和惩治腐败的制度，使党风有根本好转，恢复和加强党同群众的密切联系。""全面加强党的建设，根本目的就在于保证我们党能够始终保持同人民群众的血肉联系。"[①] 面临世情、国情和党情的深刻调整，中国共产党人将密切联系群众作为新形势下管党治党的重要目标导向。胡锦涛强调，"密切联系群众是我们党的最大政治优势，脱离群众是我们党执政后的最大危险"，创造性提出了"以人为本、执政为民是马克思主义政党的生命根基和本质要求"。[②]

在中国特色社会主义新时代，党群关系取得创新发展。党的十八大以来，中国特色社会主义进入新时代，习近平总书记在继承马克思主义群众观点的基础上，开拓创新，与时俱进，提出了新时代适应我国发展的群众观。在十八届中央政治局第一次集体学习时，习近平总书记即强调，密切党群、干群关系，保持同人民群众的血肉联系，始终是我们党立于不败之地的根基。一个政党、一个政权，其前途和命运最终取决于人心向背。如果我们脱离群众、失去人民拥护和支持，最终也会走向失败。习近平总书记还指出："我们讲宗旨，讲了很多话，但说到底还是为人民服务这句话。我们党就是为人民服务的。中央的考虑，是要为人民做事。各级干部也不能眼睛总是向上。任何事情都要向上看看，向下看看。要经常问问自己，我们是不是在忙着与党的根本宗旨毫不相关的事情？有没有一心一意在为老百姓做事情？是不是在围绕党和国家中心任务而工作？古时候讲，食君

① 《江泽民文选》第 3 卷，人民出版社 2006 年版，第 187 页。
② 《胡锦涛文选》第 3 卷，人民出版社 2016 年版，第 475 页。

之禄，忠君之事。现在就是要服务人民。”① 习近平总书记还强调，“要把以人民为中心的发展思想体现在经济社会发展各个环节”。② 党的十八大以来，面对“两个大局”，中国共产党人与时俱进地创新党群关系建设的实践载体和制度设计。以习近平同志为核心的党中央通过执行中央八项规定、开展党的群众路线教育实践活动、保持反腐高压态势、着力纠正“四风”等一系列战略举措，有效解决危害党群关系的现实突出问题，党内政治生态和社会风气得到净化修复。伴随全面从严治党向基层延伸，广大人民群众更加切身感受到党勇于自我革命的政治勇气，党的凝聚力显著增强。创新制度安排是提升新时代党群关系建设实效的治标举措，党内法规制度体系的完善为新时代党群关系建设提供了充分的制度依据。根据2019年颁布的《党政领导干部考核工作条例》，密切联系群众作为作风建设的重要内容，被列入领导班子考核内容中。此外，《中国共产党地方委员会工作条例》《中国共产党农村工作条例》《中国共产党党和国家机关基层组织工作条例》《中国共产党统一战线工作条例》等党内法规的颁布实施，为各级党员密切联系群众提供了明确的工作导向。

二、全心全意为人民服务，永葆人民公仆的政治本色

保持党同人民群众血肉联系，关键是要以实际行动践行全心全意为人民服务的根本宗旨。习近平总书记指出，我们要始终牢记党的根本宗旨，从思想和感情深处真正把人民群众当主人、当先生，把自己看作人民群众的公仆和学生，自觉贯彻党的群众路线。“新的征程上，我们必须紧紧依靠人民创造历史，坚持全心全意为人民服务的根本宗旨，站稳人民立场，贯彻党的群众路线，尊重人民首创精神，践行以人民为中心的发展思想，发展全过程人民民主，维护社会公平正义，着力解决发展不平衡不充分问题和人民群众急难愁盼问题，推动人的全面发展、全体人民共同富裕取得更为明显的实质性进展！”③ 服务好人民群众，人民才会衷心拥护党的领导，全国上下才能团结一致，推进我国各项事业顺利开展。将人民群众当作主人，贯彻以人民为中心的理念，站稳人民立场，既是维护社会和谐稳

① 习近平：《论“三农”工作》，中央文献出版社2022年版，第30页。
② 《习近平谈治国理政》第二卷，外文出版社2017年版，第103页。
③ 《习近平谈治国理政》第四卷，外文出版社2022年版，第9页。

定发展的良方妙药，也是中国共产党百年发展历程的经验总结。

发展全过程人民民主，保障人民当家作主。必须坚持党的领导、人民当家作主、依法治国有机统一，积极发展全过程人民民主，健全全面、广泛、有机衔接的人民当家作主制度体系，构建多样、畅通、有序的民主渠道，丰富民主形式，从各层次、各领域扩大人民有序政治参与，使各方面制度和国家治理更好体现人民意志、保障人民权益、激发人民创造活力。全过程人民民主是社会主义民主政治的本质属性，是最广泛、最真实、最管用的民主。我们要健全人民当家作主制度体系，扩大人民有序政治参与，保证人民依法实行民主选举、民主协商、民主决策、民主管理、民主监督，发挥人民群众积极性、主动性、创造性，巩固和发展生动活泼、安定团结的政治局面。一是加强人民当家作主制度保障。坚持和完善我国根本政治制度、基本政治制度、重要政治制度，拓展民主渠道，丰富民主形式，确保人民依法通过各种途径和形式管理国家事务，管理经济和文化事业，管理社会事务。二是全面发展协商民主。协商民主是实践全过程人民民主的重要形式。完善协商民主体系，统筹推进政党协商、人大协商、政府协商、政协协商、人民团体协商、基层协商以及社会组织协商，健全各种制度化协商平台，推进协商民主广泛多层制度化发展。三是积极发展基层民主。基层民主是全过程人民民主的重要体现。四是巩固和发展最广泛的爱国统一战线。人心是最大的政治，统一战线是凝聚人心、汇聚力量的强大法宝。完善大统战工作格局，坚持大团结大联合，动员全体中华儿女围绕实现中华民族伟大复兴中国梦一起来想、一起来干。

增进民生福祉，提高人民生活品质。百年党史表明，中国共产党坚持立党为公、执政为民的本质要求就是为民造福，想群众之所想，急群众之所急，努力为人民群众办好每一件实事，增进民生福祉，不断提高人民生活品质。改革开放以后，我国人民生活显著改善，社会治理明显改进。同时，随着时代发展和社会进步，人民对美好生活的向往更加强烈，对民主、法治、公平、正义、安全、环境等方面的要求日益增长。要贴近群众实际感受谋划推进各项工作，坚定不移在发展中保障和改善民生。习近平总书记指出："人民对美好生活的向往，就是我们的奋斗目标。①"习近平总书记强调，让人民生活幸福是"国之大者"，我们推动经济社会发展，

① 习近平：《必须坚持人民至上》，《求是》2024 年第 7 期。

归根到底是为了不断满足人民群众对美好生活的需要；必须把为民造福作为最重要的政绩，不断增强人民群众获得感、幸福感、安全感。必须以保障和改善民生为重点加强社会建设，尽力而为、量力而行，一件事情接着一件事情办，一年接着一年干，在幼有所育、学有所教、劳有所得、病有所医、老有所养、住有所居、弱有所扶上持续用力，加强和创新社会治理，使人民获得感、幸福感、安全感更加充实、更有保障、更可持续。江山就是人民，人民就是江山。中国共产党领导人民打江山、守江山，守的是人民的心。治国有常，利民为本。为民造福是立党为公、执政为民的本质要求。必须坚持在发展中保障和改善民生，鼓励共同奋斗创造美好生活，不断实现人民对美好生活的向往。我们要实现好、维护好、发展好最广大人民根本利益，紧紧抓住人民最关心、最直接、最现实的利益问题，坚持尽力而为、量力而行，深入群众、深入基层，采取更多惠民生、暖民心举措，着力解决好人民群众急难愁盼问题，健全基本公共服务体系，提高公共服务水平，增强均衡性和可及性，扎实推进共同富裕。一是完善分配制度。分配制度是促进共同富裕的基础性制度。深化收入分配制度改革，扩大中等收入群体比重，增加低收入群体收入，加快形成“橄榄形”分配格局。坚持按劳分配为主体、多种分配方式并存，构建初次分配、再分配、第三次分配协调配套的制度体系。二是实施就业优先战略。就业是最基本的民生。强化就业优先政策，健全就业促进机制，促进高质量充分就业。三是健全社会保障体系。社会保障体系是人民生活的安全网和社会运行的稳定器。健全覆盖全民、统筹城乡、公平统一、安全规范、可持续的多层次社会保障体系。四是推进健康中国建设。人民健康是民族昌盛和国家强盛的重要标志。把保障人民健康放在优先发展的战略位置，完善人民健康促进政策。

让全体人民共享改革发展成果，促进共同富裕。习近平总书记指出，着力践行以人民为中心的发展思想，体现了我们党全心全意为人民服务的根本宗旨，体现了人民是推动发展的根本力量的唯物史观；坚持发展为了人民、发展依靠人民、发展成果由人民共享，不断推动全体人民共同富裕取得更为明显的实质性进展。共享是中国特色社会主义的本质要求，是坚持党的根本宗旨的应有之义。共享理念实质就是坚持以人民为中心的发展思想，要坚持全民共享、全面共享、共建共享、渐进共享。共同富裕是中国特色社会主义的本质要求，也是一个长期的历史过程。我们坚持把实现人民对美好生活的向往作为现代化建设的出发点和落脚点，着力维护和促进社会公平正义，着力促进全体人民共同富裕，坚决防止两极分化。维护人民根本利益，增进民生福祉，让现代化建设成果更多更公平惠及全体人民。坚持共享发展理念，增强人民群众的获得感，使人民群众获得实实在在的利益。党的十八大以来，习近平总书记多次强调共产党人要不忘初心。他指出，我们伟大的发展成就由人民创造，应该由人民共享。这是习近平总书记在马克思主义党群关系思想上的重大发展与创新。习近平总书记强调，全面落实以人民为中心的发展思想，扎实推进共同富裕。实现全体人民共同富裕，从根本上体现了党的初心使命、性质宗旨，体现了我国社会主义制度的优越性，有利于激发全体人民的积极性、主动性、创造性，有利于增强党的凝聚力、向心力、号召力。习近平总书记还多次指出，社会发展的平均数只会掩盖贫富差距不断扩大的本质，而忽略发展不平衡的大多数，实现共同富裕意味着 14 亿人要携手前进。

切实解决群众急难愁盼问题。党的二十大报告指出，问题是时代的声音，回答并指导解决问题是理论的根本任务。党中央强调，人民对美好生活的向往就是我们的奋斗目标，增进民生福祉是我们坚持立党为公、执政为民的本质要求，让老百姓过上好日子是我们一切工作的出发点和落脚点，补齐民生保障短板、解决好人民群众急难愁盼问题是社会建设的紧迫任务。解决好人民群众急难愁盼问题就是要紧紧聚焦人民群众最关心、最直接、最现实的问题，比如就业、教育、医疗、社保、住房、养老、食品安全、生态环境、社会治安等方面的突出问题。总之，急难愁盼问题是为民服务的着力点。人民群众急难愁盼问题纷繁复杂，因人而异、因时而异、因地而异，需要对造成人民群众急难愁盼问题的原因进行认真分析、仔细研究，深入落实党中央各项惠民政策，提出针对性对策，使问题及时得到解决，真正使人民群众感受到党和政府政策有温度、有效率，不断增强群众的获得感、幸福感、安全感。老问题解决了还会有新问题不断产生，要密切关注和及时掌握新情况，丰富解决问题的工具箱。深化拓展“我为群众办实事”实践活动成果，推动为群众办实事制度化、常态化。

创新群众工作制度机制和方式方法。习近平总书记指出，群众工作是我们的看家本领，我们党靠群众工作起家，同样要靠群众工作实现长期执政。党的全部执政活动，离不开强有力的群众工作。党的十八大以来，广大党员干部服务群众的自觉性明显增强，成效越来越好。同时也要看到，群众工作的对象、环境、内容都在发生深刻变化，迫切需要把握新形势下群众工作的特点和规律，提高做好群众工作的本领。党的二十大报告要求，我们要增强问题意识，聚焦实践遇到的新问题、改革发展稳定存在的深层次问题、人民群众急难愁盼问题、国际变局中的重大问题、党的建设面临的突出问题，不断提出真正解决问题的新理念、新思路、新办法。因此，为群众服好务、做好群众工作，既要站稳立场、端正态度，又要提高能力和水平。全党必须适应新形势下群众工作的新特点、新要求，创新群众工作体制机制，改进群众工作方式方法，虚心向群众学习，诚心接受群众监督，更好地组织群众、宣传群众、教育群众、服务群众，凝聚起全面建设社会主义现代化国家的强大力量。要顺应群众工作规律，善用群众乐于接受的工作方法。习近平总书记指出，做群众工作，要坚持实事求是，了解实际，掌握实情，尤其对群众最盼、最急、最忧、最怨的问题，更要主动调研，抓住不放，真正听到实话、察到实情、获得真知、收到实效。在此基础上，要深入思考研究，把零散的认识系统化，粗浅的认识深刻化，直至找到事物的本质规律，找到解决问题的正确方法。习近平总书记指出，新形势下要创新群众工作方法，要以正确的方式方法为保障，不断提高群众工作水平，强调领导干部要以身作则，“我们不舒服一点、不自在一点，老百姓的舒服度就好一点，满意度就高一点，对我们的感觉就好一点”。“领导带头，层层示范，是做好各项工作的重要方法。”提出要重视人情人性，要将心比心、换取真心。也要过好人情关，正确处理好人际关系，做到既有人情味，也按原则办。强调要选好先进典型，发挥好先进典型的激励带动作用。强调要突出重点，抓住要害和关键，点准穴位，打准靶子；既抓思想引导又抓行为规范；强化组织管理和群众监督，形成强大势场。强调要充分运用网络化、智能化方式推进群众工作，提高群众工作的实效等。这些论述不是单纯对密切党群关系进行抽象概括和逻辑推演，而是来自实践检验的科学方法，具有鲜明的时代性、科学性、实效性，为当前和今后做好群众工作提供了方法论指导。

第三节　坚决打赢反腐败斗争攻坚战、持久战

党中央强调，腐败是党长期执政的最大威胁，反腐败是一场输不起也

决不能输的重大政治斗争。堡垒最容易从内部被攻破。从某种意义上说，自从党成立以来，我们党面临的最大风险是内部变质、变色、变味，丧失马克思主义政党的政治本色，背离党的宗旨而失去最广大人民支持和拥护。党的百年历史，也是我们党不断保持党的先进性和纯洁性，不断防范被瓦解、被腐化的危险的历史。要教育引导全党通过总结历史经验教训，着眼于解决党的建设的现实问题，不断提高党的领导水平和执政水平、增强拒腐防变和抵御风险能力，确保我们党在世界形势深刻变化的历史进程中始终走在时代前列，在应对国内外各种风险挑战的历史进程中始终成为全国人民的主心骨，在坚持和发展中国特色社会主义的历史进程中始终成为坚强领导核心。①

腐败是人类社会一种共有现象，古今中外都有发生。评价一个政党、一个政权是否廉洁，要从这个政党、政权对待腐败的立场来看。我们党是始终代表最广大人民根本利益的马克思主义政党，没有自己特殊的利益，也从来不代表任何利益集团、任何权势团体、任何特权阶层的利益，同腐败水火不容，反对腐败是党一贯的政治立场。历史和现实都告诉我们，只要拥有权力，就有被腐蚀的风险。要清醒看到，腐败是党内各种不良因素长期积累、持续发酵的体现，反腐败就是同各种弱化党的先进性、损害党的纯洁性的病原体做斗争。这种斗争极其复杂、极其艰难，容不得丝毫退让妥协，必须始终保持正视问题的勇气和刀刃向内的坚定，坚决割除毒瘤、清除毒源、肃清流毒，以党永不变质确保红色江山永不变色。

党的十八大以来，经过坚决斗争，全面从严治党的政治引领和政治保障作用充分发挥，党的自我净化、自我完善、自我革新、自我提高能力显著增强，管党治党宽松软状况得到根本扭转，反腐败斗争取得压倒性胜利并全面巩固，消除了党、国家、军队内部存在的严重隐患，党在革命性锻造中更加坚强。

今天，党通过前所未有的反腐倡廉斗争，赢得了保持同人民群众的血肉联系、人民衷心拥护的历史主动，赢得了全党高度团结统一、走在时代前列、带领人民实现中华民族伟大复兴的历史主动。

---

① 《习近平谈治国理政》第四卷，外文出版社2022年版，第513—514页。

一、反腐败是最彻底的自我革命

腐败是最容易颠覆政权的问题，反腐败是最彻底的自我革命。古人说："胸中正，则眸子瞭焉；胸中不正，则眸子眊焉。"对党风廉政建设和反腐败斗争，首先要从政治上看，才能看得更明白。为了增强党员、干部预防腐败的免疫能力，警示党员、干部自觉抵制腐败、杜绝腐败、远离腐败，必须对腐败的政治危害性进行深入分析，引起全党高度的政治警觉。

党的十八大以来，习近平总书记反复强调开展反腐败斗争首先要从政治上看，主要有五个方面的要求。一是腐败问题对党的执政基础破坏力最大、杀伤力也最大，是最容易颠覆政权的问题，是党面临的最大威胁，反腐败斗争是一场输不起也决不能输的重大政治斗争，必须决战决胜。二是反对腐败、建设廉洁政治，是我们党一贯坚持的鲜明政治立场，是坚持党的性质和宗旨的必然要求，是党自我革命必须长期抓好的重大政治任务，必须亮明党坚决反对腐败的旗帜，让腐败分子在党内没有藏身之地。三是政治腐败是最大的腐败，必须消除党内政治隐患，坚决防止党内形成利益集团，如果党的权力被他们攫取、党的领导干部成了他们的代理人甚至自己就搞利益集团，红色江山就会改变颜色。四是民心是最大的政治，人民群众最痛恨腐败，不得罪成百上千的腐败分子，就要得罪十四亿人民，这是一笔再明白不过的政治账、人心向背账，必须坚持以正风肃纪反腐凝聚党心军心民心，厚植党执政的政治基础。五是党风廉政建设和反腐败斗争永远在路上，必须以抓铁有痕、踏石留印的坚韧和执着，打好这场攻坚战、持久战，使党永葆清正廉洁的政治本色。

从党风廉政建设和反腐败斗争上看，提高政治判断力，就是要以国家政治安全为大、以人民为重、以坚持和发展中国特色社会主义为本，深刻认识各类腐败问题的政治本质和政治危害，清醒辨别行为是非，有效抵御风险挑战，保证红色江山永不变色；提高政治领悟力，就是要从政治上领会好、领会透党中央关于党风廉政建设和反腐败斗争的精神，牢牢把握党中央关于全面从严治党的重大方针、重大原则、重点任务的政治内涵，自觉同党中央保持高度一致；提高政治执行力，就是要按照党中央指明的政治方向、确定的前进路线开展党风廉政建设和反腐败斗争，经常对表对标，及时校准偏差，强化责任意识，确保落实到位。各级党员、干部特别是领导干部都要坚定党性立场，加强党性修养，心怀“国之大者”，遇到问题、作出决策、处理工作首先要从政治上想一想，对照党章、党内政治生活准则、党纪处分条例举一反三，看准能不能干、该不该做，在风浪考验中立得住脚，在诱惑“围猎”面前定得住神，始终做政治上的明白人。正所谓“德不优者，不能怀远；才不大者，不能博见”。

腐败问题和政治问题往往是相伴而生、相互交织、相互渗透的，腐败分子往往集政治蜕变、经济贪婪、生活腐化、道德败坏、作风专横于一身。党的十八大以来，党中央坚持不懈严明政治纪律和政治规矩，强化政治监督，严肃党内政治生活，深入开展政治巡视，查办案件首先从政治问题查起，不断净化党内政治生态，推动反腐败斗争取得压倒性胜利并全面巩固，我们党在解决党内突出矛盾和问题中净化纯洁。①

二、提高一体推进“三不腐”能力和水平

勇于自我革命是党百年奋斗培育的鲜明品格。在各个历史时期，党坚持严于管党治党。进入新时代，我们就推进反腐败斗争提出一系列新理念、新思想、新战略，把全面从严治党纳入“四个全面”战略布局，探索出依靠自我革命跳出历史周期率的有效途径。“为政者，莫善于清其吏也。”党深刻认识到，反腐败斗争关系民心这个最大的政治，是一场输不起也决不能输的重大政治斗争。

习近平总书记指出，要保持反腐败政治定力，不断实现不敢腐、不能腐、不想腐一体推进的战略目标。我们必须清醒认识到，腐败和反腐败较量还在激烈进行，并呈现出一些新的阶段性特征，防范形形色色的利益集团成伙作势、“围猎”腐蚀还任重道远，有效应对腐败手段隐形变异、翻新升级还任重道远，彻底铲除腐败滋生土壤、实现海晏河清还任重道远，清理系统性腐败、化解风险隐患还任重道远。我们要保持清醒头脑，永远吹冲锋号，牢记反腐败永远在路上。只要存在腐败问题产生的土壤和条件，腐败现象就不会根除，我们的反腐败斗争也就不可能停歇。领导干部特别是高级干部要带头落实关于加强新时代廉洁文化建设的意见，从思想上固本培元，提高党性觉悟，增强拒腐防变能力。领导干部要增强政治敏

---

① 习近平：《论党的自我革命》，党建读物出版社、中国方正出版社、中央文献出版社 2023 年版，第 305—307 页。

锐性和政治鉴别力。领导干部特别是高级干部一定要重视家教家风，以身作则管好配偶、子女，本分做人、干净做事。①

党的十八大以来，反腐力度和规模之大，在中国历史和世界历史上都没有过。我们坚持祛腐必净、除恶务尽、上不封顶，大刀阔斧惩治腐败，清除了大量腐败分子，但这些人在党的队伍中只是极少数，不能因极少数腐败而否定我们整个党、整个政权。我们在反腐败斗争中取得了显著成效、积累了重要经验。一是构建起党全面领导的反腐败工作格局，健全了党中央统一领导、各级党委统筹指挥、纪委监委组织协调、职能部门高效协同、人民群众参与支持的反腐败工作体制机制。二是从治标入手，把治本寓于治标之中，让党员干部因敬畏而“不敢”、因制度而“不能”、因觉悟而“不想”。三是始终坚持严的主基调不动摇，以零容忍态度惩治腐败，坚决遏制增量、削减存量，严肃查处阻碍党的理论和路线方针政策贯彻执行、严重损害党的执政根基的腐败问题，坚决清除对党阳奉阴违的两面人、不收敛不收手的腐败分子，深化重点领域反腐败工作，态度不变、决心不减、尺度不松。四是扎紧防治腐败的制度笼子，形成了一整套比较完善的党内法规体系和反腐败法律体系，增强制度刚性，防止“破窗效应”，贯通执纪执法，强化综合效能，确保各项法规制度落地生根。五是构筑拒腐防变的思想堤坝，用理想信念强基固本，用党的创新理论武装全党，用优秀传统文化正心明德，补足精神之“钙”，铸牢思想之“魂”，筑牢思想道德防线。六是加强对权力运行的制约和监督，深化党的纪律检查体制改革、国家监察体制改革，实现党内监督全覆盖、对公职人员监察全覆盖，强化党的自我监督和群众监督，把发现问题、推动整改、促进改革、完善制度贯通起来，教育引导党员干部秉公用权、依法用权、廉洁用权、为民用权。

党中央对反腐败斗争形势的总体判断有两个方面：一个是“取得压倒性胜利并全面巩固”，另一个是“形势依然严峻复杂”。我们对腐败的顽固性和危害性绝不能低估，如果严的主基调稍有放松，不正之风和腐败就会卷土重来，压倒性胜利的成果就会前功尽弃。所以，我们必须将反腐败斗争进行到底。

党的二十大报告指出，腐败是危害党的生命力和战斗力的最大毒瘤，

---

① 《习近平谈治国理政》第四卷，外文出版社 2022 年版，第 551 页。

反腐败是最彻底的自我革命。只要存在腐败问题产生的土壤和条件，反腐败斗争就一刻不能停，必须永远吹冲锋号。坚持不敢腐、不能腐、不想腐一体推进，同时发力、同向发力、综合发力。以零容忍态度反腐惩恶，更加有力遏制增量，更加有效清除存量，坚决查处政治问题和经济问题交织的腐败，坚决防止领导干部成为利益集团和权势团体的代言人、代理人，坚决治理政商勾连破坏政治生态和经济发展环境问题，决不姑息。深化整治权力集中、资金密集、资源富集领域的腐败，坚决惩治群众身边的“蝇贪”，严肃查处领导干部配偶、子女及其配偶的亲属和身边工作人员利用影响力谋私贪腐问题，坚持受贿行贿一起查，惩治新型腐败和隐性腐败。深化反腐败国际合作，一体构建追逃防逃追赃机制。深化标本兼治，推进反腐败国家立法，加强新时代廉洁文化建设，教育引导广大党员、干部增强不想腐的自觉，清清白白做人、干干净净做事，使严厉惩治、规范权力、教育引导紧密结合、协调联动，不断取得更多制度性成果和更大治理效能。

知其理，方能得其法；得其法，方能善其治。一体推进不敢腐、不能腐、不想腐，必须三者同时发力、同向发力、综合发力，把不敢腐的强大震慑效能、不能腐的刚性制度约束、不想腐的思想教育优势融于一体，用“全周期管理”方式，推动各项措施在政策取向上相互配合、在实施过程中相互促进、在工作成效上相得益彰。尤其要抓好以下重点工作。

第一，健全党领导反腐败斗争的责任体系。要加强党中央对反腐败工作的集中统一领导，发挥党的政治优势、组织优势、制度优势，压实各级党委（党组）全面从严治党主体责任特别是“一把手”第一责任人责任，贯通落实相关职能部门监管职责，健全各负其责、统一协调的管党治党责任格局。要把反腐败斗争同党的政治建设、思想建设、组织建设、作风建设、纪律建设、制度建设贯通协同起来，发挥政治监督、思想教育、组织管理、作风整治、纪律执行、制度完善在防治腐败中的重要作用，打好总体战。

第二，全面打赢反腐败攻坚战、持久战。要保持零容忍的警醒、零容忍的力度，统筹推进各领域反腐败斗争，让那些反复发作的老问题逐渐减少直至不犯，让一些滋生的新问题难以蔓延，坚决把增量遏制住、把存量清除掉。要准确把握腐败阶段性特征和变化趋势，聚焦重点领域和关键环节，坚定不移“打虎”“拍蝇”“猎狐”，坚决清理风险隐患大的行业性、系统性腐败，有效防范化解腐败风险及关联性经济社会风险。各地区各部门要紧密结合实际，对自身政治生态状况进行深入分析，找准腐败的突出表现、重点领域、易发环节，有针对性地集中整治，全力攻坚、务求实效。

第三，完善防治腐败滋生蔓延的体制机制。要从源头着手，完善管权治吏的体制机制，更加常态化、长效化地防范和治理腐败问题。要着力减少腐败机会，抓住政策制定、决策程序、审批监管、执法司法等关键权力，严格职责权限，规范工作程序，强化权力制约，减少权力对微观经济活动的不当干预。要有效防止腐败滋长，把反腐败防线前移，加强日常管理监督，精准运用“四种形态”，抓早抓小、防微杜渐、层层设防。要弘扬党的光荣传统和优良作风，开展有针对性的党性教育、警示教育，用廉洁文化滋养身心，建立符合新时代新阶段要求的干部考核评价体系，注重对年轻干部的教育引导。要建立腐败预警惩治联动机制，加强对腐败手段隐形变异、翻新升级等新特征的分析研究，提高及时发现、有效处理腐败问题的能力。

第四，健全系统集成、协同高效的监督体系。要深化党和国家监督体制改革，以党内监督为主导，促进各类监督力量整合、工作融合，强化对权力监督的全覆盖、有效性，确保权力不被滥用。要完善党内法规体系、国家法律体系，加快完善反腐败涉外法律法规。要严格执行制度，把遵规守纪内化为党员、干部的思想自觉和政治自觉。进行自我革命也要注重依靠人民。毛泽东同志就如何跳出历史周期率提出“让人民监督政府”的第一个答案，新时代我们又提出了“自我革命”的第二个答案，两个答案都要求我们依靠人民群众支持和帮助解决自身问题。

第五，坚持从党中央做起、从高级干部严起。古人说：“大臣不廉，无以率下，则小臣必污；小臣不廉，无以治民，则风俗必坏。”全面从严治党、推进反腐败斗争，必须从领导干部特别是高级干部严起。职位越高、权力越大，就越要有敬畏之心、越要严于律己。领导干部特别是高级干部要管好自身，还要管好家人亲戚、管好身边人身边事、管好主管分管领域风气，在营造风清气正的政治生态、形成清清爽爽的同志关系和规规矩矩的上下级关系、坚持亲清政商关系、营造向上向善的社会环境等方面带好头、尽好责。中央政治局的同志在严于律己上必须坚持最高标准，要求全党做到的要率先做到，要求全党不做的要坚决不做。

“将欲治人，必先治己。”监督者，自身要接受监督；执纪者，自身要严守纪律；反腐者，自身要廉洁不腐。纪检监察机关要主动应对反腐败斗争新形势、新挑战，深化对管党治党规律、反腐败斗争规律的认识，不断提高工作能力和水平，主动接受党内和社会各方面的监督，以自我革命精神坚决防止“灯下黑”。纪检监察干部要做到忠诚坚定、无私无畏，始终以党性立身，秉公执纪、谨慎用权，敢于善于斗争，真正做到让党中央放心、让人民群众满意。[①]

2024 年 1 月 8 日，习近平总书记在中国共产党第二十届中央纪律检查委员会第三次全体会议上强调，我们对反腐败斗争的新情况、新动向要有清醒认识，对腐败问题产生的土壤和条件要有清醒认识，以永远在路上的坚韧和执着，精准发力、持续发力，坚决打赢反腐败斗争攻坚战、持久战。

---

① 习近平：《论党的自我革命》，党建读物出版社、中国方正出版社、中央文献出版社 2023 年版，第 339—345 页。

第八章　织牢政治安全防护网

政治安全是国家安全的根本。如果政治安全得不到保障，国家必然会陷入四分五裂、一盘散沙的局面，中华民族伟大复兴就无从谈起。① 新形势下，我国面临复杂多变的发展和安全环境，各种可以预见和难以预见的风险因素明显增多，迫切需要织牢政治安全防护网，及时消除各种政治隐患，防止非政治风险蔓延扩大为政治风险，最终危及党的执政地位、危及国家安全。

第一节　严密防范抵御“颜色革命”

新中国成立以来，新生的社会主义政权就处在敌对势力的封锁、遏制之下，社会主义和资本主义两种意识形态、两种制度的较量始终未曾停歇。直到现在，各种敌对势力也从来没有停止对我国实施“西化、分化战略”，从来没有停止对中国共产党领导和我国社会主义制度进行颠覆破坏活动，始终企图在我国策划“颜色革命”。习近平总书记警醒全党：“如果哪天在我们眼前发生‘颜色革命’那样的复杂局面，我们的干部是不是都能毅然决然站出来捍卫党的领导、捍卫社会主义制度?”② 在防范抵御“颜色革命”这个问题上，我们要时刻保持如履薄冰的谨慎，时刻保持居安思危的忧患，绝不能犯战略性、颠覆性错误，绝不能有任何含糊和动摇。

---

① 中共中央宣传部、中央国家安全委员会办公室：《总体国家安全观学习纲要》，学习出版社、人民出版社 2022 年版，第 58 页。

② 《习近平谈治国理政》，外文出版社 2014 年版，第 415 页。

一、“颜色革命”的概念、特征和深层原因

所谓“颜色革命”，是指21世纪以来，在东欧、高加索、中亚、北非和西亚等地区发生的以颜色命名、以“非暴力”或“可控混乱”[①] 形式进行的政权更迭运动。[②] 其实质是外部势力通过各种手段在有关国家进行各领域渗透、培植政治反对派并鼓励利用社会矛盾推翻现政权的一种政治颠覆活动，也是20世纪一些国家“和平演变”战略的延续。

“颜色革命”的主要特征：一是以制度改造为理想目标。西方国家常把“颜色革命”与“第三波民主化浪潮”联系在一起，看作全球民主化运动的一种表现形式。根据这个标准，只有发生以西方政治制度为理想目标的街头抗争运动才被称为“颜色革命”。而发生在西方国家的街头抗争运动，无论有多激烈，如美国2011年发生的“占领华尔街”运动、法国2012年发生的街头动乱、英国2014年的“占领民主”运动，都不会被西方国家认定为“颜色革命”。

二是以“非暴力”为主要形式。“颜色革命”通常采取大规模的街头游行或广场集会抗争给现政权施加巨大压力，并最终促使现政权崩溃。这种街头政治形式与过去以军事斗争方式推翻政权不同，因此“颜色革命”也被称为“非暴力革命”。不过，“颜色革命”鼓吹的“非暴力”只是在用一种似是而非的说辞曲解暴力含义，蒙蔽社会大众。它有意把暴力狭义地界定为用武装力量攻击政府，而把用暴力强行占领街头和公共场所的行动说成是非暴力的。

三是以颠覆政权为行动诉求。虽然自称为“非暴力革命”，但“颜色革命”并非和平变革，而是试图通过“非暴力”手段颠覆国家政权和根本制度。所以，即使是最温和的“颜色革命”也不同于最激进的社会改革。“颜色革命”颠覆的是一个国家的政权和根本制度，而改革则是在既有政

---

① “可控混乱”原属物理学范畴，指一个开放体系中，在“有序”和“混乱”两种状态之间，还存在“秩序失衡”和“可控混乱”的中间状态。20世纪七八十年代，该理论首先被用于企业危机管理，随后被引入国际政治领域。“可控混乱”的核心思想是：美国应利用其通信和全球动员能力，在对象国各领域制造、复制和扩散混乱，摧毁其独立自主的基础，使之陷入混乱，开启转型，借以维护美国的利益和安全。

② 全国干部培训教材编审指导委员会编写：《全面践行总体国家安全观》，人民出版社、党建读物出版社2019年版，第83—84页。

权的领导下修正和完善国家的基本制度。[①]

“颜色革命”爆发的深层次原因：首先，“颜色革命”是冷战的遗迹和余震。冷战是1947—1991年，美国、北约为主的资本主义阵营与苏联、华约为主的社会主义阵营之间的政治、经济、军事对抗，最终以苏联解体、东欧剧变为标志结束。冷战结束后，被胜利冲昏头脑的西方国家开始疯狂输出“自由民主制度”，推行“民主扩张”战略，不仅威逼“非民主国家”进行“民主化改造”，也伺机推进“民主欠发达国家”的“民主化升级”，以达到西方标准。如果把苏联解体比喻为一次国际政治大地震，那么连续发生的“颜色革命”就是冷战终结后持续不断的余震。

其次，“颜色革命”是以西方制度为圭臬的单一化政治思维的结果。无论是格鲁吉亚的“玫瑰革命”（2003年）、乌克兰的“橙色革命”（2004年），还是吉尔吉斯斯坦的“黄色革命”（2005年），都有一个共同特征，就是发动者将西方自由民主制度奉为圭臬，加以效仿。然而，西方制度这张药方并不能包治百病。各国国情不同，政治制度、价值观念、文化传统、发展条件与国际处境甚至矛盾的症结都不同，照搬西方的发展道路与政治制度模式，不仅不能达到社会变革的目的和民主的期望，反而会导致国家的乱局。乌克兰就是典型案例。“颜色革命”后，乌克兰政治长期动荡，腐败不治，经济乏力，民众关切的问题始终没有得到解决，最终从苏联的“工业之花”沦为欧洲最贫穷国家。

最后，经济全球化、社会信息化的加速发展成为“颜色革命”的重要诱因。诚然，许多国家在政治、经济、社会等方面确实积累了许多矛盾，呼唤改革，但这些矛盾不是短期之内形成的，何以突然以“颜色革命”的方式爆发呢？有些被视为“专制独裁”的领导人甚至统治国家几十年了，又何以一夜之间被街头政治推翻呢？另外，何以“颜色革命”的发生呈现为浪潮式运动的“集体现象”？思考这些问题，不可忽视“颜色革命”发生的一个基本背景，就是冷战后加速到来的经济全球化。经济全球化改变了信息的传播方式，信息传播的即时性使得一国爆发的“颜色革命”具有的“示范效应”被强化，从而容易出现集体联动性。同时，经济全球化使国家间竞争加剧，深化了一国之内原有的矛盾，互联网与新媒体进一步将

① 寒竹：《不能掉入“颜色革命”陷阱》，《人民日报》2015年6月14日，第5版。

这种矛盾夸大并进行密集传播，对变革的呼唤往往在极短时间里即可形成较大声势。

二、西方国家策动“颜色革命”的主要模式

“颜色革命”是西方国家实现地缘政治和经济目标的惯用手段。它以推动反西方政权更迭为目标，通过不断煽风点火，甚至人为制造流血事件，加剧政府与民众对抗，给政府不断施压，最终颠覆政权，将目标国纳入西方政治经济版图，顺从西方主导的全球政治经济秩序和安全秩序。

第一，采取各种手段进行意识形态渗透。现代国家意识形态在社会发展中发挥着重要的作用。马克思曾强调：“如果从观念上来考察，那么一定的意识形态的解体足以使整个时代覆灭。”① 在策划“颜色革命”过程中，西方国家非常重视意识形态领域的渗透。一类是直接渗透，就是灌输美国的价值观，美化美国式的民主、自由，让广大群众潜移默化地认同美国的政治经济制度，为有朝一日建立亲美政权奠定思想基础；一类是间接渗透，就是丑化现政权并妖魔化，煽动群众不满，为“颜色革命”进行舆论造势。②

例如，“9·11”事件前，美国国际开发署就开始布局埃及“颜色革命”，每年在推动埃及“民主化”方面的开支大约有2000万美元，主要集中在法治和公民社会领域，重点对象是智库和媒体。“9·11”事件后，美国加大援助力度，在“中东伙伴倡议”框架内，将年度资助金额从2000年的5亿美元增加到2005年的20亿美元，而埃及是重点资助对象之一。埃及的一些政府人员、军人、研究人员接受西方资助后，主动或被动接受并传播西方观点和主张。这种长期而隐蔽的意识形态渗透，使埃及的传统社会结构和民众心理受到侵蚀，为2011年政治动荡埋下伏笔。③

第二，发展本土代理人使其充当“急先锋”。在培养代理人的过程中，

---

① 中共中央马克思恩格斯列宁斯大林著作编译局编译：《马克思恩格斯文集》第8卷，人民出版社2009年版，第170页。

② 傅宝安、吴才焕、丁晓强编：《“颜色革命”：挑战与启示》，江西人民出版社2006年版，第84页。

③ 田文林：《2011年埃及动荡：意识形态渗透埋下动荡伏笔》，《人民日报》2022年9月21日，第14版。

美国将外国领导人或重要政党，特别是反对党的领袖人物作为重点对象。美国大使或公使以及高级外交官往往亲自出面，或经常拜访，或举行招待会、宴会，通过长期接触，物色和培养代理人。独联体国家许多反政府的党派和著名反对派人物都与美国渊源颇深。哈萨克斯坦的前总理卡热格尔金、俄罗斯的前总理卡西亚诺夫都是在访美后宣布自己作为反对派参加总统选举的。吉尔吉斯斯坦爆发“颜色革命”前，美国官员和驻吉大使不但公开与吉尔吉斯斯坦各反对派领导人接触，还去监狱探望在押的反对派领导人库洛夫，以示支持。美国政府在吉尔吉斯斯坦反对派筹备 2004 年和 2005 年的地方、议会和总统选举过程中为其提供培训和援助；在出现分裂时，甚至做工作促其弥合分歧。①

近年来，美国对外政策的单边主义、霸权主义凸显，其助推的“颜色革命”也花样翻新、升级换代，进入 2.0 时代，表现在：从借助“街头政治”力量转向破坏宪法程序，直接扶植反对派上台。在委内瑞拉政治风波中，反对派始终拿不出马杜罗存在竞选舞弊嫌疑的有力证据，煽动的“街头政治”旷日持久，渐渐引起民众反感。而此时，美国置委内瑞拉宪政和法定程序于不顾，公然纠集多个国家直接承认反对派领导人瓜伊多为“临时总统”，从政治上、舆论上赋予反对派“合法性”，压迫委内瑞拉重新举行大选，使委内瑞拉的政治危机持续升级，政权被颠覆的风险上升。②

第三，借助网络技术为社会动荡推波助澜。21 世纪以来，互联网作为推动“改朝换代”的工具，在“颜色革命”中的“孵化器”“助推器”作用越来越突出。尤其是发展中国家互联网普及率和青年网民人数不断增加，网络巨大的政治宣传功能和政治动员功能一再被“颜色革命”的实践证实。埃及、乌克兰、伊朗等国的“愤怒青年”被推特、脸书、油管等社交媒体上传播的信息感染和左右，进行网络集会、串联、请愿等政治活动，进而演化为直接与政府对抗的暴力行为，不自觉地充当了“颜色革命”的马前卒和排头兵，发挥了意想不到的政治作用。个别西方政客曾扬

---

① 傅宝安、吴才焕、丁晓强编：《“颜色革命”：挑战与启示》，江西人民出版社 2006 年版，第 84 页。

② 阚道远：《“颜色革命”的新趋势新特征及其政治影响——兼论防范重大政治安全和意识形态风险》，《思想理论教育导刊》2019 年第 7 期，第 16—21 页。

言："有了互联网，对付中国就有了办法。"①

近几年，伴随互联网技术的革新，美国已经不满足于通过网络进行负面宣传"抹黑"目标国政府和领导人、帮助反对派动员串联和提供网络课程培训等经典做法，而是重点加强对互联网政治功能的"深度挖掘"，变出了若干新招数、新花样。美国出动网络黑客直接侵入目标国内网，进行信息窃取和病毒植入，瘫痪信息网络系统，同时为美国提供战略情报；通过互联网大数据搜集和分析，精准掌握目标国社会心理和舆论动向，为左右心理、引导舆论提供技术支持，帮助反对派及时调整策略、改进战术。美国支持的基金会和非政府组织设立相关网站，使得反对派能够直接通过网站注册登录，直接与"颜色革命"的幕后推手联系，完成"定制任务"，获得资金支持，更加便捷高效和不露痕迹。长远看，互联网的跨国性、渗透性以及在"颜色革命"中更广泛地运用信息化手段，将持续增加各国防范"颜色革命"风险的难度。②

三、防范抵御"颜色革命"的主要措施

我国是中国共产党领导的社会主义大国，外部势力难以用武力征服，但又不愿意看到社会主义中国发展强大，便采取各种手段对我国进行干扰破坏和渗透颠覆，甚至图谋发动"颜色革命"。可以说，敌对势力在我国策划"颜色革命"的战略图谋是长期的，他们从来没有停止过对我国实施"西化、分化战略"，从来没有停止过对中国共产党领导和我国社会主义制度进行颠覆破坏活动。③

第一，落实风险防控政治责任，完善防范抵御"颜色革命"制度机制。多国发生"颜色革命"乃至政权更迭、国家分裂，一方面源于西方政治势力干涉和鼓动，另一方面也归咎于当事国防范抵御"颜色革命"的组织应对能力不够，政治安全责任落实不到位，内部自乱阵脚、自毁长城。各级领导干部要把政治职责和意识形态责任扛在肩上，切实增强政治敏锐性和政治鉴别力，善于从战略上把握大势、研判形势，从政治上观察问

---

① 《习近平总书记指引清朗网络空间建设纪实》，《中国网信》2022 年第 2 期。

② 阚道远：《"颜色革命"的新趋势新特征及其政治影响——兼论防范重大政治安全和意识形态风险》，《思想理论教育导刊》2019 年第 7 期，第 16—21 页。

③ 全国干部培训教材编审指导委员会编写：《全面践行总体国家安全观》，人民出版社、党建读物出版社 2019 年版，第 82 页。

题、分析问题。要牢牢绷紧政治安全这根弦，以防范抵御“颜色革命”为重点，完善风险防控机制，建立健全风险研判机制、决策风险评估机制、风险防控协同机制、风险防控责任机制，主动加强协调配合，坚持一级抓一级、层层抓落实，坚决捍卫以政权安全、制度安全为核心的国家政治安全，坚决捍卫中国共产党领导和我国社会主义制度。

第二，加大思想政治工作力度，坚决打好意识形态安全保卫战。要坚定中国特色社会主义制度自信，不能“看到别的国家有而我们没有就简单认为有欠缺，要搬过来；或者，看到我们有而别的国家没有就简单认为是多余的，要去除掉”。[①] 这两种观点过于简单、片面，都是错误的，需保持清醒认识。要深入揭露“颜色革命”的本质和危害，坚决廓清部分党员干部和群众对“颜色革命”的一厢情愿和错误幻想。具体而言，就是用美西方国家助推“颜色革命”的阴谋动机和真实意图教育人，用“颜色革命”在多国引发的政治悲剧、国家悲剧警示人，用“颜色革命”在多国理论上实践上的破产说服人，用“颜色革命”给多国人民造成的不幸遭遇感染人，促使全社会形成正确的感性认识和理性认识，真正在思想上政治上行动上与“颜色革命”划清界限。同时，加快推动中国特色学术体系和话语体系建设，进一步掌握意识形态工作的领导权、话语权、主动权，讲好讲深讲透中国特色政治制度尤其是政党制度的合理性、必然性、进步性、优越性，阐明其对当代中国和世界的历史贡献、时代价值，逐渐摆脱“挨骂”的被动境地，逐步形成舆论主动的良好局面。

第三，健全网络综合治理体系，加强舆论引导和主流舆论建设。习近平总书记反复强调：“过不了互联网这一关，就过不了长期执政这一关。[②]”网络已是当前意识形态斗争的最前沿，掌控网络意识形态主导权，就是守护国家的主权和政权。首先，要从党和国家生死存亡、社会主义事业兴衰成败的高度来重视网络治理，科学认识网络传播规律，提高用网治网水平，维护意识形态安全和政权安全，使互联网这个“最大变量”变成事业发展的“最大增量”。其次，要加快建立网络综合治理体系，推进依法治

① 习近平：《在庆祝全国人民代表大会成立 60 周年大会上的讲话》，人民出版社 2014 年版，第 15 页。

② 习近平：《加快推动媒体融合发展　构建全媒体传播格局》，《求是》2019 年第 6 期。

网。包括：适应全媒体时代的要求，建立健全网络治理法律法规体系，加快与网络安全相配套的立法进程，促使网络治理有法可依、有章可循；明确国家、企业、个人、社会组织的权利和义务，形成各方良性互动的治理格局；坚决打击破坏国家安全的网络行为，加强对“网络大 V”和意见领袖的管理；加大网络安全与国家安全的宣传教育力度，清晰界定网络行为底线，形成社会共识。最后，要持续巩固壮大网络主流舆论，加大舆论引导力度。要因势而谋、应势而动、顺势而为，加快推动媒体融合发展，使主流媒体具有强大传播力、引导力、影响力、公信力，形成网上网下同心圆，使全体人民在理想信念、价值理念、道德观念上紧紧团结在一起，让正能量更强劲、主旋律更高昂。[①]

第二节　坚决遏制打击利用民族问题的分裂渗透破坏活动

民族问题是一个世界性的重大问题，古今中外的历史反复证明，民族问题解决不好，就没有团结稳定，一个国家就无法实现长治久安。随着百年未有之大变局加速演进，境外敌对势力在涉疆、涉藏、涉蒙等问题上频频向我国发难，处心积虑地利用民族问题挑拨国内民族矛盾，加紧对我国进行分裂、渗透、破坏活动。我们应充分认清民族分裂主义活动治理的长期性、艰巨性和复杂性，加强对民族分裂势力活动特点规律的认识和把握，积极探索科学、严密、有效的应对措施，切实促进民族团结，保障社会稳定，有效维护国家政治安全和人民的生命财产安全。

一、民族问题的基本内涵

民族是在一定的历史发展阶段形成的稳定的人们的共同体。[②] 一般来说，民族在历史渊源、生产方式、语言、文化、风俗习惯及心理认同等方面具有共同的特征。有的民族在形成和发展的过程中，宗教起着重要作用。

---

① 阚道远：《“颜色革命”的新趋势新特征及其政治影响——兼论防范重大政治安全和意识形态风险》，《思想理论教育导刊》2019 年第 7 期，第 16—21 页。

② 周平：《民族政治学》（第 2 版），高等教育出版社 2007 年版，第 25 页。

有民族存在，就会有民族问题。民族问题不是一种孤立的社会现象，既包括民族自身的发展，又包括民族之间，民族与阶级、国家之间等方面的关系，以及由此引发的各种问题。民族这个人们共同体产生之后，各民族在其漫长的生存和发展的过程中，都不可避免地要和其他民族发生这样或那样的交往和联系，各民族自身的政治、经济、文化、习俗等的特点和差别，将会在一定条件下引起民族交往中的各种复杂矛盾。民族自身具有的这些特点所引起的民族之间的矛盾问题，又通过民族的政治、经济、文化等方面特征反映出来。而且，可以说民族问题最自然的因素在于关注自身发展状态。因此，民族自身的发展状况决定着民族之间交往的程度，也决定了民族之间矛盾的状况，民族问题在产生过程中与民族内部的很多因素是相互关联的。

比如，民族问题起初在隐性状态中，还没有爆发出来的时候，往往主要表现为特定民族群体心理上的不满情绪，或者不认同其他民族的价值取向，歧视或排斥其他民族的价值观，或者不认同其他民族平等的发展权利，这种民族内在的排斥心理与特定的政治、经济、文化交往中的利益问题纠葛在一起，逐渐发展成言论上或行动上对其他民族共同体的侵害，如果不能及时准确地化解矛盾，那么冲突对立随时可能借助某种社会问题而演变成大规模的民族冲突，形成民族关系方面的全面性危机。从这个意义上说，民族问题不仅涉及民族之间也涉及民族自身的发展问题。①

我国是一个发展中大国，仍处于社会主义初级阶段，正在经历广泛而深刻的社会变革，推进改革发展、调整利益关系往往牵一发而动全身。②这是我国的基本国情。从现阶段来看，我国最主要的民族问题是各民族发展的不均衡，在不少具体权益方面，尤其是经济文化发展水平上存在较大差距。这是社会主义初级阶段我国社会的主要矛盾在民族问题上的反映。新中国成立以来，党和政府积极地帮助少数民族和少数民族地区发展经济文化建设，取得了巨大的成就，人们的生活水平明显改善。但由于我国幅

---

① 郑群：《反恐背景下当代中国民族分裂问题透视》，《中国人民公安大学学报》（社会科学版）2009 年第 5 期，第 148—149 页。

② 习近平：《高举中国特色社会主义伟大旗帜　为全面建设社会主义现代化国家而团结奋斗——在中国共产党第二十次全国代表大会上的报告》，新华网，2022 年 10 月 25 日，http：//www. news. cn/politics/cpc20/2022 - 10/25/c_1129079429. htm。

员辽阔，民族众多，生产力发展程度不平衡，尤其是民族地区与内地和沿海等汉族地区在经济和文化等方面存在着一定的差距，并且由于种种原因，彼此间的差距还呈拉大的趋势。这种状况的存在，尽管主要是由于历史等多方面原因造成的，但如果听任差距长期存在下去，势必会影响社会安定和民族团结。

同时，我国各民族在社会主义制度下当家作主，在政治上完全平等，但历史上民族歧视和民族隔阂所遗留的一些影响并没有彻底消除，一有条件还会表现出来；各民族相互关爱、情同手足，共同性不断增多，但由于在风俗习惯、语言文字、宗教信仰等方面相互了解不够，加上地区、城乡、民族之间人员流动加快，误会、纠纷不时出现；民主法制建设不断加强，但由于有些人法制观念淡薄、执行政策片面偏颇等原因，伤害民族感情、损害民族团结的事情时有发生。

总的来看，在当前我国发展呈现新的阶段性特征的形势下，在工业化、信息化、城镇化、市场化、国际化的进程中，国内民族问题极易引发国际关注和干预，国际敏感热点民族问题极易引起国内反响和回应，民族问题面临复杂而多变的新情况，防范和打击利用民族问题的分裂渗透破坏活动、维护民族团结的任务依然繁重而艰巨。

二、利用民族问题实施分裂渗透破坏活动的手段和特点

当今世界，和平、发展、合作仍是时代主题，但国际敌对势力对我国实行“西化”“分化”的政治图谋一刻也没有放松，与国内民族分裂势力遥相呼应，处心积虑地利用所谓民族、宗教、人权等问题，加紧对我国进行渗透、分裂、破坏和颠覆活动，出现了一些新情况和新变化。

一是西方反华势力不断加大对民族分裂组织的支持。美国是长期支持达赖集团的主要国家。从冷战初期起，为了自己的战略利益，美国就一直利用“西藏问题”干涉中国内政，把“西藏问题”纳入对华战略总框架中。近年来，美国对达赖集团的支持一直没有放松，包括：安排达赖访美并提供讲台，助其扩大影响；总统和高官接见达赖，为其撑腰打气；提升1997年设立的“西藏事务特别协调员”级别；国会每年通过《财政年度国务院对外关系授权法》，并由总统向国会提交关于“西藏问题”的报告；国会举行听证会，邀请“藏独”分子和支持“藏独”的学者参加并作证；在中美高层互访中谈“西藏问题”，对我国施压；在联合国人权委员会会

议上搞反华涉藏提案；为达赖集团提供资金支持。

同时，美国将“东突”恐怖势力看作牵制和遏制中国崛起的重要力量。长期以来，美国将“东突”分子包装为“自由战士”，将他们制造的暴恐事件歪曲为中国政府“在新疆压制少数民族”，并由此导致的反抗中国“暴政”与“殖民统治”，争取民主人权、宗教自由和“独立”的虚假叙事。“9·11”事件之后，美国加大对“东突”组织扶植力度，行动上指导、宣传上配合、经费上资助，妄图使“新疆问题”国际化。2017—2019年，美国国家民主基金会对“世界维吾尔代表大会”（简称“世维会”）等“东突”组织的资助额从5.6万美元上升至96万美元。①

二是周边“三股势力”宣传蛊惑渗透挑动民族仇恨。我国周边国家的分裂主义、极端主义和恐怖主义活动猖獗，从中亚至西亚、南亚已经形成一条新月形恐怖事件高发带。巴基斯坦、克什米尔地区恐怖活动不断，瓦罕走廊有可能成为聚集在阿富汗、巴基斯坦南部交界山区“三股势力”向中国新疆转移的通道。2003年以来，一直在中亚地区兴风作浪的“乌兹别克斯坦伊斯兰运动”（简称“乌伊运”）、“东伊运”和“伊斯兰解放党”等组织进入了新的活动高峰期，其活动目标和范围不断扩大，使中亚地区成为“三股势力”活动的高发地带。形成于中亚地区的伊斯兰极端主义组织——“伊扎布特”在新疆一度非常活跃，活动范围遍及十几个州、地、市及一些大中专院校。他们建立组织、培养骨干、发展成员，并以多种渠道筹集资金，大量编译、印制、购买、散发其宣传品，鼓吹“对异教徒政权开展武装斗争，建立伟大的‘东突厥斯坦’国”，严重威胁我国政治安全。

三是境内外民族分裂组织密切合作图谋分裂祖国。他们密谋勾连策划暴力恐怖事件，寻找各种借口扰乱社会秩序，危害公共安全，侵犯公民人身权利及公私财产权利，从而达到制造分裂的目的，用心极其险恶。乌鲁木齐“7·5”打砸抢烧严重暴力犯罪事件就是最好的例证。此次事件的发生是有组织、有预谋的，而以热比娅为首的境外“世维会”等组织正是直接煽动、策划、指挥这起暴力事件的幕后黑手。事件发生后，“世维会”还利用互联网与境内不法分子联系，随时掌握和发布最新“情况”，并就

---

① 《美国支持的“世维会”是不折不扣的恐怖主义代言人》，新华网，2019年12月6日，http：//www.xinhuanet.com/politics/2019－12/06/c_1125318098.htm。

行动作出指示。热比娅曾声称，将在“世维会”“三大”上筹划制定针对中国60周年大庆为重点的渗透破坏活动。2017年2月和5月，“世维会”联合“东突教育与互助协会”（简称“教协”）分别在境外召开两次会议，提出要建立武装力量，统合“东突”势力，为在新疆制造暴恐活动做准备。①

四是境外分裂势力不断变换渗透手法增加我国对其的打击难度。国际互联网是境外民族分裂势力非常看重的渗透工具。他们以此散布中国政府“压制宗教，侵犯人权”，煽动西藏、新疆境内的藏族、维吾尔族群众举行游行示威，向政府发难。沙特吉达电台维吾尔语部、“东突”信息中心、美国“维吾尔联盟网站”等，均以维吾尔语频繁介绍所谓的“东突”历史，造谣报道中国侵犯维吾尔族人权及宗教自由的各种事件，鼓动发展一批“敢于为‘东突’解放事业献身”的骨干。为了逃避海关、边防对宗教极端主义和分裂主义宣传品的查禁打击，境外民族分裂势力利用内地对藏语、维吾尔语等知之甚少的特点，变换入境地区，先将非法书刊或音像制品等寄到上海、北京、广州等内地城市，再到浙江义乌等地印刷，而后运至内地散发传播。此外，境外民族分裂势力还煽动新疆穆斯林大批朝觐，将入境渗透变为境外渗透。境外民族分裂势力利用每年的朝觐，以个人名义向新疆大量投寄朝觐邀请书，鼓动转道第三国朝觐，致使私自朝觐的人数远远超过政府宗教工作部门组织的人数。由于受到极端思想的影响，不少朝觐者回国后思想发生很大变化，有的成为了民族分裂势力在新疆的骨干和代言人。

三、打击利用民族问题实施分裂渗透破坏活动的措施

团结稳定是福，分裂动乱是祸。要全面落实总体国家安全观，增强忧患意识，强化底线思维，始终把防范政治风险置于首位，敢于斗争、善于斗争，严密防范、严厉打击敌对势力利用民族问题对我国进行的各类渗透颠覆捣乱破坏活动，坚决挫败其“反中乱华”政治图谋，坚决维护国家政治安全。

第一，铸牢中华民族共同体意识，维护祖国统一和社会稳定。国家

---

① 《“世维会”与恐怖主义难脱干系》，人民网，2019年12月7日，http://opinion.people.com.cn/BIG5/n1/2019/1207/c1003-31494654.html。

统一是国家最高利益所在，也是各族人民根本利益所在。只有铸牢中华民族共同体意识，构建起维护国家统一和民族团结的坚固思想长城，各民族共同维护好国家安全和社会稳定，才能有效抵御各种极端、分裂思想的渗透颠覆，才能不断实现各族人民对美好生活的向往，才能实现好、维护好、发展好各民族根本利益。要引导各族人民牢固树立休戚与共、荣辱与共、生死与共、命运与共的共同体理念，将“五个认同”① “三个离不开”② 的思想深深根植于心中，成为抵御渗透、反对分裂的强大思想武器。

同时，在坚持“同”的基础上，要做到共同性和差异性的辩证统一。讲增进共同，不是要取消民族之间的差异性，更不是要消灭哪个民族，不是“汉化”也不是“同化”，而是要共同走向现代化；讲尊重差异，是要包容多样，但不能强化固化差异，不能人为添加扩大差异，不能用差异性消减共同性，不能把差异性变成“隔离墙”，更不能让差异性成为阻碍各民族交流交往交融的“绊脚石”。

第二，要加强思想政治教育，为反分裂斗争营造良好的思想政治环境。坚持把思想政治教育作为进行反分裂斗争的重要环节，把马克思主义“五观”，即国家观、民族观、宗教观、历史观、文化观的教育，作为思想政治教育的重要内容，以各种思想文化阵地为依据，以活动为载体，采取多种形式与方法，广泛深入地开展以加强民族团结、反对民族分裂、维护祖国统一、保持社会稳定为主题的思想教育，提高各族干部群众的思想觉悟，牢固地筑起反分裂的思想防线。加强党的民族理论、民族政策、民族法律法规以及民族基本知识的宣传教育，提高各级干部和广大党员执行党的民族政策的水平，增强做好民族工作的自觉性和责任感。坚持重心不移、面向基层、面向群众，进行“面对面”的宣讲、“心贴心”的教育。

第三，强化阵地意识，加强农村和学校的文化建设。当前，农村群众文化阵地建设远不能满足维护民族地区稳定的需要。一是爱国主义教育基

---

① “五个认同”，即对伟大祖国、中华民族、中华文化、中国共产党和中国特色社会主义的认同。《中国共产党统一战线工作条例（试行）》，2015 年 5 月 18 日。

② “三个离不开”，即汉族离不开少数民族、少数民族离不开汉族、各少数民族之间也相互离不开。中共中央文献研究室、中共新疆维吾尔自治区委员会编：《新疆工作文献选编（一九四九—二〇一〇年）》，中央文献出版社 2010 年版。

地缺乏；二是不少乡的文化设施十分简陋，连文化站、文化室都没有建立起来。在一些边远的农村牧区，由于“广播不响、电视无像、干部不讲”，群众不能及时地了解党的路线、方针、政策，因而形成了宣传教育的盲区；三是部分基层党组织软弱涣散，思想政治工作放松或力度不够，党的声音往往被宗教的说教取代。各级党委、政府应按照“县（市）有文化馆、乡（镇）有文化站、村有文化室”的目标，积极改善农村群众文化阵地的条件，深入开展“文化、科技、卫生”三下乡活动，拓展活动内容、改进活动方式，把失去的阵地重新夺回来。同时，要重视学校阵地建设。学校已经成为民族分裂主义和非法宗教活动同我们争夺青少年的重要场所。应重视加强学校建设，逐步增加投入，不断改善办学条件，保证和促进教育事业的发展，坚决防止和抵御非法宗教活动对学校的渗透和影响。

第四，要正确处理宗教问题。民族问题往往与宗教问题交织在一起。要全面正确地贯彻党的宗教信仰自由政策，加强对宗教工作的领导和依法加强对宗教事务的管理，积极引导宗教与社会主义社会相适应，以利于宗教工作为民族团结、社会安定和现代化建设服务。要坚持政治上团结合作、信仰上互相尊重，继续巩固和发展党与爱国宗教界的统一战线。要坚决反对民族分裂势力利用宗教从事分裂活动，进一步深入开展爱国主义教育，使宗教的领导权牢牢地掌握在宗教界的爱国人士手中。坚持政教分离的原则，无论哪一种宗教，都没有超越国家宪法和法律的特权，都不允许干预行政、司法、教育等国家职能的实施。要加强信教和不信教群众的团结，把他们的力量凝聚到加快民族地区的现代化建设上来。

此外，应千方百计地增加对少数民族的扶持和帮助，不断提高少数民族的自强自立观念和能力，加速发展少数民族地区经济文化事业，逐步缩小发展差距，这既是我国现代化建设必须解决的一个战略问题，也是解决我国民族问题的重要途径。

第三节　严密防范打击宗教、邪教渗透

宗教历来是西方资本主义国家意识形态输出的重要工具。近年来，西方借助宗教“分化”“西化”我国的活动越发猖獗。部分西方资本主义国

家利用经济全球化趋势、迅速发展的互联网技术以及文化领域中的交往，通过插手我国宗教内部事务、安排和暗中扶植宗教“代言人”等手段借机进行宗教渗透。宗教渗透已成为威胁我国政治安全和意识形态安全的重大隐患。

一、宗教、邪教的概念、特征与区别

宗教既不是从来就有的，也不是永恒的，而是人类社会发展到一定历史阶段的产物。人类在幼年时期，依靠植物果实之类生活，头脑简单，不能对比较复杂的问题进行抽象的思维，因而还不可能产生宗教观念，也不可能有什么宗教信仰活动。在原始社会旧石器时代的中期、晚期，人有了自我意识，开始把自然视为一种可以支配人本身和周围一切事物的异己力量，从而产生了最初的宗教观念。当时，原始人已经形成某种与死后生活相联系的灵魂观，并产生了氏族成员埋葬死者尸体的仪式。随着阶级的形成，国家和王权的产生，宗教也不断发生演变，从原始的多神教演变为一神教；从“自发宗教”发展为“人为宗教”；从部落宗教发展为民族宗教或国家宗教。其存在和发展最深刻的社会根源在于，人们受这种社会的盲目的异己力量支配而无法摆脱；劳动者对剥削制度所造成的巨大苦难的恐惧和绝望；剥削阶级需要利用宗教作为麻醉和控制群众的重要精神手段。

自宗教产生之日起，人们就在思考何谓宗教的问题，并形成了形形色色的宗教概念。例如，基督教认为，宗教就是对神的敬畏和虔诚；伊斯兰教认为，宗教是“完全奉献”和“完全顺服”；佛教认为，宗教指代“佛法”和“一切法”。汉语长期以来并无宗教一词，“宗”指供奉神主之位的庙宇，“教”有教化、教育和令的含义。尽管人们对宗教的理解有广狭之分，但对宗教本质的认识基本一致，主要包括：宗教关乎信仰对象，超越性、无限性、秩序（法则）、威仪是其本质特征；宗教关乎信仰者对信仰对象的敬畏、尊崇和顺从；宗教蕴含信仰者同信仰对象结合或合一的意向。[①]

恩格斯在《反杜林论》中给宗教下了明确的定义，他认为：“一切宗教都不过是支配着人们日常生活的外部力量在人们头脑中的幻想的反映，

---

① 段德智等：《境外宗教渗透论》，经济科学出版社 2016 年版，第 5—6 页。

在这种反映中，人间的力量采取了超人间的力量的形式。”① 这段话高度概括、深刻揭示了宗教之所以为宗教的本质规定性，并把宗教与其他社会意识形式区别开来，包含着非常丰富的内容：宗教具有意识形式的本质特征，宗教信仰和崇拜的对象都是幻想出来的东西，客观上不存在；宗教有着世俗基础和客观根源，宗教信仰和崇拜的对象并不是什么超出经验之外、不可捉摸的神秘权能，而是与人们日常生活密切相关，但却支配着人们日常生活的外部力量；宗教具有超自然、超人间的神圣性，是人间力量的超人间化表现。

同世界上任何事物一样，宗教具有两重性：一是文化形态，即宗教是一种由“器皿文化”（物质文化）、“制度文化”和“精神文化”组合而成的文化体系或文化系统。② 二是意识形态，即宗教是对超自然、超社会目标的追求和信仰，是对人们现实生活的虚幻的反映，其基本功能在于将相应的社会和社会制度神圣化。因此，宗教虽然是一种与科学社会主义世界观相对立的唯心主义世界观，但仍具有积极作用，是人类灿烂文化的重要组成部分，满足了人类的精神需求和终极关怀，在一定的历史条件下，促进了人类的发展和进步。③

宗教由宗教场所、宗教组织、神职人员、宗教信徒、宗教经典、教规教义、宗教仪式等要素构成。其中，经典教规教义是宗教的核心，信教群众是宗教的主体。我国主要有佛教、道教、伊斯兰教、天主教和基督教等宗教，截至2018年，信教公民近2亿，宗教教职人员38万余人；宗教团体约5500个，其中全国性宗教团体7个，分别为中国佛教协会、中国道教协会、中国伊斯兰教协会、中国天主教爱国会、中国天主教主教团、中国基督教三自爱国运动委员会、中国基督教协会；依法登记的宗教活动场所14.4万处，其中佛教寺院约3.35万座，道教宫观9000余座，伊斯兰教清真寺3.5万余处，天主教教区98个、教堂和活动堂点6000余处，基督教

① 中共中央马克思恩格斯列宁斯大林著作编译局编译：《马克思恩格斯文集》第9卷，人民出版社2009年版，第333页。

② 吕大吉：《宗教是一种社会文化形式》，《社会科学战线》2007年第6期，第248—253页。

③ 王晓朝、李磊编著：《宗教学导论》，首都经济贸易大学出版社2006年版，第215—216页。

教堂和聚会点约 6 万处。①

邪教是冒用宗教、气功或者以其他名义建立，神化、鼓吹首要分子，利用制造、散布迷信邪说等手段蛊惑、蒙骗他人，发展、控制成员，危害社会的非法组织。② 邪教与宗教之间有着本质的区别，表现在教义、组织活动、道德传统，以及对待社会和政府态度等诸多方面。

表 1　宗教和邪教的区别

观点＼名称	宗教	邪教
教义	正典教义及其解释性资料	宣传材料，多为创始人的说教和讲道内容，以及歪曲、断章取义宗教教义形成的异端邪说
组织活动	有固定场所，组织松散，教会间没有隶属关系	处于地下秘密状态，搞非法聚集活动，组织严密，有严格等级制度
道德传统	有悠久历史文化传统，宣传真、善、美	新兴宗教，制造邪说，蒙骗群众，利用迷信，装神弄鬼，披着宗教的外衣，干着谋财害命、违背人伦的勾当
对社会、政府态度	维持社会稳定的重要力量	有明确的政治目的和反社会倾向，抗拒国家法律、法令的实施，煽动推翻政府

邪教的产生除了一般人的认识原因、心理原因外，更多在于当代的社会历史根源，这些根源包括政治根源、经济根源和文化根源。邪教是危害社会的一个毒瘤，其本质是反人类、反社会、反政府。据统计，全球有邪教组织 1 万多个，包括“奥姆真理教”“人民圣殿教”“大卫教”“科学教派”“上帝之子”“统一协会”“太阳圣殿教”“恢复上帝十戒运动”等，信徒数亿人。③ 目前我国明确认定的邪教组织有数十种，包括“呼喊派”

---

① 国务院新闻办公室：《中国保障宗教信仰自由的政策和实践》白皮书，中国政府网，2018 年 4 月 3 日，https：//www. gov. cn/zhengce/2018 – 04/03/content_5279419. htm。

② 最高人民法院、最高人民检察院：《关于办理组织、利用邪教组织破坏法律实施等刑事案件适用法律若干问题的解释》，中华人民共和国最高人民检察院网站，2017 年 1 月 26 日，https：//www. spp. gov. cn/spp/zdgz/201701/t20170126_179794. shtml。

③ 高美：《打击邪教全球攻势》，《新京报》2014 年 6 月 8 日，第 B10 版。

"常受教""能力主""中华大陆行政执事站""全能神""统一教""灵仙真佛宗""世界以利亚福音宣教会""观音法门""圆顿法门""新约教会""耶稣基督血水圣灵""达米宣教会""天父的女儿""法轮功""灵灵教""全范围教会""华南教会""三班仆人派""被立王""门徒会""主神教""华藏宗门""银河联邦"等。①

所谓宗教、邪教渗透，是指境外团体、组织和个人利用宗教、邪教从事各种违反中国宪法、法律法规和政策的活动及宣传。包括两种情况：一种是打着宗教旗号企图颠覆政权和社会主义制度，破坏中国统一、领土完整和民族团结；另一种是企图控制中国的宗教团体和干涉中国宗教事务，在中国境内建立宗教组织和活动据点、发展教徒。总的来看，宗教、邪教渗透的实质是资本主义的意识形态输出和社会复制，基本中介是受操纵的宗教组织和受歪曲的宗教意识形态，政治方略是"西化"和"分化"。

二、宗教、邪教渗透的手段和特点

政治恶意性和文化侵蚀性是境外反华势力借用宗教、邪教对我国进行渗透活动最为显著的特点。其中，宗教、邪教渗透是表象，政治渗透是本质。其主要手段如下。

第一，拟制周密计划进行定向渗透。近年来，境外反华势力以宗教、邪教组织或团体为载体，先后制定了多个宗教渗透项目。例如，"金字塔工程"，针对我国体制内人员，妄图"将福音传给中国未来的领导者"；"松土工程"，针对我国基层群众，妄图削弱我们党执政基础；"福音西进工程"，针对我国西部地区少数民族，妄图插手我国民族事务、挑拨我国民族关系、破坏我国民族政策；"哈尼 2000 撒种"计划，专门从美国教会机构中挑选一些会讲汉语、"信仰成熟"的人员组成 12 支传教队伍，从 1999 年 6 月开始派往云南省哈尼族聚居区，计划每三个月在一个哈尼族村庄建立一所教会，用 4 年时间使教会遍布每一个哈尼族村庄。②

① 湖北省反邪教协会：《我国明确认定的 24 种邪教组织》，湖北长安网，2021 年 9 月 22 日，http：//www. hbcaw. gov. cn/jsjyxczl3/35467. jhtml？ eqid = e147d7870006efc20000000664993332。

② 孙浩然、葛生力：《文化自信视域中的宗教渗透问题及其对策研究》，《江南社会学院学报》2019 年第 4 期，第 40 页。

第二，利用广播电视实施“空中传教”。当前，从中国香港、菲律宾马尼拉到韩国首尔的半月形地带有数十个广播电台设有针对我国大陆的宗教节目。它们采取长时间、大功率、广覆盖的方式，用英语、汉语和我国少数民族语言对华广播，其中夹杂大量恶毒攻击我国宗教政策和政治体制的反动宣传内容。美国一些宗教组织的电台中还用汉语广播直接传达宗教指令，操纵我国的地下宗教势力。总部设在美国华盛顿的“自由亚洲电台”，在我国北京、上海、广东、新疆、西藏等地以及土耳其等国家培养了数十名特约记者和秘密信息员，专门搜集和编制反华新闻素材。其普通话部和维吾尔语部记者还多次假冒中央民族宗教管理机构、新疆公安机关以及国内媒体记者的身份开展活动，甚至直接插手我国宗教、民族问题。

第三，大量邮寄光盘、印刷品开展文化侵蚀。境外反华势力倾向通过文化侵蚀达到对华政治渗透的险恶目的。印度“爱与行动公谊会”每年编辑、翻译、印刷的宗教宣传品多达30多种，计上百万册，秘密运入我国境内广为散发。其中一些书籍和宣传品内容极其反动，矛头直指我们党和政府的领导人以及我国的社会主义制度。2014年7月至2015年7月，美国“神召会”指示在境内的代理人秘密印刷宗教类非法出版物和制作违禁光盘，并通过快递等方式向我国邮寄，数量达数万册（张）。此外，他们还组织人员撰写与我国宗教管理政策、法律法规相悖的文章和书籍在美国出版发行，煽动信教群众对抗我们党的领导和政府管理，以配合美国“西化、分化战略”。

第四，举办宗教培训活动扶植政治代理人。一是在境外设立神学院或培训学校，通过降低入学门槛、提供学习经费、颁发神学证书、非法授予神职等手段，引诱我国青年神职人员和信徒出境学习。二是派遣人员入境活动，依托其在境内资助的宗教组织，临时举办各种各样的“培灵会”“培训班”或“神学论坛”，对参训学员进行洗脑。三是派人进入高校任教，对高校师生进行非法宗教活动。四是以宗教组织名义邀请我国境内神职人员或信徒出国（境）以参观考察的名义进行洗脑。

第五，发展和勾连非法教会开展大规模大范围渗透。近年来，境外反华势力利用非法宗教对华开展政治渗透的手法花样不断翻新。他们经常打着参观访问、文化教育、科技交流、经济合作的旗号，频繁入境活动，与非法教会相勾结，大肆发展宗教信徒。2000年以来，韩国基督教组织

Inter CP 以经商、旅行、留学进修为掩护，向我国宁夏、青海、新疆、四川、甘肃等 10 余个省份派遣职业传教士，秘密建立多个非法教会据点，重点针对我国西部少数民族和高校师生进行渗透。同时，该组织还与境内非法教会组织相勾连，不断扩大培训规模，仅 2016 年，就联合 10 余家境内非法教会组织开办宣教培训班 180 余期，累计培训人员数千名。[①] 一些地方的地下教会与境外宗教组织有着或多或少的联系，个别教会已基本沦为境外非法宗教组织在华活动的据点，极少数教会负责人成为境外宗教组织的代理人。

此外，一些西方国家和宗教组织还对中国流亡海外的邪教组织进行庇护，将其作为干涉中国内政的借口。美国国务院在《2007 年国际宗教自由报告》中声称，将持续关注“基督教新教团体”（指那些被中国政府取缔的邪教组织）的生存。[②] 2020 年 5 月 5 日，美国主流媒体《野兽报》刊文，揭露了美反华势力与“法轮功”邪教组织勾连情况，称“法轮功”的“大纪元时报”和“新唐人电视台”已经成为美反华势力的重要平台，尤其在新冠疫情期间彻底沦为其打手。[③]

三、打击宗教、邪教渗透的主要措施

当前，境外反华势力借用宗教、邪教进行政治渗透与文化侵蚀，已经成为其对我国实施“西化”“分化”“和平演变”的重要方式，既对我国社会政治稳定产生巨大的负面影响，又对我国国家安全构成了潜在的威胁，影响深远，危害巨大，必须引起我们高度警惕并采取有效措施加以防范、坚决打击。

第一，以总体国家安全观为指导，加强全民思想政治教育。宗教的多重属性决定了其在总体国家安全观的各个重点领域都有着自身的影响，而邪教更是直接威胁国家的政治安全、国土安全、文化安全、社会安全和网络安全。各级党委和政府特别是宗教、教育、文化等部门，要利用多种形

---

① 《国家安全机关公布三起危害政治安全案件》，《中国城市报》2019 年 4 月 22 日，第 9 版。

② 习五一：《警惕打着基督教旗帜的邪教组织——兼论当代中国邪教发展的趋势与特征》，《中国人民公安大学学报》（社会科学版）2015 年第 5 期，第 131 页。

③ 胡婕：《美媒："法轮功"邪教利用政治黑金利益链勾结美国反华势力》，中国反邪教网，2020 年 5 月 11 日，https：//www. chinafxj. cn/n164/c127148/content. html。

式，广泛宣传反渗透的必要性和重要性，强化广大党员、干部和人民群众的反渗透、反“西化”意识，使其增强自觉抵御境外势力借宗教渗透的能力。在党校、行政学院（校）和社会主义学院（校）开设的有关主体班次中，围绕中国宗教工作的基本方针，安排民族宗教知识课程，提高领导干部做好宗教工作的能力；在普法活动中，将民族宗教政策和相关法律法规列入普法内容，提高基层干部和广大群众抵御境外宗教渗透的认识和能力；各级统战、宗教工作部门要进一步加强对宗教教职人员和信教群众的教育引导工作，使他们真正理解中国的民族宗教政策，自觉抵御境外宗教势力的渗透。

第二，加强对国内宗教活动的管理，保证广大信教群众的合法权益。宗教信仰是个人的私事，但宗教活动却是广大信教群众参与的具有公共性的社会活动，必须在宪法、法律、政策规定范围内进行。国家保护正常的宗教活动，但对非法宗教活动和邪教活动决不姑息。国务院颁布的《宗教事务条例》明确规定了正常宗教活动的构成要素，即在合法的场所、按规定的程序、由合适的人员主持，对于依法管理国内宗教活动具有一定的指导意义。但在实际操作过程中，仍存在非法宗教活动界定难、处置难、邪教和非法宗教活动极不容易区分等现实问题。要加强对正常宗教活动、非法宗教活动、邪教问题的理论研究，明晰地界定和区分邪教与宗教，特别是邪教与非法宗教活动的关系，进一步细化和完善相关法律规定，为基层办案单位正确执法和信教群众合法权益保护提供有力支撑。同时，在处置非法宗教活动与邪教时要区别对待、因类施策。参与非法宗教活动的信众是我们的基本群众，对待他们还是要耐心教育，动员他们到开放的宗教活动场所过宗教生活。对邪教则要追究组织者的法律责任，对执迷不悟的信教者，应强制进行教育转化。

第三，规范外资机构、外籍人员、境外宗教机构的活动，从源头上阻断宗教、邪教渗透。很长时间以来，中国政府从经济建设和国家发展考虑，对境外企业和来华工作的外国公民给予一些便利政策。但在实际工作中发现，许多境外宗教势力正是借助这些条件大肆进行宗教渗透。我们应加强对上述机构和人员管理，发现有宗教、邪教渗透活动和相关企图的，应坚决予以制止。同时，针对境外以资助为名行渗透之实的特点，宗教、公安、安全、外经、外事等部门应协同运作，严格规范宗教活动场所、宗教组织和人员出入境的审批工作，加强对接受境外宗教组织捐赠资助的管理，牢牢把握抵御渗透的主动权。

第四，充分利用互联网、广播等宣传手段展开宣传，使广大人民群众和国际社会对中国的宗教政策、宗教现状有正确的认识。在具体行动上，一方面开设专门的广播电台，做好宗教外宣工作，塑造中国形象，传播中国声音；另一方面规范对网络信息资源的管理，对宗教网站的设立要严格审批，对宗教信息的发布要加强监管。与此同时，充分利用互联网资源，及时发布宗教政策和法律法规，引导宗教界人士和信教群众正确看待国法与教规的关系，不断增强国家意识、法治意识和公民意识，最大限度地挤压宗教渗透方的不良、有害信息。此外，我们还应加快网站技术的开发，提高网站管理水平，为广大的网民提供优质的、吸引人的宗教信息。

第五，坚持我国宗教中国化方向，加强对宗教界人士的统战工作。一是用社会主义核心价值观来引领和教育宗教界人士和信教群众。要弘扬中华民族优良传统，用团结进步、和平宽容等观念引导广大信教群众，支持各宗教在保持基本信仰、核心教义、礼仪制度的同时，深入挖掘教义教规中有利于社会和谐、时代进步、健康文明的内容，对教规教义作出符合当代中国发展进步要求、符合中华优秀传统文化的阐释。二是为宗教团体开展工作提供必要的支持和帮助。宗教团体是党和政府团结、联系宗教界人士和广大信教群众的桥梁和纽带。要尊重和发挥其在宗教内部事务中的作用，努力建设政治上可信、作风上民主、工作上高效的高素质领导班子。三是加强“三支队伍”[①] 建设。“三支队伍”肩负着深入推进我国宗教中国化的历史责任，也应成为我们抵御境外势力利用宗教、邪教进行渗透的支柱力量。特别是，要重视具有高度政治觉悟、政治智慧、世界眼光、战略思维、驾驭全局能力的宗教工作战略性人才的培养和储备。

---

① 宗教工作要培养的“三支队伍”：要培养一支精通马克思主义宗教观、熟悉宗教工作、善于做信教群众工作的党政干部队伍，让他们深入学习马克思主义宗教观、党的宗教工作理论和方针政策、宗教知识，不断提升领导能力。要培养一支政治上靠得住、宗教上有造诣、品德上能服众、关键时起作用的宗教界代表人士队伍。要培养一支思想政治坚定、坚持马克思主义宗教观、学风优良、善于创新的宗教学研究队伍，加强马克思主义宗教学学科建设。《积极引导宗教与社会主义社会相适应——论学习贯彻习近平总书记在全国宗教工作会议上重要讲话》，《人民日报》2021 年 12 月 7 日，第 2 版。

第四节 严厉打击境外非政府组织在我国境内非法活动

随着我国改革开放的不断深化和经济社会的快速发展，越来越多的境外非政府组织进入我国并开展活动，涉及环境保护、医疗卫生、公共教育、扶贫开发、防灾减灾等诸多领域。境外非政府组织凭借国际化的资金和经验，帮助我们解决了经济社会发展中遇到的一些问题，在一定程度上促进了中国与世界各国的友好交流与合作，推动了我国的经济发展和社会进步，发挥了一定的积极作用。但也有部分境外非政府组织背景较为复杂，利用在华活动收集掌握大量我国政治、经济、科技、军事重要情报，对我国开展意识形态渗透，资助“疆独”“藏独”“民运”等势力，危害我国国家政治安全，对国家长治久安与和谐发展构成潜在威胁。

一、境外非政府组织活动概况

非政府组织通常被认为是以非政府方式从事公益事业的民间组织，是不同于政府和市场的一种特殊类型的机构。[①] 世界范围内对于非政府组织概念的界定，尚未形成共识。非政府组织这一概念，最早在1945年签订的《联合国宪章》第七十一条中正式使用。1952年，联合国经济及社会理事会认为：“凡不是根据政府间协议建立的国际组织都可被看作非政府组织。”[②] 在当时，这主要是指国际性的民间组织。目前，关于非政府组织最流行的界定见于1996年联合国经济及社会理事会通过的决议，指“在地方、国家和国际一级成立的非营利、自愿的民间团体，以完成某项任务为目标，由志同道合的民众推动，担任各种各样的服务和人道主义工作，向政府转达民意，监督政策，在地方一级鼓励参政，并凭借其咨商地位参与

---

① 王存奎、彭爱丽：《境外非政府组织在华运行现状及管理对策——以维护国家政治安全为视角》，《中国人民公安大学学报》（社会科学版）2014年第1期，第122页。

② Union of International Associations, “Year Book of International Organizations”, K. G. Saur Verlag, 1991, p. 10.

联合国活动”。[①]

我国学界认为，非政府组织是合法的、非政府的、非营利的、非党派性质的、实行自主管理的民间自愿性组织，包括以人为聚合的社会团体、以资金为聚合的基金会和各种民办非企业单位。它向社会提供多样化公共服务，向政府反映公众需求，提出合理意见或建议，影响政府政策制定，具有组织性、民间性、公益性、自治性、志愿性、非营利性、合法性、非政党性等特征，以及社会服务、沟通协调、监督管理等基本功能，故又被称作“第三部门”“非营利部门”“利他部门”等。在我国，非政府组织一般称为国内民间组织。

境外非政府组织，亦称国际非政府组织。当前在华境外非政府组织主要是指在境外（含中国香港、澳门和台湾地区）合法成立的基金会、社会团体、智库机构等非营利、非政府的社会组织。[②] 如主要从事环境保护工作的绿色和平组织、从事扶贫救助工作的世界宣明会、英国救助儿童会等。据公安部境外非政府组织办公室最新统计，截至 2023 年 12 月 31 日，已有 718 个境外非政府组织代表机构依法登记，临时活动备案 5554 项。[③]

境外非政府组织在我国境内的活动大致可分为三个阶段。

第一阶段是重新接触和重返阶段（20 世纪 80 年代初至 80 年代末）。改革开放前，我国的主要任务是以阶级斗争为纲，境外非政府组织陆续撤离并持观望态度。随着改革开放的逐步展开，国家的主要任务转入以经济建设为中心，意识形态领域相对活跃，为境外非政府组织进入我国活动和发展提供了广泛空间。一些境外非政府组织，如世界宣明会、“香港乐施会”、“救世军”、英国救助儿童会等，开始尝试对我国内地部分受灾地区

---

① 《新闻资料：非政府组织的兴起与概念界定》，凤凰网，2010 年 3 月 13 日，https：//news. ifeng. com/mainland/special/2010lianghui/redianjiedu/shiyedanweigaige/201003/0313_9666_1574209. shtml。

② 现行《中华人民共和国境外非政府组织境内活动管理法》第二条规定：“本法所称境外非政府组织，是指在境外合法成立的基金会、社会团体、智库机构等非营利、非政府的社会组织。”根据现行《中华人民共和国出境入境管理法》第八十九条，“出境”是指由中国内地前往其他国家或者地区，由中国内地前往香港特别行政区、澳门特别行政区，由中国大陆前往台湾地区；“入境”是指由其他国家或者地区进入中国内地，由香港特别行政区、澳门特别行政区进入中国内地，由台湾地区进入中国大陆。

③ 数据来源：公安部境外非政府组织办事服务平台，2023 年 12 月 31 日，https：//ngo. mps. gov. cn。

捐赠款物以帮助恢复灾区生产，致力于改变落后地区经济面貌，等等。同时，部分境外非政府组织也开始以宣传西方价值观念、培养精英人才为目标在我国高等院校、政府部门中开展活动。

第二阶段是快速发展与本土化、规范化阶段（20 世纪 90 年代初至 90 年代末）。此阶段入境的境外非政府组织主要包括环境保护类（如绿色和平组织、美国环保基金会、绿色地球网络等）、卫生保健类、儿童救助类（如英国救助儿童会、美国妈妈联谊会等）等；其活动主要集中在扶贫、医疗、环保、教育、文化、慈善等公益活动。这一阶段的特点是境外非政府组织数量多、活动内容广泛、受援助地区扩大，效果更为显著。

第三阶段是合法化和法治化发展阶段（中国加入世界贸易组织以后）。从 20 世纪末开始，境外非政府组织在我国境内的活动仍主要集中在文化交流、社会援助、扶贫助学等层面，主要致力于谋取合法身份、建立立足点以扩大影响。同时，其活动也开始重新转向政治方面。它们利用自身财力雄厚和掌握专业知识等方面的优势，运用现代信息技术，广泛参与我国政治、经济、环境、人权等诸多领域的活动，对我国政治、经济、文化和社会生活的影响不断深入，活动范围日益扩大，并在一些领域向纵深发展。①

二、境外非政府组织在我国境内的非法活动

目前在我国活动的境外非政府组织中，有政治渗透背景的有数百家，少数境外非政府组织存在进行非法活动的情况。它们利用文化交流、捐资助学、项目培训等手段进行意识形态领域的渗透，通过插手我国人民内部矛盾，特别是以扶持弱势群体为名，抓住工人失业、农民失地、城市拆迁、退役军人维权等涉及民众切身利益的具体问题，利用群体性事件，挑动民众同党和政府的对立情绪，诋毁中国政府的国际形象，对我国国家安全和社会政治稳定带来一定程度的威胁和危害。②

第一，积极培植亲西方的政治代理人，妄图对我实施“西化”和“和

---

① 王存奎、彭爱丽：《境外非政府组织在华运行现状及管理对策——以维护国家政治安全为视角》，《中国人民公安大学学报》（社会科学版）2014 年第 1 期，第 123 页。

② 王存奎、彭爱丽：《境外非政府组织在华运行现状及管理对策——以维护国家政治安全为视角》，《中国人民公安大学学报》（社会科学版）2014 年第 1 期，第 124—125 页。

平演变”。境外非政府组织在人员构成、组织运作和指导原则上，大多带有明显的西方印记，隐含着深刻的西方文化和价值观念属性。正如德国“全球视角”网站指出，美国的很多非政府组织散发着“国家的情绪”，它们与美国有限电视新闻网一样担负起更多的“美国责任”。① 2019 年的香港“修例风波”中，反中乱港分子叫嚣“光复香港，时代革命”等口号，暴力冲击中央政府驻港机构和香港特别行政区政权机关。其背后的最大支持者就是美国的“国家民主基金会”、索罗斯基金会、“保卫民主基金会”，以及“香港思汇政策研究所”“人权监察”等非政府组织。它们明目张胆地为反中乱港分子提供保护伞，输送资金，开展线上线下培训，设计行动方案。此外，某些境外非政府组织还通过项目合作、学术交流、学者访问等方式，积极向我国基层社会和特定人群灌输“民主”意识、推广所谓“公民意识”教育，拉拢策反的手段极具隐蔽性。

第二，利用各种机会进行“分化”，破坏我国国家统一和民族团结。许多有政府背景或有政治色彩的境外非政府组织，如美国“国家民主基金会”“人权观察”“大赦国际”“自由之家”等经常插手中国民族事务，损害中国国家主权和领土完整。它们编造民族压迫的“悲情故事”，诋毁我国的民族政策，将中国西藏、新疆等地区的暴乱和暴恐活动美化为“正义的反抗”，将中国维护社会稳定的活动说成是对持不同政见者的镇压，甚至采纳境外流亡民族分裂分子提供的虚假信息进行诋毁宣传，积极推动中国西藏问题、新疆问题国际化；污名化新疆地区政府采取的反恐、去极端化措施，污蔑新疆的教培工作是“民族压迫”、职业技能教育培训是“非法拘禁”、职业技能教育培训中心是“集中营”；支持分裂势力头目，如“藏独”精神领袖达赖喇嘛和“疆独”头目热比娅等，协助其在中国境内发展组织，开展分裂活动。② 据统计，作为“疆独”组织主要资金来源的美国“国家民主基金会”，2004—2020 年，共向各种“维吾尔组织”提供了 875.83 万美元资金，仅 2020 年就提供约 124 万美元资金。③

---

① 黄培昭：《美国 1.5 万 NGO 撒在全世界 成为“推动民主”工具》，《环球时报》2012 年 2 月 28 日。

② 张青磊：《国家政治安全视角下境外非政府组织的管理路径》，《湖北警官学院学报》2020 年第 2 期，第 119—120 页。

③ 《关于美国国家民主基金会的一些事实清单》，外交部官网，2022 年 5 月 7 日，http：//www.mfa.gov.cn/web/zyxw/202205/t20220507_10683088.shtml。

第三，煽动反华情绪，插手内部矛盾，直接间接干涉我国内政。扶贫助学、维权救助是部分境外非政府组织进行渗透活动的一个重要突破口，它们往往以与民众利益息息相关的热点问题为切入点，借此插手人民内部矛盾，与上访人员接触，研究中国信访制度，鼓励农民成立维权组织，活动极具煽动性。如“美国亚洲协会”、“国际行动援助”、“中国之友基金会”、英国救助儿童会等以慈善、公益名义，在我国“老少边岛”等闭塞、贫穷、发展滞后的地区开展扶贫、支教、医疗等活动，用小恩小惠拉拢、蒙蔽群众，趁机宣传和灌输西方价值观和信仰。部分境外非政府组织还以“法律咨询”为掩护，打着维护弱势群体合法权益的旗帜，积极支持“死磕律师”等“异见人士”，协助建立“维权”组织，资助开办网站，对诸如我国改革发展过程中存在的腐败问题、贫富分化问题、拆迁问题以及一些所谓的政治内幕等热点轮番进行炒作，以达到攻击、诽谤我国社会主义制度和价值观念，激化我国内部矛盾，离间党群关系的目的。①

第四，接受境外反华势力资助，通过各种渠道搜集我国国家秘密。许多境外非政府组织迫于资金依赖，自觉不自觉地成为了某些发达国家政府的权力工具和情报源头。它们利用在华开展项目合作的机会，以公开身份为掩护，通过各种方式和手段，广泛搜集涉及我国政治、经济、文化、军事、科技等领域的情报信息，为其“幕后金主”制定针对中国的政策提供依据。2018 年的“康明凯事件”就是典型案例。美国“国家民主基金会”、德国弗里德里希－瑙曼基金会、“自由亚洲电台”等都是拥有政府背景的境外非政府组织。其中，美国“国家民主基金会”与美国国务院、中央情报局、国际开发署联系密切，经常承接美国中央情报局项目，对中国的情报搜集主要由其附属组织“美国国际劳工团结中心”“全国国际事务民主学会”“国际共和研究所”，以及其资助的在中国活动的“亚洲基金会”“美慈集团”“香港乐施会”“香港人权监察”“无国界记者”等非政府组织来完成。“自由亚洲电台”在我国西北、西南地区比较活跃，其号称“非营利性公司”，实际上却有美国中央情报局的背景，不仅招录有在华工作经历或背景的华人并利用其搜集中国情报，而且冒充中国官方领导以电话的形式打探我国内部敏感信息，然后予以改编，散布杜撰的虚假信息，混淆视听。

---

① 何军、王焱：《境外非政府组织涉华活动对我国政治安全的影响及对策研究》，《云南警官学院学报》2016 年第 3 期，第 59 页。

三、打击境外非政府组织在我国境内非法活动

境外非政府组织在华活动有积极的一面，也有消极的一面，既不能拒之门外，也不能放任不管。中国政府在管理境外非政府组织问题上的立场是明确的，“欢迎境外非政府组织来华开展友好交流合作，并努力创造良好法治环境，为其在华活动提供便利，保障其合法权益”。[①] 但针对一些境外非政府组织在华开展影响我国政治安全的不恰当活动，要严格依法规范其行为，并对违法行为坚决打击、严肃处理。

第一，完善境外非政府组织管理的相关法律法规。完善的法律法规是打击境外非政府组织在我国非法活动的依据和基石。目前，我国在该领域已经形成了较为完备的法律体系。其中，2016 年颁布、2017 年修正的《中华人民共和国境外非政府组织境内活动管理法》（以下简称《管理法》）是我国第一部针对境外非政府组织在华活动管理的专门法律，明文规定了境外非政府组织在我国开展项目活动的范围、规范、登记管理机关和业务主管部门、登记和备案流程等内容。随后，公安部发布了《境外非政府组织代表机构登记和临时活动备案办事指南》和《境外非政府组织在中国境内活动领域和项目目录、业务主管单位名录（2017 年）》，与《管理法》共同构成规范和管理境外非政府组织在华活动的法律依据。但从实际执行情况看，《管理法》的部分规定过于宽泛，尚存在进一步细化和提升的空间。

第二，把好境外非政府组织来华活动的“准入”关。公安机关是境外非政府组织在华开展活动的登记管理机关，肩负预防和打击违法犯罪、捍卫法律权威、维护国家政治安全的重任。要严格依法审核境外非政府组织提交的登记备案材料，做好背景审查工作，对有西方国家政府背景或政治目的的，坚决不予办理登记备案。同时，要依法严厉打击未在中国登记备案却在中国开展活动的境外非政府组织。有资料显示，2015 年，在我国长期活动的境外非政府组织有 1000 个左右，加上开展短期合作项目的组织数量，总数可能已达 7000 个。[②] 这说明可能有大量境外非政府组织在中国处

---

① 《习近平致 2016 年二十国集团民间社会会议的贺信（全文）》，新华网，2016 年 7 月 5 日，http：//www. xinhuanet. com//world/2016 – 07/05/c_1119168347. htm。

② 涂重航：《“中国支持境外 NGO 来华发展”》，《新京报》2015 年 7 月 27 日，第 A1 版。

于非法活动状态。公安机关要严密查证、严正处置，并及时向社会公布相关信息。

第三，做好境外非政府组织在华活动的资金监管。资金是境外非政府组织运作的基础，也是打击其在我国非法活动的关键。美西方国家对境外非政府组织的监管重点便在于资金来源和关联交易。首先，建立信息公开和披露制度。要求境外非政府组织适时和及时对银行账户设立、接受捐款、活动经费开支等自身财务状况进行公开，并做好财务报告、人员和机构变动等重大事项的信息披露工作。其次，加强对境外非政府组织资金来源的监管。外国政府或反华组织主要以捐赠形式资助境外非政府组织在我国从事非法活动。他们将违法资金和正常的活动经费混合，经过多家机构两层甚至更多层的伪装进行传递，最终汇集到目标组织手中。要通过各种渠道和方法掌握在华境外非政府组织资金的来龙去脉，发现资金违法违规情况，及时固定证据，依法处置。

第四，健全境外非政府组织在华活动监管的协调机制。防范和打击境外非政府组织在我国的非法活动，单靠政府部门是不够的，必须依托社会力量，加强统筹协调，实现多主体、全方位的立体化监管格局。所谓“多主体”，就是政府部门和社会力量共同参与。一方面，在业务主管和登记管理部门基础上建立境外非政府组织管理工作协调小组，并完善相关机制；另一方面，积极争取人民群众、本土非政府组织、大众传媒等社会力量的广泛参与。“全方位”，就是线上和线下同步展开。特别是，依托物联网、大数据、云计算、人工智能、区块链等现代信息技术，建立在华境外非政府组织信息数据库和大数据分析平台，掌控其涉华政治活动动态，预警活动风险，及时采取针对性举措，精准防治、精确打击。

此外，政府应加大对本土非政府组织的扶持力度，为其发展提供所需的资金支持、政策优惠、税收补助以及人员培训，引导其承担更多的社会责任，在打击境外非政府组织非法活动中发挥更大作用。

第九章　提升政治安全能力和水平

国家安全是一种没有或很少威胁的状态，更是消除或减少威胁的能力。政治安全的核心是政权安全和制度安全，最根本的就是维护中国共产党的领导和执政地位、维护中国特色社会主义制度。如果政治安全得不到保障，国家必然陷入四分五裂、一盘散沙的局面，中华民族伟大复兴就无从谈起。

旗帜鲜明讲政治是我们党作为马克思主义政党的根本要求。党的政治建设是党的根本性建设，决定党的建设方向和效果，事关统揽推进伟大斗争、伟大工程、伟大事业、伟大梦想。提升政治安全能力和水平需要切实加强党的政治建设，必须进一步增强党组织政治功能，彰显国家机关政治属性，发挥群团组织政治作用，强化国有企事业单位政治导向，不断提高党员干部特别是领导干部政治本领。

第一节　务必敢于斗争、善于斗争

习近平总书记在2021年秋季学期中央党校（国家行政学院）中青年干部培训班开班式上强调："世界百年未有之大变局加速演进，中华民族伟大复兴进入关键时期，我们面临的风险挑战明显增多，总想过太平日子、不想斗争是不切实际的。"① 要深刻认识到，中华民族伟大复兴，绝不是轻轻松松、敲锣打鼓就能实现的，实现伟大梦想必须进行伟大斗争。在前进道路上，我们面临的风险考验只会越来越复杂，甚至会遇到难以想象

---

① 《信念坚定对党忠诚实事求是担当作为 努力成为可堪大用能担重任的栋梁之才》，《人民日报》2021年9月2日，第1版。

的惊涛骇浪。我们面临的各种斗争不是短期的而是长期的，至少要伴随我们实现第二个百年奋斗目标全过程。要充分认识这场伟大斗争的长期性、复杂性、艰巨性，坚定斗争意志，发扬斗争精神，提高斗争本领，骨头要硬，敢于出击，敢战能胜。

一、敢于斗争、敢于胜利，是中国共产党不可战胜的强大精神力量

党的二十大报告指出："中国共产党已走过百年奋斗历程。我们党立志于中华民族千秋伟业，致力于人类和平与发展崇高事业，责任无比重大，使命无上光荣。全党同志务必不忘初心、牢记使命，务必谦虚谨慎、艰苦奋斗，务必敢于斗争、善于斗争，坚定历史自信，增强历史主动，谱写新时代中国特色社会主义更加绚丽的华章。"①

斗争精神是马克思主义固有的理论品格。马克思主义认为，社会是在永恒的矛盾运动中前进的，矛盾无时不在、无处不有，有矛盾就会有斗争，斗争是事物发展进步的实现形式。人类社会的每次前进，都是在斗争中取得的，斗争精神是马克思主义的重要理论品质。马克思指出："如果斗争只是在机会绝对有利的条件下才着手进行，那么创造世界历史未免就太容易了。"②《共产党宣言》全文数十处用到"斗争"一词，把斗争哲学刻在无产阶级政党的旗帜上，宣示着共产党人坚持原则、敢于斗争的政治基因。马克思一生都在坚持斗争、不懈奋斗。习近平总书记在纪念马克思诞辰 200 周年大会上对马克思作出了高度评价："马克思的一生是胸怀崇高理想、为人类解放不懈奋斗的一生……是不畏艰难险阻、为追求真理而勇攀思想高峰的一生……是为推翻旧世界、建立新世界而不息战斗的一生。"③

敢于斗争、敢于胜利是中国共产党人的鲜明品格。党的百年奋斗史就是一部伟大斗争史。100 多年来，一代又一代中国共产党人不畏艰难险阻、

---

① 习近平：《高举中国特色社会主义伟大旗帜　为全面建设社会主义现代化国家而团结奋斗——在中国共产党第二十次全国代表大会上的报告》，《人民日报》2022 年 10 月 26 日，第 1 版。

② 中共中央马克思恩格斯列宁斯大林著作编译局：《马克思恩格斯全集》第 33 卷，人民出版社 1973 年版，第 210 页。

③ 习近平：《在纪念马克思诞辰 200 周年大会上的讲话》，《人民日报》2018 年 5 月 5 日，第 2 版。

直面风险挑战，敢于斗争、敢于胜利，展现出伟大的历史主动精神。从革命时期的长征精神、延安精神等，到建设岁月的“两弹一星”精神、红旗渠精神等，到改革开放年代的特区精神、抗洪精神等，再到新时代的脱贫攻坚精神、抗疫精神等，构筑起以伟大建党精神为源头的中国共产党人精神谱系，形成党的光荣传统和优良作风。这是宝贵的精神财富，是激励我们奋勇前进的强大精神动力。新修订的《中国共产党章程》增加了“发扬斗争精神，增强斗争本领”的内容。《中共中央关于党的百年奋斗重大成就和历史经验的决议》把“坚持敢于斗争”列为党百年奋斗的宝贵经验。我们必须倍加珍惜、长期坚持。

新时代十年的伟大变革是党团结带领人民依靠顽强斗争取得的。党的十八大以来，我们党以巨大的政治勇气、强烈的责任担当、坚定的必胜信念团结带领全国各族人民从容应对世所罕见、史所罕见的一系列风险挑战，保持战略定力，发扬斗争精神，在斗争中维护国家尊严和核心利益，经受住了来自政治、经济、意识形态、自然界等方面的风险挑战考验，牢牢掌握了我国发展和安全的主动权，推动党和国家事业取得历史性成就、发生历史性变革。

自我革命也是敢于斗争的具体表现，是提升政治安全能力的具体要求。坚持自我革命，确保党不变质、不变色、不变味。古人说：“成其身而天下成，治其身而天下治。”自我革命就是补钙壮骨、排毒杀菌、壮士断腕、去腐生肌，不断清除侵蚀党的健康肌体的病毒，不断提高自身免疫力，防止人亡政息。勇于自我革命和接受人民监督是内在一致的，都源于党的初心使命。100 年来，党外靠发展人民民主、接受人民监督，内靠全面从严治党、推进自我革命，勇于坚持真理、修正错误，勇于刀刃向内、刮骨疗毒，保证了党长盛不衰、不断发展壮大。我将无我、不负人民，始终代表最广大人民根本利益，才能本着彻底的自我革命精神检视自身、常思己过，坚决同一切损害党的先进性和纯洁性的因素作斗争；才能摆脱一切利益集团、权势团体、特权阶层的“围猎”腐蚀，并向党内成为这些集团、团体、阶层同伙的人开刀，永葆党的生机活力；才能让人民信赖我们、支持我们，真心实意帮助我们改正缺点，坚定跟着党一起奋斗。全面从严治党是新时代党的自我革命的伟大实践，开辟了百年大党自我革命的新境界。

党的历史反复证明，以斗争求安全则安全存，以妥协求安全则安全亡；以斗争谋发展则发展兴，以妥协谋发展则发展衰。我们党依靠斗争走到今天，也必然要依靠斗争赢得未来。

二、共产党人的斗争，从来都是奔着矛盾问题、风险挑战去的

毛泽东曾指出：“什么叫工作，工作就是斗争。那些地方有困难、有问题，需要我们去解决。我们是为着解决困难去工作、去斗争的。越是困难的地方越是要去，这才是好同志。”① 习近平总书记强调：“我们共产党人的斗争，从来都是奔着矛盾问题、风险挑战去的”②，“我们讲的斗争，不是为了斗争而斗争，也不是为了一己私利而斗争，而是为了实现人民对美好生活的向往、实现中华民族伟大复兴知重负重、苦干实干、攻坚克难”③。在工作中遇到的斗争是多方面的，改革发展稳定、内政外交国防、治党治国治军都需要发扬斗争精神、增强斗争本领。习近平总书记强调：“衡量党员、干部有没有斗争精神、是不是敢于担当，就要看面对大是大非敢不敢亮剑、面对矛盾敢不敢迎难而上、面对危机敢不敢挺身而出、面对失误敢不敢承担责任、面对歪风邪气敢不敢坚决斗争。”④ 从党的十八大、十九大到二十大，习近平总书记关于斗争精神和斗争本领的重要论述这个有机整体由以下五个方面构成。

斗争的目标。实现伟大梦想，必须进行伟大斗争。斗争就是要确保我们党永不变质，确保红色江山永不变色，确保人民日益增长的美好生活需要不断满足，确保历史机遇不失之交臂，确保中华民族伟大复兴进程不被滞缓打断。这“五个确保”既是全体中国人民的共同心愿，也是新时代新征程进行伟大斗争的目标要求。

斗争的方向。习近平总书记指出，共产党人的斗争是有方向、有立场、有原则的，大方向就是坚持中国共产党领导和我国社会主义制度不动摇。凡是危害中国共产党领导和我国社会主义制度的各种风险挑战，凡是危害我国主权、安全、发展利益的各种风险挑战，凡是危害我国核心利益和重大原则的各种风险挑战，凡是危害我国人民根本利益的各种风险挑

---

① 《毛泽东选集》第4卷，人民出版社1991年版，第1161页。
② 《习近平谈治国理政》第三卷，外文出版社2020年版，第226页。
③ 《习近平谈治国理政》第三卷，外文出版社2020年版，第542页。
④ 《习近平谈治国理政》第三卷，外文出版社2020年版，第542页。

战，凡是危害我国实现第二个百年奋斗目标、实现中华民族伟大复兴的各种风险挑战，只要来了，我们就必须进行坚决斗争，而且必须取得斗争胜利。我们要以坚定的立场牢牢把握正确斗争方向，做到在各种重大斗争考验面前“不畏浮云遮望眼”“乱云飞渡仍从容”。

斗争的原则。必须坚定政治立场，牢牢把握坚持党的领导和社会主义制度这一根本方向，增强“四个意识”、坚定“四个自信”、做到“两个维护”。必须坚持人民至上，牢固树立以人民为中心的根本立场，始终把人民的获得感、幸福感、安全感作为敢于斗争的出发点和落脚点，始终把人民作为斗争的力量源泉和根本依靠。必须坚持问题导向，敢于正视问题、善于发现问题，在破解矛盾问题中推动党和国家事业取得更大进展。必须坚持统筹发展和安全，坚持发展和安全并重，实现高质量发展和高水平安全的良性互动。必须坚持胸怀天下，不断拓展世界眼光，深刻洞察人类发展进步潮流，积极回应各国人民普遍关切，为解决人类面临的共同问题作出贡献。

斗争的策略。斗争是一门艺术，要有正确的策略和方法。要把握斗争规律，坚持增强忧患意识和保持战略定力相统一，坚持战略判断和战术决断相统一，坚持斗争过程和斗争实效相统一。要树立大局观念，善于把握大局大势，抓主要矛盾和矛盾的主要方面，分清轻重缓急，科学排兵布阵。要有系统思维，把握好全局与局部、当前和长远、宏观与微观、主要矛盾和次要矛盾、特殊和一般的关系。要有理有利有节，在原则问题上寸步不让，在策略问题上灵活机动，合理选择斗争方式、把握斗争火候，根据形势需要及时调整斗争策略。要下好先手棋、打好主动仗，提高科学预见和前瞻谋划，做到未雨绸缪、防患未然。要运用统一战线思维，把握好斗争和团结的关系，团结一切可以团结的力量，调动一切积极因素，在斗争中争取团结，在斗争中谋求合作，在斗争中争取共赢。

斗争的本领。斗争本领不是与生俱来的。只有在斗争中才能学会斗争，在斗争中才能成长提高。要勇于经受政治历练，不断提高政治判断力、政治领悟力、政治执行力。要对“国之大者”了然于胸，把贯彻党中央精神体现到谋划重大战略、制定重大政策、部署重大任务、推进重大工作的实践中去。要不断提高战略思维、历史思维、辩证思维、系统思维、创新思维、法治思维、底线思维能力，为前瞻性思考、全局性谋划、整体性推进党和国家各项事业提供科学方法。习近平总书记强调，全面从严治党，坚持马克思主义在意识形态领域的指导地位，全面深化改革，推进供给侧结构性改革，推动高质量发展，消除金融领域隐患，保障和改善民生，打赢脱贫攻坚战，治理生态环境，应对重大自然灾害，全面依法治国，处理群体事件，打击黑恶势力，维护国家安全等，都要敢于斗争、善于斗争。领导干部要做敢于斗争、善于斗争的战士。

第二节 增强政治敏锐性和政治鉴别力

2020 年 10 月 10 日，中央党校（国家行政学院）中青年干部培训班在中央党校开班，习近平总书记在开班式上强调，“在干部干好工作所需的各种能力中，政治能力是第一位的”。[①] 要不断提高政治敏锐性和政治鉴别力，观察分析形势首先要把握政治因素，特别是要能够透过现象看本质，做到眼睛亮、见事早、行动快。当前，我国正处于中华民族伟大复兴的战略全局和世界百年未有之大变局中，面临的国内外环境更为纷繁复杂，可以预见和难以预见的风险挑战也更为严峻，观察分析形势变得越来越难。那么，怎样才能作出正确的判断呢？首先要把握的一个因素就是政治因素。讲政治是我们党在长期发展过程中一以贯之的优良传统与显著优势，也是我们党不断发展壮大、从胜利走向胜利的重要保证。只有从政治上分析问题才能看清本质，只有从政治上解决问题才能抓住根本。

2020 年 12 月，习近平总书记在中央政治局民主生活会上提出：“我们党要始终做到不忘初心、牢记使命，把党和人民事业长长久久推进下去，必须增强政治意识，善于从政治上看问题，善于把握政治大局，不断提高政治判断力、政治领悟力、政治执行力。”[②]

无论是政治敏锐性和政治鉴别力，还是政治判断力、政治领悟力、政治执行力，核心都是政治能力。有了过硬的政治能力，才能做到自觉在思想上、政治上、行动上同党中央保持高度一致，在任何时候、任何情况下

---

① 《年轻干部要提高解决实际问题能力 想干事能干事干成事》，《人民日报》2020 年 10 月 11 日，第 1 版。

② 《加强政治建设提高政治能力坚守人民情怀 不断提高政治判断力政治领悟力政治执行力》，《人民日报》2020 年 12 月 26 日，第 1 版。

都能“不畏浮云遮望眼”“乱云飞渡仍从容”。提高政治能力，首先要把握正确政治方向，坚持中国共产党领导和我国社会主义制度。

一、保障政治安全，坚决维护中国特色社会主义制度体系

必须毫不动摇坚持和完善中国特色社会主义制度。制度优势是一个国家的最大优势，制度竞争是国家间最根本的竞争。制度稳则国家稳。

党的十九届四中全会审议通过的《中共中央关于坚持和完善中国特色社会主义制度、推进国家治理体系和治理能力现代化若干重大问题的决定》提出了“坚持和完善支撑中国特色社会主义制度的根本制度、基本制度、重要制度”的重大命题，以根本制度、基本制度、重要制度为四梁八柱的中国特色社会主义制度体系的框架结构越发清晰。根本制度、基本制度、重要制度是维护政治安全的重要概念，是中国特色社会主义制度体系的重要组成部分。

在《中共中央关于坚持和完善中国特色社会主义制度、推进国家治理体系和治理能力现代化若干重大问题的决定》（以下简称《决定》）中，“制度”一词出现222次，“体系”一词出现116次。《决定》描绘了由13个部分组成的中国特色社会主义制度图谱：党的领导制度体系、人民当家作主制度体系、中国特色社会主义法治体系、中国特色社会主义行政体制、社会主义基本经济制度、繁荣发展社会主义先进文化的制度、统筹城乡的民生保障制度、共建共治共享的社会治理制度、生态文明制度体系、党对人民军队的绝对领导制度、“一国两制”制度体系、独立自主的和平外交政策、党和国家监督体系。

《决定》共有两处明确提及“根本制度”，一处是“坚持和完善人民代表大会制度这一根本政治制度”，另一处是“坚持马克思主义在意识形态领域指导地位的根本制度”。另外，习近平总书记在党的十九届四中全会第二次全体会议上的讲话中强调：“中国特色社会主义制度是一个严密完整的科学制度体系，起四梁八柱作用的是根本制度、基本制度、重要制度，其中具有统领地位的是党的领导制度。党的领导制度是我国的根本领导制度。”[①] 这样，已明确提出的支撑中国特色社会主义制度的根本制度起

---

① 习近平：《坚持和完善中国特色社会主义制度推进国家治理体系和治理能力现代化》，《求是》2020年第1期，第10页。

码有三项：党的领导制度、人民代表大会制度、马克思主义指导制度。①

其中，具有统领地位的是党的领导制度。在党的领导制度体系中，又包括建立不忘初心、牢记使命的制度，完善坚定维护党中央权威和集中统一领导的各项制度，健全党的全面领导制度，健全为人民执政、靠人民执政各项制度，健全提高党的执政能力和领导水平制度，完善全面从严治党制度，这6个方面的具体制度构成党的领导制度体系的基本要素。

基本政治制度是在政治建设领域具有长期性、稳定性的制度。2011年7月1日，胡锦涛同志在庆祝中国共产党成立90周年大会上的讲话中第一次提出“中国特色社会主义制度”的概念并明确了其基本内涵，其中就包括“中国共产党领导的多党合作和政治协商制度、民族区域自治制度以及基层群众自治制度等构成的基本政治制度”。

基本经济制度是经济制度体系中具有长期性和稳定性的部分，多年来，我们把公有制为主体，多种所有制经济共同发展作为基本经济制度。党的十九届四中全会的一大创新，就是在此基础上，把按劳分配为主体，多种分配方式并存的社会主义市场经济体制上升为基本经济制度。

重要制度是根本制度和基本制度的具体体现。中国特色社会主义法治体系、中国特色社会主义行政体制、繁荣发展社会主义先进文化的制度、统筹城乡的民生保障制度、共建共治共享的社会治理制度、生态文明制度体系、党对人民军队的绝对领导制度、“一国两制”制度体系、独立自主的和平外交政策等制度，在我国经济建设、政治建设、文化建设、社会建设、生态文明建设等各个方面发挥着举足轻重的作用，推动着我国经济社会全面协调可持续发展，支撑着中国特色社会主义制度和国家治理体系。

二、把握正确的政治方向，提高政治敏锐性和政治鉴别力

提高政治敏锐性和政治鉴别力，就要站在一定的政治高度上对复杂形势进行周密审视、理性辨别，不能停留在眼前、局部和浅层，被表面现象迷惑，而要利用政治这把锋利的“手术刀”深入解剖其内在本质，坚决防止和克服嗅不出敌情、分不清是非、辨不明方向的“政治麻痹症”。有些风险具有较强的隐蔽性、潜伏性，虽然暂时呈现出无害的面貌，但如果得

① 左鹏：《中国特色社会主义根本制度、基本制度、重要制度论析》，《机关党建研究》2020年第10期，第36页。

不到及时有效控制就有可能演变为政治风险。对此，党员干部要坚持底线思维，增强风险意识、忧患意识，对容易诱发政治问题特别是重大突发事件的敏感因素、苗头性倾向性问题，做到眼睛亮、见事早、行动快，将其扼杀在萌芽状态，防止进一步扩大蔓延。对于那些已经显现的政治风险，则要增强斗争精神，敢于亮剑、敢于战斗，团结一切可以团结的力量去化解，并保持毅力、久久为功，直到风险消除。

很长一段时期以来，包括历史虚无主义在内的各种错误思潮大行其道、暗流涌动，所要抢占的正是意识形态话语权，所要冲击的正是马克思主义指导地位，这已经给一些党员、干部和群众的思想造成了严重不良影响。

在国内，社会主义意识形态一直面临着两方面的挑战：一是来自“右”的方面，有些人试图用西方的民主社会主义取代科学社会主义。二是来自“左”的方面，有些人忽视社会主义初级阶段这个基本国情，强调社会主义与资本主义竞争的一面，而漠视发展中国家需要向发达国家学习、借鉴的一面。为此，我们要“既不走封闭僵化的老路，也不走改旗易帜的邪路”。要坚定落实意识形态工作责任制，加强阵地建设和管理，注意区分政治原则问题、思想认识问题、学术观点问题，旗帜鲜明反对和抵制各种错误观点。

提高政治敏锐性需要坚定的人民立场。毛泽东指出，政治是统帅、是灵魂，这政治不是少数人的政治，而是无产阶级和人民大众的政治。强调一定要站在无产阶级和人民大众的立场上，坚持党的群众路线；一定要坚持正确的政治方向，这个方向是历经挫折、风浪而不可动摇的；一定要有正确的政治观点，没有正确的政治观点就等于没有灵魂。他还深入阐述了共产党人要有政治远见，要有马克思主义识别力的问题。习近平总书记强调，江山就是人民，人民就是江山。全党同志都要坚持人民立场、人民至上，坚持不懈为群众办实事做好事，始终保持同人民群众的血肉联系。

“民心是最大的政治”，政治敏锐性的衡量标准，即对人民群众的需求要高度敏锐，对危害人民群众利益的行为要高度敏锐。我国是工人阶级领导的、以工农联盟为基础的人民民主专政的社会主义国家，国家一切权力属于人民。在党的二十大报告中，“人民”一词出现 178 次。国家安全工作归根结底是保障人民利益，一切为了人民，一切依靠人民。人民安全是国家安全的宗旨，政治安全是国家安全的根本，国家利益至上是国家安全的准则。坚持人民安全、政治安全、国家利益至上有机统一，才能更好地实现人民安居乐业、党的长期执政、国家长治久安。

朱镕基说过：离开人民群众就一事无成。不论是当市长，还是当总理，朱镕基都不忘为人民服务。他亲自抓群众信访工作，更是将这一工作提到“关系到我们党和群众的关系，关系到我们执政党的生死存亡”这样一个高度。“我们听不听群众的意见，帮不帮他们办事，为不为他们服务，这是一个根本问题。”朱镕基说，“我深深感到，我们离开人民群众就一事无成”。[①]

的确，我们党最大政治优势是密切联系群众，党执政后的最大危险是脱离群众。习近平总书记指出：“工作作风上的问题绝对不是小事，如果不坚决纠正不良风气，任其发展下去，就会像一座无形的墙把我们党和人民群众隔开，我们党就会失去根基、失去血脉、失去力量。”[②] 江山就是人民、人民就是江山，打江山、守江山，守的是人民的心。

不接触社会实践、不接触人民群众，就很难有政治敏锐性。要坚持从群众中来、到群众中去，真正成为群众的贴心人。要心中有群众，时刻把群众安危冷暖放在心上，认真落实党中央各项惠民政策，把小事当作大事来办，切实解决群众“急难愁盼”的问题。

提高政治鉴别力需要扎实的理论素养。政治鉴别力，即对纷繁复杂的社会现象、事件、问题、形势等从政治规律的高度进行鉴别、分析、研判，透过现象看本质的一种能力，是一个人思想观念、理论修养、政治立场、专业能力的综合运用。习近平总书记强调，必须加强和培养党员干部在大是大非问题面前的识别力，加强各级党员干部的党性和政治修养，大力提升政治敏锐性，不断提高政治鉴别力。的确，政治上、党性上的坚定，离不开理论上的坚定。

习近平总书记指出，现在领导干部有个“本领恐慌”问题，其中最根本的本领不足是理论素养不够；年轻干部要胜任领导工作，需要掌握的本领是很多的，最根本的本领是理论素养。理论修养是领导干部综合素质的核心，也是领导干部的核心竞争力。[③] 回顾百年党史，以理论上的清醒确

① 《朱镕基讲话实录》编辑组编：《朱镕基讲话实录》，人民出版社 2011 年版。

② 《习近平谈治国理政》第一卷，外文出版社 2018 年版，第 387 页。

③ 《在中央党校建校 90 周年庆祝大会暨 2023 年春季学期开学典礼上的讲话》，《人民日报》2023 年 4 月 1 日，第 1 版。

保政治上的坚定，是中国共产党人永葆先进性和纯洁性的一贯追求，也是我们党加强自身建设的一大法宝。什么时候党的理论武装越有力，什么时候党的政治生态就越清朗，什么时候党的事业发展就越顺利。对领导干部来说，理论修养说到底是马克思主义理论修养。以马克思主义科学理论指导各项工作，是我们党坚定理想信念、把握历史主动的根本所在。掌握马克思主义理论的深度，决定着政治敏感以及政治鉴别的程度、思想境界的高度，影响干事创业的成效。把马克思主义这个看家本领掌握得越牢靠，政治站位就越高，政治判断力、政治领悟力、政治执行力就越强，观察时势、谋划发展、防范化解风险就越主动。

要注重提高马克思主义理论水平，学深悟透，融会贯通，掌握辩证唯物主义和历史唯物主义，掌握贯穿其中的马克思主义立场观点方法，掌握中国化的马克思主义，做马克思主义的坚定信奉者、忠实实践者。

提高政治敏锐性还是政治鉴别力要有国际视野和战略思维。习近平总书记指出："要强化战略思维，保持战略定力，把谋事和谋势、谋当下和谋未来统一起来。"① 战略问题是一个政党、一个国家的根本性问题。战略上判断得准确，战略上谋划得科学，战略上赢得主动，党和人民事业就大有希望。100 年来，党总是能够在重大历史关头从战略上认识、分析、判断面临的重大历史课题，制定正确的政治战略策略，这是党战胜无数风险挑战、不断从胜利走向胜利的有力保证。

无论是政治敏锐性还是政治鉴别力，都要心怀"国之大者"，站在全局和战略的高度想问题、办事情，一切工作都要以贯彻落实党中央决策部署为前提，不能为了局部利益损害全局利益、为了暂时利益损害根本利益和长远利益。

第三节　防范处置风险向政治安全传导聚集

政治安全在国际安全系统中具有根本性特征。在所有的安全系统中，政治安全因涉及国家主权、政权、制度和意识形态的稳固，更带有根本性，其

① 习近平：《新发展阶段贯彻新发展理念必然要求构建新发展格局》，《求是》2022 年第 17 期，第 16 页。

他方面的风险最终都有可能传导到政治领域，因此政治安全对其他方面风险管控具有决定性的影响。政治安全在国家安全体系中居于核心地位和最高层次。强调政治安全就是要坚持党的领导和坚持中国特色社会主义制度不动摇，把制度安全、政权安全、意识形态安全放在首要位置，为国家安全提供根本政治保证。政治安全具有极端重要性，也具有高度敏感性。对任何一个国家而言，任何领域的风险和挑战，最终都会向政治领域传导。

一、筑牢意识形态领域的思想防线

意识形态关于旗帜、关乎道路、关乎国家政治安全。历史和现实反复证明，搞乱一个社会、颠覆一个政权，往往先从意识形态领域打开缺口，先从搞乱人们思想入手。思想防线被攻破了，其他防线就很难守住。2013年1月15日，习近平总书记在新进中央委员会委员、候补委员学习贯彻党的十八大精神研讨班上的讲话中提出发人深省的问题："苏联为什么解体？苏共为什么垮台？一个重要原因就是意识形态领域的斗争十分激烈，全面否定苏联历史、苏共历史，否定列宁，否定斯大林，搞历史虚无主义，思想搞乱了，各级党组织几乎没任何作用了，军队都不在党的领导之下了。最后，苏联共产党偌大一个党就作鸟兽散了，苏联偌大一个社会主义国家就分崩离析了。"① 美国是高度重视意识形态竞争的国家，在其看来，"意识形态是一种无孔不入的重要力量"。②

2014年，习近平总书记强调："意识形态工作面临的内外环境更趋复杂，境外敌对势力加大渗透和西化力度，境内一些组织和个人不断变换手法，制造思想混乱，与我争夺人心。一些单位和党政干部组织敏感性、责任感不强，在重大意识形态问题上含含糊糊、遮遮掩掩，助长了错误思潮的扩散。意识形态关乎旗帜、关乎道路、关乎国家政治安全。"③

要严密防范和坚决打击各种渗透颠覆破坏活动、暴力恐怖活动、民族分裂活动、宗教极端活动。在中国实现"从大到强"的过程中，美西方国

---

① 《毫不动摇坚持和发展中国特色社会主义 在实践中不断有所发现有所创造有所前进》，《人民日报》2013年1月6日，第1版。

② 哈佛大学国际事务研究中心：《意识形态与外交事务：哈佛大学国际事务研究中心研究报告》，世界知识出版社1960年版，第156页。

③ 中共中央党史和文献研究院编：《习近平关于防范风险挑战、应对突发事件论述摘编》，中央文献出版社2020年版，第38页。

家对社会主义制度持敌视态度，硬遏制越来越渺茫，意识形态、价值观渗透颠覆加剧。各种敌对势力一直企图在我国制造“颜色革命”，妄图颠覆中国共产党领导和我国社会主义制度。这是我国政权安全面临的现实危险。在外部，美西方国家实施“脱钩断链”政策并积极推广“民主同盟”战略，以恶化中国和平发展的外部环境；在内部，美西方国家不断在新疆、西藏、台湾等问题上干涉中国内政，支持海外的各种反共、反华势力，在香港问题上暗中同中国较劲。在文化领域，美西方国家通过广播、出版、影视文学、教育等多种途径强行推行其意识形态，干扰我国主流意识形态的主导力与控制力，导致文化领域西强我弱，缺乏话语权与主动权。对此，要努力增强意识形态工作的有效性，努力做到“两化”，即意识形态工作的社会科学化、产品产业化。

2013 年 6 月 28 日，习近平总书记在全国组织工作会议上发表重要讲话指出：“我一直在想，如果哪天在我们眼前发生‘颜色革命’那样的复杂局面，我们的干部是不是都能毅然决然站出来捍卫党的领导、捍卫社会主义制度?”① 维护中国国家安全，不仅要防止落入“中等收入陷阱”，也要防止落入“西化、分化陷阱”。中国是一党长期执政的国家，政治安全是国家安全的首要问题，政治安全就是要维护党的领导，维护中国特色社会主义制度，始终保持政治警觉才能保证长久的政治安全。

二、要处理好维稳与维权的关系

维护社会大局稳定，要切实落实保安全、护稳定各项措施，下大气力解决好人民群众切身利益问题，全面做好就业、教育、社会保障、医药卫生、食品安全、安全生产、社会治安、住房市场调控等各方面工作，要坚持保障合法权益和打击违法犯罪两手都要硬、都要快。② 要处理好维稳与维权的关系，既要解决合理合法诉求、维护群众利益，也要引导群众依法表达诉求、维护社会秩序。

在现代化进程中，社会风险是一个无法消除的常态现象，而社会危机

---

① 《十八大以来重要文献选编》（上），中央文献出版社 2014 年版，第 339—340 页。

② 赵磊：《国家安全学与总体国家安全观》，中国民主法制出版社 2023 年版，第 291 页。

和社会动荡则是应当予以避免和防止的。在大部分情形下，社会危机和社会动荡一般都是以政治风险和政治危机为发端、为契机出现的。就社会风险转为政治风险可能性的分析而言，有三个具体环节最为关键：一是经济基本面状况如何；二是民众基本利益诉求状况如何；三是公共权力运行基本状况如何。①

应当说，在现代化进程中，社会风险是一个常态现象。没有哪一个国家不存在社会风险。但问题在于，社会风险如若控制不当，由之演化加重，便会转换为政治风险；进一步看，政治风险一旦控制不当，由之进一步演化升级，突破一定的临界点，社会风险就会进入比较严重的等级，演化为社会危机，而社会危机又容易转为政治危机；最终，政治危机如若再控制不当，就容易造成社会控制中心的失效，导致社会秩序的丧失，进而催生社会动荡。在中国现阶段，就民众基本利益诉求引发的社会风险转为政治风险的可能性判断而言，需要着眼于三个关键性的环节，即民生状况能否得到持续改善，民众利益诉求主要集中在哪个领域，民众利益诉求主要采用何种方式。目前，中国社会的民生状况得以持续改善，民众的利益诉求主要集中在民生领域，民众利益诉求的表达以温和方式为主。②

处理好维稳与维权的关系，要充分展现党“统揽全局、协调各方”的政治优势，调动各方面的积极因素，充分显示人民群众的磅礴力量。其中，新的社会阶层人士是加强和创新基层社会治理以及维护社会稳定的重要力量。新的社会阶层人士是改革开放以来，伴随社会主义市场经济发展而逐步成长起来的新的社会群体，是我国社会主义现代化进程中一支蓬勃发展、充满创新活力的积极力量。党的二十大报告中指出，“做好新的社会阶层人士工作，强化共同奋斗的政治引领”。

2015 年 9 月 22 日，《中国共产党统一战线工作条例（试行）》向社会公布。在《条例》明确的 12 个方面的工作对象中，第一次出现了“新的社会阶层人士”。新的社会阶层人士主体是知识分子，主要包括四大群体：私营企业和外资企业的管理人员和技术人员（指受聘于私企和外企，掌握

---

① 吴忠民：《关于社会风险转为政治风险的可能性问题——中国中近期社会安全前景的一种判断》，《山东社会科学》2019 年第 12 期，第 5 页。

② 吴忠民：《关于社会风险转为政治风险的可能性问题——中国中近期社会安全前景的一种判断》，《山东社会科学》2019 年第 12 期，第 5—13 页。

企业核心技术和经营管理的专门知识者）、社会组织从业人员（包括律师、会计师、评估师、税务师、专利代理人等提供知识性产品服务的社会专业人士，以及社会团体、基金会、民办非企业单位从业者）、自由职业人员（指不供职于任何经济组织、事业单位或政府部门，在国家法律、法规、政策允许的范围内，凭借自己的知识、技能与专长，为社会提供某种服务并获取报酬者）、新媒体从业人员（指以新媒体为平台或对象，从事或代表特定机构从事投融资、技术研发、内容生产发布以及经营管理活动者）。

中央统战部2017年年初发布的数据显示，我国新的社会阶层人士的总体规模约为7200万人。其中党外人士占比为95.5%。根据调研统计测算，民营企业和外商投资企业管理技术人员约4800万人；中介组织和社会组织从业人员约1400万人；自由职业人员约1100万人；新媒体从业人员约1000万人。由于各类群体间存在人员交叉，数据直接相加总数多于7200万。无论是维护国家安全还是提升国家治理现代化能力，都离不开新的社会阶层的积极参与。

互联网已经成为意识形态斗争的主阵地、主战场、最前沿。互联网是我们面临的“最大变量”，搞不好会成为我们的“心头之患”。西方反华势力一直妄图利用互联网“扳倒中国”，多年前有西方政要就声称“有了互联网，对付中国就有了办法”，“社会主义国家投入西方怀抱，将从互联网开始”。对于网上舆论热点，要深入研判。管好用好互联网，是新时代建设具有强大凝聚力和引领力的社会主义意识形态的基础性工程，既要解决好谁来管、怎么管的问题，也要解决谁来用、怎么用的问题。

要完善群众参与平安中国建设的组织形式和制度化渠道，创新互联网时代群众工作机制，更好地广纳民智、广聚民力。习近平总书记指出：“没有网络安全就没有国家安全；过不了互联网这一关，就过不了长期执政这一关。”[①] 在互联网无处不在、社会信息化快速发展的时代条件下，网络既是人们生产生活的重要空间，也是党和政府服务群众、了解民意、治理社会的重要平台。

最新统计显示，截至2022年1月，全球互联网用户数量达到49.5亿人，互联网用户占全球总人口的62.5%，其中92.1%的用户通过手机访问

① 习近平：《加快推动媒体融合发展　构建全媒体传播格局》，《求是》2019年第6期。

互联网。与此同时，全球已拥有46.2亿社交媒体用户，社交媒体用户的数量已相当于世界总人口的58%以上。社交媒体用户每天花在社交媒体上的时间达到2小时27分钟。总之，要善于通过互联网等各种渠道问需于民、问计于民，更好倾听民声、尊重民意、顺应民心，把党和国家各项工作做得更好。

提升政治安全能力和水平要高度重视青年工作，青年工作就是战略性工作。学校是意识形态工作的前沿阵地。各种敌对势力从来没有停止对中国共产党领导和我国社会主义制度进行颠覆破坏活动，它们下功夫最大的一个领域就是争夺我们的青少年。境外一些势力经常在我国高校开展活动，一些境外宗教组织以高校为重点开展渗透活动，还有宗教极端势力对一些高校少数民族学生进行渗透。[①] 各级党委要把高校思想政治工作摆在重要位置，加强领导和指导，形成党委统一领导、各部门各方面齐抓共管的工作局面。

提升政治安全能力和水平要高度重视民族团结工作，团结稳定是福，分裂动乱是祸。要准确把握和全面贯彻党关于加强和改进民族工作的重要思想，以铸牢中华民族共同体意识为主线，坚定不移走中国特色解决民族问题的正确道路，构筑中华民族共有精神家园，促进各民族交往交流交融，推动民族地区加快现代化建设步伐，提升民族事务治理法治化水平，防范化解民族领域风险隐患，推动新时代党的民族工作高质量发展。

第四节　筑牢维护政治安全的基层基础

就定义而言，安全是客观上没有或很少威胁，主观上没有或很少恐惧。因此，筑牢维护政治安全的基层基础是能够切实提升老百姓的“三感”，即获得感、幸福感、安全感。有了人民防线就有了国家安全的社会根基。要通过市域社会治理现代化等方式，不断提升社会治理效能。除坚持和发展新时代“枫桥经验”外，要积极探索新的社会治理模式。如“后陈经验”的核心是源头治理，选出了全国第一个村务监督委员会；“浦江

① 中共中央宣传部、中央国家安全委员会办公室：《总体国家安全观学习纲要》，学习出版社、人民出版社2022年版，第66页。

经验”开创了“省级领导下访接访”的先河；“龙山经验”是根植于基层社会的一整套行之有效的诉源治理方式。不管是什么经验，只要有助于老百姓安居乐业，就是好的经验，就有助于筑牢维护国家安全的人民防线，就有助于筑牢维护政治安全的基层基础。

2023 年 3 月，中共中央、国务院印发了《党和国家机构改革方案》，组建中央社会工作部，负责统筹指导人民信访工作，指导人民建议征集工作，统筹推进党建引领基层治理和基层政权建设，统一领导全国性行业协会商会党的工作，协调推动行业协会商会深化改革和转型发展，指导混合所有制企业、非公有制企业和新经济组织、新社会组织、新就业群体党建工作，指导社会工作人才队伍建设，等等。

一、提高公共安全治理水平

我国社会大局保持长期稳定，成为世界上最有安全感的国家之一。党的十九届四中全会将新中国 70 年来的伟大成就概括为“两大奇迹”，即“世所罕见的经济快速发展奇迹和社会长期稳定奇迹”。

2021 年 11 月 16 日，美国权威民调机构盖洛普发布了一年一度的全球法律和秩序指数排名，基于 2020 年度在各地区的调查，挪威以 94 分名列第一。阿联酋、中国、瑞士三国得分均为 93 分，并列第二。排名前十的国家和地区还有芬兰、冰岛、塔吉克斯坦、中国台湾、斯洛文尼亚、奥地利以及葡萄牙，分数都在 90 分以上。值得一提的是，中国是唯一进入前十位的世界大国。

维护国家安全和社会稳定，重心在基层，力量在基层，要切实提高公共安全治理水平。

第一，坚持安全第一、预防为主，建立大安全大应急框架，完善公共安全体系，推动公共安全治理模式向事前预防转型。公共安全一头连着经济社会发展，一头连着千家万户，必须既立足当前、着力解决突出问题，又立足长远、不断完善制度机制，提高公共安全保障能力，切实维护人民群众生命财产安全。要强化事前预防。牢固树立安全发展理念，从最突出的问题防起，从最基础的环节抓起，从最明显的短板补起，加强信息化源头管控、精准化监测预警、动态化风险评估、智能化威慑打击等方面的制度机制建设，织密全方位立体化的公共安全网。

第二，推进安全生产风险专项整治，加强重点行业、重点领域安全监管。完善和落实安全生产责任制，深入开展安全隐患排查整治，有效遏制重特大安全事故。2020 年 4 月，国务院安全生产委员会印发了《全国安全生产专项整治三年行动计划》，明确了 2 个专题实施方案、9 个专项整治实施方案。“三年行动”主要聚焦在风险高隐患多、事故易发多发的煤矿、非煤矿山、危险化学品、消防、道路运输、民航铁路等交通运输、工业园区、城市建设、危险废物等行业领域。

《中华人民共和国安全生产法》于 2002 年公布施行，2009 年和 2014 年进行了两次修正，对预防和减少生产安全事故、保障人民群众生命财产安全发挥了重要作用，但新发展阶段、新发展理念、新发展格局对安全生产提出了更高的要求，需要对该法进行修改完善。《中华人民共和国安全生产法》（2021 年修订版）已由第十三届全国人民代表大会常务委员会第二十九次会议于 2021 年 6 月 10 日通过，自 2021 年 9 月 1 日起施行。新修订后的《中华人民共和国安全生产法》新增了平台经济等新兴行业、领域的安全生产问题，总体上进一步加大对生产经营单位及其负责人安全生产违法行为的处罚力度。

第三，提高防灾减灾救灾和重大突发公共事件处置保障能力，加强国家区域应急力量建设。坚持以防为主、防抗救相结合，坚持常态减灾和非常态救灾相统一，建立高效科学的自然灾害防治体系。我国是世界上自然灾害最为严重的国家之一，近年来，极端天气灾害多发频发，在重特大自然灾害防范应对实践中，暴露了我国一些城市在防灾减灾领域存在诸多短板和不足。

2018 年 3 月，第十三届全国人民代表大会第一次会议审议通过了国务院机构改革方案，批准组建中华人民共和国应急管理部。在此之前，我国的应急管理工作并无统一的常设机构，国务院下属的应急管理协调机构更是有 16 个之多。一旦遭遇突发公共安全事件，往往出现应急管理的政令不一、信息不畅。应急管理部的组建彻底改变了这种局面。新建立的应急管理部整合了职责，形成了核心部门总牵头、各方协调齐配合的应急管理和公共安全治理新局面。

2022 年 6 月，应急管理部印发《“十四五”应急救援力量建设规划》，进一步明确了“十四五”期间专业应急救援力量、社会应急力量、基层应急救援力量建设思路、发展目标、主要任务、重点工程和保障措施，细化提出了 4 项发展目标、9 个核心指标，以及 5 方面重点任务和 18 项重点工程。

第四，强化食品药品安全监管，健全生物安全监管预警防控体系。坚持最严谨的标准、最严格的监管、最严厉的处罚、最严实的问责，强化食品药品安全监管，确保人民群众“舌尖上的安全”。健全生物安全监管预警防控体系，全面提高国家生物安全治理能力。

纵观人类卫生健康史，就是一部与突发公共卫生事件的抗争史。无论地域、种族或文化，各国始终面临着传染病暴发带来的严峻挑战。随着全球化加速发展，传染病的传播速度史无前例，新病原体出现的速度也超过了过去任何一个时期。[①] 2020 年 10 月 17 日，《中华人民共和国生物安全法》于第十三届全国人民代表大会常务委员会第二十二次会议通过，强调建立生物安全风险防控体制。第十条规定：中央国家安全领导机构负责国家生物安全工作的决策和议事协调，研究制定、指导实施国家生物安全战略和有关重大方针政策，统筹协调国家生物安全的重大事项和重要工作，建立国家生物安全工作协调机制。省、自治区、直辖市建立生物安全工作协调机制，组织协调、督促推进本行政区域内生物安全相关工作。

《中华人民共和国生物安全法》第十一条规定：国家生物安全工作协调机制由国务院卫生健康、农业农村、科学技术、外交等主管部门和有关军事机关组成，分析研判国家生物安全形势，组织协调、督促推进国家生物安全相关工作。

在国际社会，生物安全正在成为大国博弈的重要议题。世界范围内频发的严重“生物事件”，使得国防已经突破陆、海、空、天、电的疆界，拓展至“生物疆域”范畴，世界主要国家都在加强“生物国防”建设。美英等国纷纷出台生物安全战略，表明西方大国旨在抢占该领域战略制高点的意图，标志着国际生物安全战略博弈进入新阶段。对此，需要进一步完善顶层设计，适时发布《国家生物安全战略》；建设生物安全预防控制体系，从源头检测和遏制生物威胁；加强生物安全领域基础研究，为国家生物安全提供科学与技术支撑；积极推动生物安全的全球治理。

第五，加强个人信息保护。2021 年 8 月 20 日，《中华人民共和国个人

---

① 李春晓、童贻刚、姜涛等：《塞拉利昂埃博拉病毒病疫情国际合作防控及对我国参与全球公共卫生行动的启示和借鉴》，《中华流行病学杂志》2015 年第 9 期，第 1028 页。

信息保护法》于第十三届全国人民代表大会常务委员会第三十次会议通过。其中，第十条规定：任何组织、个人不得非法收集、使用、加工、传输他人个人信息，不得非法买卖、提供或者公开他人个人信息；不得从事危害国家安全、公共利益的个人信息处理活动。

据统计，2021 年，全国公安机关共破获侵犯公民个人信息案件 9800 余起，抓获犯罪嫌疑人 1.7 万名。在全球数据治理方面，中国鼓励各国充分尊重网络主权，维护网络安全，坚决打击网络恐怖主义和网络犯罪，保护个人隐私和信息安全，推动建立多边、民主、透明的国际互联网治理体系；呼吁提高数字包容性，号召国际社会采取多种政策措施和技术手段缩小数字鸿沟，切实增强数字经济的可用性、完整性、保密性和可靠性。2016 年 9 月，二十国集团领导人杭州峰会通过《二十国集团数字经济发展与合作倡议》，为全球数据治理提供了中国方案。

二、完善社会治理体系

从理论上讲，衡量社会稳定、社会安全的具体指数，有法治类指标，如盖洛普全球法律与秩序指数，八类严重暴力犯罪案件发生率、破案率等；有经济类指标，如痛苦指数①、基尼系数等；有精神类指标，如精神病发病率、抑郁症患病率、自杀率等。

平安是人民幸福安康的基本要求，是高质量发展的基本前提。习近平强调，要全面提升平安中国建设科学化、社会化、法治化、智能化水平，不断增强人民群众获得感、幸福感、安全感。②

第一，健全共建共治共享的社会治理制度，提升社会治理效能。党的十九届四中全会指出，“完善党委领导、政府负责、民主协商、社会协同、公众参与、法治保障、科技支撑的社会治理体系”。提升社会治理效能，要看是否有效防范化解各种风险，是否有效维护群众合法权益，是否有效提高法治保障水平。

我国是命案发案率最低、刑事犯罪率最低、枪爆案件最少的国家之

---

① 痛苦指数（Misery Index）是由美国经济学家阿瑟·奥肯提出的，痛苦指数 = 失业率 + 通胀率。一般而言，较高的失业率和糟糕的通胀水平都将导致一个国家的经济和社会不稳。

② 习近平：《开创我国高质量发展新局面》，《求是》2024 年第 12 期。

一，每10万人口的命案是0.5起。10年来，刑事案件、安全事故等“五项指数”大幅下降。2021年，杀人、强奸等八类主要刑事犯罪，毒品犯罪案件，抢劫抢夺案件，盗窃案件的立案数，一次死亡3人以上的较大的交通事故数较2012年分别下降了64.4%、56.8%、96.1%、62.6%和59.3%。人民群众的安全感明显提升，2021年，根据国家统计局的调查，安全感达到了98.6%，较2012年提升了11个百分点。当今中国成为世界上公认的最安全的国家之一。

第二，在社会基层坚持和发展新时代“枫桥经验”。完善正确处理新形势下人民内部矛盾机制，加强和改进人民信访工作，畅通和规范群众诉求表达、利益协调、权益保障通道，完善网格化管理、精细化服务、信息化支撑的基层治理平台，健全城乡社区治理体系，及时把矛盾纠纷化解在基层、化解在萌芽状态。要加强矛盾风险源头防范化解。党的工作最坚实的力量支撑在基层，必须把抓基层打基础作为长远之计和固本之策。要完善群众参与基层社会治理的制度化渠道，健全党组织领导的自治、法治、德治相结合的城乡基层治理体系，实现政府治理和社会调节、居民自治良性互动。要推动社会治理和服务重心向基层下移，把更多资源下沉到基层。

第三，加快推进市域社会治理现代化，提高市域社会治理能力。“市域社会治理”是指以城市行政区域为空间范围，统筹政府、社会、市场各方力量，完善市域社会治理的组织架构和组织方式，提高市域社会治理能力，努力把重大风险防范化解在市域。

城市治理是推进国家治理体系和治理能力现代化的重要内容。2019年10月31日，党的十九届四中全会通过的《中共中央关于坚持和完善中国特色社会主义制度、推进国家治理体系和治理能力现代化若干重大问题的决定》明确提出，“加快推进市域社会治理现代化”，这是党的纲领性文件中首次出现“市域社会治理”的概念。党的十九届五中全会进一步提出，“加强和创新市域社会治理，推进市域社会治理现代化”。

中央政法委研究制定了《全国市域社会治理现代化试点工作实施方案》《全国市域社会治理现代化试点工作指引》，既为开展试点工作提供了基本遵循，又为试点城乡评估提供了衡量标准。

2022年8月15日，中央政法委召开第九次市域社会治理现代化试点工作交流会。时任中央政法委秘书长陈一新强调，要加快完善党委领导、政府负责、群团助推、社会协同、公众参与的市域社会治理体制，为市域社会治理现代化提供有力保障。其中，要健全社会组织协同体制。健全社会组织培育扶持机制，重点扶持治保维稳类、专业调处类、公益慈善类、居民互助类等社会组织。此外，要加强社会组织规范管理，强化自律诚信和守法意识，不断提升服务质效和社会公信力。健全人民群众参与体制。保障群众知情权、参与权、表达权和监督权。创新完善群众工作机制，推动听民声察民情常态化。

确切地说，市域社会治理现代化的本质就是整体性社会的发展过程。[①]提高市域社会治理能力不仅是实现社会治理现代化，也是推进国家安全体系和能力现代化的必然要求。

第四，强化社会治安整体防控，推进扫黑除恶常态化，依法严惩群众反映强烈的各类违法犯罪活动。把完善社会治安整体防控体系作为基础性工程来抓。要坚持打防管控建并举，加快推进立体化信息化社会治安防控体系建设，保护人民群众人身权、财产权、人格权。深入实施《中华人民共和国反有组织犯罪法》，推进扫黑除恶常态化，以“破案攻坚”开路，以“打伞破网”断根，以“打财断血”绝后，以“问题整改”提质，坚决把黑恶势力扫荡干净。在标本兼治上下真功夫，既坚持深挖根治，又谋划长效常治，建立健全行业监管、乱点整治、基层治理等方面的长效机制，净化社会政治生态。紧紧抓住人民群众反映强烈的“黄赌毒拐骗”等违法犯罪，特别是网络贩枪、网络传销、电信网络诈骗、网络黑公关等新型网络犯罪，深化打击整治行动，着力治乱点、补短板、消隐患。加强对治安动态的分析预测，推动社会治安重心下移，努力实现“发案少、秩序好、社会稳、群众满意”。

积极推进立体化、信息化社会治安防控体系建设，大力推广社会面“1、3、5 分钟”快速响应等机制，有效提升社会面掌控力。具体来说，“135”消防响应机制：1 分钟响应启动、3 分钟到场扑救、5 分钟协同作战。“135”快速反应作战圈机制：在主城区，接报涉恐涉暴袭击和个人极端暴力犯罪等重特大警情时，1 分钟快速反应，重点区域 3 分钟赶到现场处置，人员密集场所 5 分钟赶到现场处置。

---

① 陈成文、陈静、陈建平：《市域社会治理现代化：理论建构与实践路径》，《江苏社会科学》2020 年第 1 期，第 45 页。

2018 年 1 月，中共中央、国务院发布的《关于开展扫黑除恶专项斗争的通知》指出，重点打击十二种黑恶势力，具体包括：威胁政治安全特别是政权安全、制度安全以及向政治领域渗透的黑恶势力；把持基层政权、操纵破坏基层换届选举、垄断农村资源、侵吞集体资产的黑恶势力；利用家族、宗族势力横行乡里、称霸一方、欺压残害百姓的“村霸”等黑恶势力；在征地、租地、拆迁、工程项目建设等过程中煽动闹事的黑恶势力；在建筑工程、交通运输、矿产资源、渔业捕捞等行业、领域，强揽工程、恶意竞标、非法占地、滥开滥采的黑恶势力；在商贸集市、批发市场、车站码头、旅游景区等场所欺行霸市、强买强卖、收保护费的市霸、行霸等黑恶势力；操纵、经营“黄赌毒”等违法犯罪活动的黑恶势力；非法高利放贷、暴力讨债的黑恶势力；插手民间纠纷，充当“地下执法队”的黑恶势力；组织或雇佣网络“水军”在网上威胁、恐吓、侮辱、诽谤、滋扰的黑恶势力；境外黑社会入境发展渗透以及跨国跨境的黑恶势力；黑恶势力背后的“保护伞”。

2021 年 5 月，中共中央办公厅、国务院印发《关于常态化开展扫黑除恶斗争巩固专项斗争成果的意见》，旨在对常态化开展扫黑除恶斗争作出安排部署。2021 年 12 月 24 日，第十三届全国人民代表大会常务委员会第三十二次会议通过《中华人民共和国反有组织犯罪法》，保障在法治轨道上常态化开展扫黑除恶工作。

第五，发展壮大群防群治力量，营造见义勇为社会氛围，建设人人有责、人人尽责、人人享有的社会治理共同体。

2019 年 1 月，习近平总书记在中央政法工作会议上首次提出“社会治理共同体”概念，同年召开的党的十九届四中全会，正式将其写入党的纲领性文件。在党的二十大报告中，社会治理共同体建设再次被着重提出。建设社会治理共同体，扬正气、鼓士气，营造见义勇为社会氛围。完善群众参与平安建设的组织形式和制度化渠道，筑牢扎实的人民防线。

就北京而言，“朝阳群众”“西城大妈”“海淀网友”“丰台劝导队”“石景山老街坊”等都是首都基层社会治理的亮丽名片，是群防群治的重要力量。2014 年起，北京市还通过自愿形式，形成了一支“网警志愿者”队伍。80 后、90 后是绝对的主力军，占志愿者总数的 80%。总之，中国共产党根基在人民群众，血脉在人民群众，力量在人民群众。

第十章　维护政治安全的国际借鉴

世界各国普遍重视国家社会的稳定，维护政权安全是国家安全稳定的重要方面，但是，并没有哪个国家明确把维护政治安全作为国家安全战略的一部分。对于苏联和社会主义时期的东欧国家而言，维护政治安全主要是防止出现动摇其政权的力量，维护社会稳定，防止出现舆论与社会组织的多元化是其重要任务。对于那些通过定期选举实现政权更迭的国家而言，最重要的是不要在选举中失去执政地位，所谓民主制度比较成熟的欧美国家就是这样，它们要维护的主要是其制度与价值观不被挑战。对于发展中国家而言，完善国家体制，防止出现政变、武装反抗是维护政治安全的重要方面。

第一节　苏联、东欧国家的经验教训

社会主义从一诞生起，便面临来自强大的资本主义国家的压力，维护政治安全是其生存和发展的必然要求。欧美资本主义强国曾企图把苏维埃俄国扼杀在摇篮里，在列宁的正确领导下，它们的企图没有得逞。20 世纪三四十年代，在法西斯的威胁面前，苏联与欧美国家结成了反法西斯统一战线，但在二战胜利后没多久，便开始了冷战，以美国为首的资本主义阵营努力遏制苏联影响的扩大。20 世纪 50 年代美国又提出了对社会主义国家的“和平演变”战略。在美苏长达半个世纪的竞争中，美国赢得了优势。1989—1991 年，曾是社会主义国家的苏联、东欧国家发生剧变，原来执政的共产党或工人党都失去了政权，有的多民族国家还发生了分裂。这些国家的社会制度都发生了改变，各国普遍以美欧国家的政治经济制度为方向进行制度转型。

一、苏联共产党由盛转衰再到丧失政权的经历

1917 年十月革命胜利后，列宁领导俄国人民为捍卫和巩固新生的苏维埃政权进行了艰苦斗争。苏维埃政权一成立，便争取时间恢复在帝国主义战争中遭到严重破坏的俄国经济，并重建军队以加强国防，列宁代表工农政府提议各交战国缔结和约，但遭到协约国拒绝。1918 年 2 月，德国军队大举进攻苏俄，苏维埃政权面临严重安全威胁。为了赢得暂时的和平时机以巩固新政权，列宁力排众议，1918 年 3 月与德国签订了割地赔款的《布列斯特和约》。苏维埃政权退出了帝国主义战争，但不得不进行更严酷的国内战争。从 1918 年 3 月开始，原沙皇政府的将军邓尼金、高尔察克、尤登尼奇、弗兰格尔等相继发生叛乱，他们得到了帝国主义国家的支持，全俄中央执行委员会宣布苏维埃共和国为军营，要求“一切为了前线”。到 1920 年年底，苏俄取得了国内战争的胜利，资本主义国家无法在武力上战胜苏俄，布尔什维克成功巩固了政权。

在苏联社会主义建设时期，苏联需要靠自己的经济成就证明社会主义制度的优越性。在新经济政策时期，苏俄成功赢得了农民的拥护，通过两个五年计划，成为欧洲工业强国。苏联政治安全受到的最严重的挑战是德国法西斯的进攻。20 世纪 30 年代，德日意法西斯以反对共产主义为名联合起来，重新武装。1941 年 6 月 22 日，德国法西斯向苏联发动了闪电战，直接打到莫斯科城下，并围困了列宁格勒，苏联面临生死存亡的抉择。苏联人民在苏联共产党的领导下，进行了长达 4 年的卫国战争，不仅把德国法西斯赶出了苏联领土，还解放了东欧一些国家。

20 世纪 70 年代，随着苏共领导层的保守僵化，苏联社会出现了严重的政治危机，“持不同政见者”要求改革政治体制，实现“民主”。苏共为了消除这股思潮对政权的威胁，对“持不同政见者”进行了严厉镇压，但危机并未消除，苏联经济社会进入停滞时期，错失了信息革命的时机。

20 世纪 80 年代中期，为了摆脱危机，戈尔巴乔夫开始进行改革。他提出“民主化”“公开性”，以建设所谓带有“人道”的社会主义，试图靠动员社会力量促进改革。执行的结果却事与愿违。1988 年 6 月苏共第十九次代表会议召开，在经济危机严重的情况下，把国家的政治体制改革提上了日程。戈尔巴乔夫提出政治体制改革的任务主要是让千百万劳动人民

真正参与国家的管理，原则是明确区分党政部门的职能，把不属于党的权力还给苏维埃，建立有效的机制，以保障政治体制能根据国内外形势的变化而自我革新，在一切生活领域越来越积极地发展和实行社会主义民主与自治原则。这种理想化的设想于事无补，把权力从党向苏维埃转移，使改革失去了领导。面对困难局面，苏共领导层不是承担历史职责，而是主动放弃了政权。1990 年苏共中央二月全会决定实行多党制，苏共领导层放弃了党的领导权，“苏共同其他社会政治组织与群众运动一样参加国家和社会事务的管理，向人民代表苏维埃和其他国家机构推举自己的代表。党不攫取国家政权的全权。它的作用是成为经民主认可的和通过党员来开展活动的政治领袖。它不追求特权和在苏联宪法中规定自己的特殊地位。鉴于这一点，党认为必须通过立法动议程序，把涉及国家根本法第六条的有关建议提交苏联人民代表大会”。[①] 随后最高苏维埃修改了宪法，取消了苏共的领导地位。改革变成了改向。苏共在关键时刻放弃了领导责任。“取消宪法第六条，实际上也就是将苏共排挤出政权，这就摧毁了国家的权威基础。在中央新建立的政权机构已失去了本身的合法性，而在很多共和国中共产党人在大选中已丧失权力，这些都加快了国家的解体，加深了经济危机以及社会关系和族际关系的危机。”[②] 1990 年 7 月，苏共二十八大把“人道的、民主的社会主义”确定为党的纲领和奋斗目标，实际上否定了苏共以往走过的道路。在多重危机的打击下，戈尔巴乔夫丧失了方向感和控制权，“8·19”事变又沉重打击了苏共。1991 年 8 月 24 日，作为总书记的戈尔巴乔夫签署声明，辞去苏共中央总书记的职务，并建议苏共自行解散。

苏共在改革过程中没有有效改善党的领导，没有形成领导改革的核心。当国家面临危机时，苏共主动放弃了政权，主动以欧美政治体制为模式进行改革，苏联政治制度发生了演变。

---

① 《走向人道的民主的社会主义——苏共中央提交党的二十八次代表大会的行动纲领草案》，《真理报》1990 年 2 月 13 日；中共中央对外联络部资料编辑中心编：《苏共中央二月全会文件选编（1990 年 2 月 5—7 日）》，世界知识出版社 1990 年版，第 48 页。

② ［俄］安德兰尼克·米格拉尼扬著，徐葵等译：《俄罗斯现代化之路——为何如此曲折》，新华出版社 2002 年版，第 220 页。

二、东欧国家政治制度的确立、发展与失败

1944—1949 年，东欧的波兰、捷克斯洛伐克、匈牙利、南斯拉夫、阿尔巴尼亚、保加利亚、罗马尼亚、德意志民主共和国 8 个国家相继建立了人民民主政权。这些国家起初保留了议会民主制、实行多党联合政府，经济上多种所有制并存、进行土地改革但没有实行农业集体化。1947 年 6 月，马歇尔计划出台后，苏联改变政策，把东欧作为自己的势力范围，以增强与美国对抗的实力。苏联把自己的模式强加于东欧各国，要求这些国家政治上实行一党制，取缔其他政党；经济上按照苏联模式向社会主义过渡，实行单一的社会主义公有制、搞农业集体化，消灭小农经济；在经济发展战略上，重工业优先，忽视轻工业和农业；在经济管理体制上，制订包揽一切的指令性计划，用行政命令的办法管理经济。

东欧国家照搬苏联模式，暴露了许多问题。苏联把自己的模式强加给差异很大的东欧各国，必然引起“机体排异”。“斯大林模式已使波兰陷入了这样一种境地，它的整个特有的社会本质，它的全部特征，它的社会生活和文化生活的多样化，都要放在这种制度的‘普罗克鲁特床’中。这既不适合波兰的躯体，也不适合它的气质。”① 波兰人民的生活水平长期得不到改善。匈牙利本来是重要的农业国，领导人却要学苏联在短期内建成“钢铁国家”，但钢铁代替不了面包，造成全国粮食短缺，国内矛盾激化。东欧各国发生了一次又一次、一浪高过一浪的对苏联模式的冲击：1948 年南斯拉夫、1953 年民主德国、1956 年波匈事件、1968 年的“布拉格之春”、波兰和匈牙利等国的改革。由于内外条件的局限，东欧国家都未能摆脱苏联模式，内部出现了不同程度的危机，给美国干涉提供了机会。美国长期支持东欧的持不同政见者，支持团结工会对抗波兰政府。

长期以来，在苏联的控制下，东欧国家没有找到一条适合本国国情的发展道路，阻碍了经济社会发展。在戈尔巴乔夫“改革与新思维”的影响下，苏联把东欧各国视为自己经济上的负担，戈尔巴乔夫给东欧人民“选择的自由”，他激烈批评苏联曾经扮演的全球真理的唯一捍卫者的角色，不考虑各个社会主义国家的新问题和新特点，不允许这些国家进行新探索

---

① ［南］德拉戈留伯·米利伏耶维奇著，王洛林等译：《波兰在十字路口》，世界知识出版社 1981 年版，第 37 页。

的做法，他提出要确立社会主义国家之间的新关系。这种新关系的基础是把社会主义国家间的关系建立在完全独立自主的基础之上，他说："每个党独立自主、每个党有权自主解决本国的问题、对本国人民负责，这是绝对的原则。"① 苏联领导人鼓励东欧国家走自己的发展之路，但东欧国家的政党执政基础弱，得不到民众的认同，为西方的"和平演变"提供了大好时机。

随着苏联对外政策的变化，西方"和平演变"的实行，东欧的政治、经济、社会、文化、意识形态的全面危机，东欧国家发生了剧变。波兰是东欧剧变中第一个发生变革的国家，其源头可以追溯至 1981 年。1981 年 12 月 12 日，以莱赫·瓦文萨为领导人的团结工会在格但斯克召开秘密会议，第二天，波兰开始军管。1983 年 7 月，在西方的压力下，波兰政府取消军管，瓦文萨获释。1989 年 2 月 6 日至 4 月 5 日，波兰政府与瓦文萨领导的团结工会及其他反对派举行圆桌会议，波兰国内包括波共、政府当局、团结工会、天主教教会、官方工会以及共产党的卫星组织等各方政治势力的代表得以围坐于一个巨大的圆桌旁边，共同就国家未来的变革事宜展开了一系列的谈判博弈。圆桌会议达成了一揽子协议，波兰分别在 6 月 4 日和 18 日举行议会和参议院的大选。在选举中统一工人党遭到惨败，团结工会取得了压倒性胜利，赢得了议会 35% 的席位，并一举拿下参议院 100 席中的 99 席，成立了社会主义阵营内第一个非共产党政府，瓦文萨的顾问马佐维耶茨基出任总理。1990 年年底，波兰举行了二战结束以来的首次总统直选，瓦文萨当选首任民选总统。团结工会上台后，在美国的帮助下变革社会政治经济制度，实行西方的议会民主和市场经济。

继波兰之后是匈牙利。1989 年 2 月，匈牙利社会主义工人党中央对 1956 年的事件作了重新评价，定性为"人民起义"，并通过了实施多党制的决定。6 月 16 日，匈牙利政府为"匈牙利事件"的受难者纳吉举行了重新安葬仪式，25 万群众参加了这一活动。10 月，匈牙利社会主义工人党举行了最后一次代表大会，决定改组为匈牙利社会党。在 1990 年 3 月的大选中，反对党"民主论坛"获胜。在波匈的"示范效应"下，捷克斯洛伐克也不甘落后，发生了"天鹅绒革命"。捷克斯洛伐克国内要求重新评价

① ［苏］米·谢·戈尔巴乔夫著，苏群等译：《改革与新思维》，新华出版社 1987 年版，第 144 页。

1968 年“布拉格之春”的呼声日益高涨。1989 年 11 月 7 日，捷克斯洛伐克全国爆发了有 250 万人参加的游行示威，要求取消一党制。11 月 19 日，以剧作家哈维尔为首的“公民论坛”成立，成为反对派的领导力量。11 月 24 日，以雅克什为总书记的捷共领导班子集体辞职。11 月 29 日，捷克斯洛伐克联邦议会修改宪法，取消共产党的领导地位。12 月 6 日，胡萨克辞去总统职务。12 月 28 日，“布拉格之春”的领导者杜布切克当选联邦议会主席。第二天，联邦议会选举哈维尔为总统，捷克斯洛伐克共产党沦为在野党。保加利亚、罗马尼亚、阿尔巴尼亚、南斯拉夫也发生了剧变，民主德国与联邦德国实现统一。在发生剧变的国家中，只有罗马尼亚的剧变是通过非和平方式进行的。

1989 年 12 月 16 日，在罗马尼亚西部的蒂米什瓦拉市，为了保护一名遭迫害的天主教神父，大批群众在他藏身的教堂外拉起了人链，并与警察发生了流血冲突。19 日，首都布加勒斯特也爆发了几万人参加的示威游行，示威者再次与警察发生冲突。21 日，几万名群众开始声势浩大的示威游行，齐奥塞斯库下令军队开枪镇压，遭到军队拒绝。22 日，军队倒戈，与忠于齐奥塞斯库的保安部队发生枪战。齐奥塞斯库执政长达 25 年，任人唯亲，把国家变成了自己的家，他生活奢侈，人民生活困难，民众早已积累了对他的不满。齐奥塞斯库夫妇见大势已去，便在当天中午乘直升机仓皇出逃，当晚在特尔戈维什蒂被抓获。12 月 25 日圣诞节，齐奥塞斯库夫妇被特别军事法庭以屠杀罪、危害国家罪、破坏公共财产罪、损坏国民经济以及在外国银行有 10 亿美元存款（后来查明他们在国外没有存款）等罪名，被判处死刑。当天下午 4 时没等行刑指挥官发令，齐奥塞斯库夫妇便被持枪士兵打死，罗马尼亚共产党垮台。以前罗马尼亚共产党中央书记伊利埃斯库为主席的救国阵线委员会宣告成立，接管了全国政权。

东欧剧变让人猝不及防。原先由共产党执政的国家都相继放弃了苏联模式的一党专政体制，转而采行西方式的议会民主制度。东欧的剧变是以加速度的方式进行的，“在波兰，民主化花了十年的时间，在匈牙利花了十个月，在捷克斯洛伐克花了十天，在罗马尼亚花了十个小时”。[①] 东欧国家的剧变背后确实有西方的影子，但根本原因还是这些国家政治经济的落

---

① ［美］塞缪尔·P. 亨廷顿著，刘军宁译：《第三波——20 世纪后期民主化浪潮》，上海三联书店 1998 年，第 118 页。

后，人民没有幸福感和安全感。民主德国一直被作为东欧社会主义的样板，但民主德国居民与联邦德国居民的生活水平相差甚远。“入夜后，西柏林灯火辉煌，商业大街上人群熙攘；与之相比，东柏林的灯火就暗淡多了。”[①] 1989 年 5 月，匈牙利拆除了通往奥地利边界的铁丝网，民主德国居民经匈牙利进入奥地利逃往联邦德国。在大批居民出走的冲击下，1971 年上台的昂纳克以健康为由辞去党和国家一切领导职务，原政治局委员、中央委员会书记、国务委员会副主席埃贡·克伦茨当选为德国统一社会党总书记。1989 年 11 月 9 日深夜，埃贡·克伦茨下令开放了柏林墙。民主德国居民顷刻间像潮水一般涌向西柏林和联邦德国各地，存在 28 年 2 个月零 27 天的柏林墙倒塌了。柏林墙的倒塌，也象征着东西方的冷战在东欧结束了，两德迅速实现了统一。东欧国家放弃了社会主义制度，开始进行以西欧为榜样的改革。

三、苏东国家丧失政权的原因与教训

苏联东欧国家共产党丧失政权，是世界社会主义遭遇的一次严重挫折，其原因与教训都是深刻的。

第一，僵硬的计划经济体制不适合落后国家建设社会主义的实际，生产力发展没有后劲，人民的生活水平不高，背离了社会主义的宗旨和原则。苏联确实利用 10 年左右的时间走完了资本主义几十年的工业化之路，到 20 世纪 30 年代末，苏联的工业化取得了显著成就。矿业总产量、基本设备和装备的工厂，已接近欧洲最发达的国家，工业革命从苏联的中部和西部延伸到亚洲的不毛之地。苏联从一个农业国变成了一个先进的工业国。但是苏联的工业化是片面的工业化，人民并没有从中得到多少实惠。毛泽东认为，苏联“片面地注重重工业，忽视农业和轻工业”，是犯了“原则性的错误”，“苏联的办法把农民挖得很苦”。[②] 周恩来也指出：“苏联和其他一些社会主义国家都是优先发展重工业，这个原则是对的，但是在发展中忽视了人民的当前利益。……发展重工业，实现社会主义工业

---

① 杨成绪：《30 年前的今天，我在奥地利大使任上亲历柏林墙倒塌》，中国新闻周刊网，2019 年 11 月 9 日，http：//www. inewsweek. cn/world/2019 – 11 – 11/7607. shtml。

② 中共中央党校教务部编：《毛泽东著作选编》，中共中央党校出版社 2002 年版，第 394、398 页。

化，是为了人民谋长远利益，但是如果不关心人民的当前利益，要求人民过分地束紧裤带，他们的生活不能改善甚至还要降低水平，他们要购买的物品不能供应，那么，人民群众的积极性就不能很好地发挥，资金也不能积累，即使重工业发展起来也还得停下来。所以，这一条经验也值得我们在建设中经常想到。一些社会主义国家发生的事件值得我们引为教训。”① 建立在单一公有制基础上的计划经济，由于不尊重经济发展的客观规律，把一切经济活动都置于指令性计划之下，压制了人们生产的积极性和创造性，严重制约了经济的发展。苏联人的日用消费品长期短缺，很长一段时间需要凭证供应，人民的生活水平与苏联居世界第二强国的地位极不相称，挫伤了人民的积极性，也背离了社会主义让人民过上好日子的宗旨。东欧国家的情况不比苏联好，长期靠苏联提供廉价能源和商品市场，苏联经济的落后自然也会影响到东欧国家的经济发展。20 世纪 70 年代以后，很多东欧国家靠借外债度日。

第二，政治体制过于集权，个人崇拜盛行，引发群众的不满。列宁曾指出：“为了为群众服务和代表他们正确地意识到的利益，先进队伍即组织必须在群众中开展自己的全部活动，毫无例外地吸收他们中间的一切优秀力量，并且要随时随地仔细客观地检查：是否同群众保持着联系，联系是否密切。这样，也只有这样，先进队伍才能教育和启发群众，代表他们的利益，教他们组织起来，使群众的全部活动沿着自觉的阶级政策的道路前进。”② 但掌握政权后的苏共和东欧国家领导人越来越脱离群众，搞对领导者的个人崇拜。列宁是个人崇拜的坚定反对者，但在列宁去世后，苏共先是制造了对列宁的个人崇拜，进而又制造了对斯大林的个人崇拜。对斯大林的个人崇拜形成的标志是 1929 年 12 月 21 日对斯大林 50 岁生日的庆祝。当天，苏联上下都搞了为总书记祝寿的活动，全国各地向领袖发来了致敬的贺词，墙上挂满了他的巨型画像，《真理报》8 个版面都是苏共领导人对斯大林歌功颂德的文章，斯大林被塑造成“今天的列宁”。苏联在 20 世纪 30 年代取得的工业化成就、卫国战争的胜利都被归结为是斯大林个人的功劳。东欧国家也基本效仿苏共，在政治上权力高度集中、党政不分、

---

① 《周恩来选集》（下卷），人民出版社 1984 年版，第 230 页。

② 中共中央马克思恩格斯列宁斯大林著作编译局编译：《列宁全集》第 24 卷，人民出版社 1990 年版，第 41—42 页。

终身制、家长制、个人崇拜盛行，败坏了社会主义的形象，制约着社会的发展进步，引起了民众的愤怒，发生剧变在所难免。

第三，片面强调阶级斗争和无产阶级专政，忽视社会主义民主法制建设。苏联发生了严重侵犯民众利益的所谓“肃反扩大化”，给党和国家造成了严重损失。联共（布）十七大被称为“胜利者代表大会”，其1966名代表中有1108人被捕，大部分被处决。在卫国战争前，苏军5名元帅中的3名、16名集团军司令中的15名、67名军长中的60名、199名师长中的136名均被害，军队完全处于群龙无首的状态，造成卫国战争初期的严重失利。东欧国家以肃清铁托分子为名，也都进行了清洗，这些错误的发酵，成为苏东共产党丧失政权的重要原因。

第四，社会科学严重意识形态化和教条化，使社会主义丧失了活力。《联共（布）党史简明教程》成为社会主义国家的百科全书，马克思主义被教条化，阻碍着苏东的进步。社会科学不再研究社会问题和提出解决方案，严格的书报检查制度扼杀了思想创新。政治上的干涉还蔓延到自然科学领域。20世纪50年代，正是生物学突飞猛进的年代，当时苏联生物学界分为两大学派，一派主张美国遗传学家摩尔根的理论，另一派则秉持苏联农艺学家米丘林的学说。当两大学派争论不休的时候，“米丘林派”的代表人物李森科向斯大林请求帮助。结果，“摩尔根派”的观点被冠以资本主义学说而遭到打压。遗传学、控制论都被打上了资产阶级的标签，不能进行研究。

第五，对西方“和平演变”战略防范不够，为之提供了方便。在东欧剧变、苏联解体的过程中，西方发挥了重要作用。美国总统里根专门制定了代号为NSDD-75的对苏战略，对苏联施加经济压力，迫使苏联改变制度。美国长期支持团结工会，在波兰剧变中扮演了重要角色。当然，西方因素只是外因，起决定性作用的还是苏东的执政党失去了民众的支持。

第二节　世界主要大国的基本模式

大国是世界上综合实力相对比较强的国家，其维护国家安全的能力自然也很强。当今世界自认为是大国的国家很多，选择的标准不同，获取的结果也不一样。限于篇幅，本书选取的是除中国以外的联合国安理会常任理事国。

一、美国和英国重视维护制度安全

美国是世界上建立最早的资产阶级民主共和国，又位于远离欧亚是非之地的北美洲，其北部的邻国加拿大和南部的墨西哥都是与其政治制度相同的国家，对其构不成威胁。英国曾是“日不落帝国”，历史上通过追求海上霸权、谋求欧洲均势，以及有选择地参与地区和世界集体安全体制维护自身的安全。随着二战后殖民体系的瓦解，大英帝国风光不再，英国不得不把世界霸权拱手让给了美国，通过与美国维持特殊关系保障自己的利益。冷战结束后，英国的安全观和安全政策也在不断调整，面对变化了的欧洲和世界，英国安全观和安全战略虽然发生了一些新的变化，但仍然强调维持英美特殊关系，强调欧洲防务合作不应离开北约另起炉灶；针对俄罗斯的威胁，更加重视集体安全与多边安全。

（一）确立“大安全观”思想，世界关乎美国安全

二战使美国彻底抛弃了孤立主义，美国的经济利益也随着美国大兵遍布世界。美国国家实力在二战中急剧提升，二战后美国成为最富裕和最有军事实力的国家，1945 年武装部队人数达到 1200 多万，其军队实力在全球独占鳌头，拥有海外军事基地 484 个，美国军事科技也处于绝对优势地位。美国成为世界霸主，世界每个地区都与美国的利益和安全有关。1947 年 3 月 12 日，杜鲁门在国情咨文中强调，“无论是以直接或间接的侵略方式损害国际和平，都相当于破坏美国的安全”。美国的“国家安全”含义向全球拓展。美国的“大安全观”思想，实质是提升美国对全球事务的参与，将国家安全范畴全面扩展到整个世界。美国以“实力换安全”，以“扩张主义”为特征，陷入冷战深渊。

1947 年 7 月美国国会通过《国家安全法》，建立一个统一的国防部，正式成立参谋长联席会议，建立白宫国家安全委员会，以及中央情报局。美国是世界上首个建立安全协调机制的国家，国家安全委员会的职能是“协助总统整合与国家安全相关的国内、国外和军事政策，使军方和其他政府部门及机构在国家安全事务上更有效地合作”。美国之所以在二战后做出这一系列维护国家安全的举措，根本原因是为了应对来自苏联的制度挑战。

苏联解体、冷战结束后，美国通过推广“民主”谋求安全。2001 年

"9·11"恐怖袭击事件发生后，美国把恐怖主义作为主要安全威胁。奥巴马政府进一步明确了国家安全的内涵。2010 年 5 月，奥巴马政府出台任内首份《国家安全战略》报告指出，美国必须保持"可保护国家安全并巩固全球安全的军事优势"，必须追求"事关国家重建及全球领导力的战略，以重塑美国力量及影响力之基础"。美国国家安全范畴包括：一是安全，包括美国及其民众、盟友和伙伴的安全；二是繁荣，一个在开放的国际经济体系中强有力、创新型、持续增长的美国经济；三是价值观，统一的价值观；四是国际秩序，一个在美国领导下、在国际合作下可以应对全球挑战的国际秩序。从中我们可以看到，美国的安全观仍是世界性的，维护世界霸主地位是美国安全的保证。

（二）遏制制度与价值观的挑战者

在英美历史上，社会主义的苏联被认为是其最大的安全威胁。1917 年 10 月世界上诞生了第一个社会主义国家，无产阶级政党第一次在俄国这个横跨欧亚的大国取得了政权，人类历史上首次出现了社会主义和资本主义两种不同性质的社会制度。苏维埃俄国建立了一整套不同于西方国家的体制机制，试图走一条不同于传统资本主义国家的发展和现代化之路，并很快取得了显著成就，资本主义制度遇到了前所未有的挑战。十月革命后不久，美国把新生的苏俄社会主义制度看成是极大的威胁。威尔逊总统警告，"布尔什维主义的精神正潜伏在各处"，"美国贸易在世界的扩展是与美国自由主义的输出分不开的"。因此，布尔什维主义对于美国安全的威胁比德国更大，因为它既否定民族性又否定财产权，并以革命威胁美国。正是基于这一认识，美国官方多次拒绝苏俄关于两国开展平等贸易的呼吁，美国成为最后一个承认苏联的大国。

二战结束后，东欧一批国家走上了社会主义道路，社会主义从一国走向多国。苏联和社会主义阵营的发展壮大令英美国家领导人不安，以英国为首的西欧国家在反苏上更加积极主动。1946 年 3 月 5 日，英国前首相丘吉尔在美国的富尔敦发表题为《和平砥柱》的演说，实际上是一篇反苏反共的宣言。他说："在这些国家里，各种包罗万象的警察政府对老百姓强加控制，达到了压制和违背一切民主原则的程度。或是一些独裁者，或是组织严密的寡头集团，他们通过一个享有特权的党和一支政治警察队伍，毫无节制地行使着国家的大权。”① 不能容忍的是，“从波罗的海的什切青到亚得里亚海的里雅斯特，一幅横贯欧洲大陆的铁幕已经降落下来。在这条线的后面，坐落着中欧和东欧古国的都城。华沙、柏林、布拉格、维也纳、布达佩斯、贝尔格莱德、布加勒斯特和索菲亚——所有这些名城及其居民无一不处在苏联的势力范围之内，不仅以这种或那种形式屈服于苏联的势力影响，而且还受到莫斯科日益增强的高压控制”。② 丘吉尔呼吁英美建立特殊关系，联合阻止苏联的扩张。为了遏制苏联，美国通过马歇尔计划促进西欧的经济联合。1949 年 4 月，美国、加拿大、英国、法国、意大利、荷兰、比利时、卢森堡、葡萄牙、丹麦、挪威和冰岛在华盛顿签署了《北大西洋公约》，决定成立北约组织，同年 8 月 24 日各国完成批准手续，北约正式成立。苏联与之针锋相对，与东欧国家建立了经济互助委员会，1955 年 5 月，苏联、波兰等 8 国成立了华约组织，美苏对峙的两极格局最终确立。

冷战持续了近 50 年，其重要根源是美国对苏联意识形态的防范。乔治·凯南在《苏联行为的根源》中指出：“美国安全可能通过自己的行动影响俄国内部乃至整个国际共产主义运动的发展（俄国政策主要依此而制定）。这不单单指在苏联及其他地方搞些情报活动，尽管这也很重要。最主要的是，美国要在世界民众中树立这样一个印象：目标明确、能够成功地解决国内生活中的问题、可以承担起一个世界强国的责任和在目前几个主要的意识形态潮流面前保持自己的信念。倘若做到这一点，俄国共产主义目标就如唐·吉诃德的想法无望实现，莫斯科追随者们的希望与热情必逐渐减退，将给克里姆林宫对外政策增加新的困难。因为资本主义必然衰亡的神话是共产主义哲学的基石。”“苏美关系从本质上是对作为世界民族之一的美国的价值之考验。为了避免毁灭，美国只需达到其民族之最好传统，并证明值得作为一个伟大的民族而生存下去。”③ “美国遏制战略的目标不仅仅是取得传统意义上的胜利，而且是促使苏联政权的集权性质发生

---

① 齐世荣主编：《当代世界史资料选辑》第一分册，北京师范大学出版社 1990 年版，第 66 页。

② 齐世荣主编：《当代世界史资料选辑》第一分册，北京师范大学出版社 1990 年版，第 66 页。

③ ［美］乔治·F. 凯南著，张小明译：《苏联行为的根源》，《政治研究》1988 年第 1 期，第 86 页。

变化。”1950 年美国出台的《国家安全委员会第 68 号文件》提出“唯一可靠的胜利在于通过自由世界道德和物质力量的稳步发展和以导致苏联制度内部变革的方式深入苏联世界而使克里姆林宫的图谋失败”。①

共产主义意识形态被美国认为是严重威胁，美国要对抗这种威胁，在与苏联的竞争中取得优势，美国要做好自己的事情，达到不战而胜的目标。苏联解体和东欧剧变后，美国以冷战的胜利者自居，很大程度上也靠其实力。冷战结束以来，美国不断扩大冷战时期形成的同盟体系，把中国作为其遏制的主要对象，把原来对付苏联的手段用于对付中国。但中国不是苏联，美国的计划绝不会得逞。

（三）重视动员社会舆论

美国认为，社会主义、共产主义与在美国占统治地位的自由主义意识形态是相对立的价值体系，并对之构成严重威胁，进而会威胁到资本主义制度的存在。美国特别重视防范共产主义意识形态，与之进行斗争。列宁痛斥道：“现在英、法、美集团把消灭世界布尔什维主义、摧毁它的主要根据地俄罗斯苏维埃共和国当成他们的主要任务。为此，他们准备筑起一道万里长城，像防止瘟疫一样来防止布尔什维主义。”② 1919 年 8—9 月，美国两个共产主义政党——美国共产党和共产主义工党刚刚成立，美国统治集团就迫不及待地对之进行镇压。1920 年 1 月 2 日，美国司法部在全国 70 个城市进行了大规模的突袭，逮捕了约 1 万名共产党员和进步人士，想把共产党人一网打尽。1940 年通过的《史密斯法案》，明文禁止美国人加入任何鼓吹暴力推翻政府的组织。

20 世纪 50 年代，美国国内掀起了一股极端的反共思潮——麦卡锡主义，一种极端反共反人权的右翼保守主义意识形态浪潮和政治镇压运动。参议员麦卡锡在参议院掀起了一波又一波所谓“揭露和清查美国政府中的共产党活动的浪潮”，挑起人们对共产主义的仇恨。左翼力量、进步人士受到无端的政治陷害，包括曾经在战时和战后参与美国对华事务的人员，如欧文·拉铁摩尔、费正清、谢伟思、柯乐布以及时任国务卿的艾奇逊等

---

① 王立新：《意识形态与美国外交政策：以 20 世纪美国对华政策为个案的研究》，北京大学出版社 2007 年版，第 221 页。

② 中共中央马克思恩格斯列宁斯大林著作编译局编译：《列宁全集》第 35 卷，人民出版社 1992 年版，第 159 页。

人。成千上万的华裔被怀疑为“间谍”。美国进步作家埃德加·斯诺因受到“麦卡锡主义”迫害，不得不偕夫人离开祖国，定居瑞士。美国共产党领袖威廉·福斯特、左翼作家白劳德、史沫特莱等75位作家的书籍被列为禁书，甚至连著名历史学家小阿瑟·史莱辛格和幽默作家马克·吐温的作品也被列入“危险书籍”之列。

在冷战时期，美国为了战胜苏联进行了广泛的舆论动员。美国前总统理查德·尼克松认为：“苏联人的目标是建立一个共产主义的世界，我们的目标是建立一个人民有权选择谁统治他们以及如何统治他们的自由世界。苏联人相信历史站在他们一边。我们必须保证在编写21世纪的历史时，历史站在我们这一边。”① 为此，美国对苏联进行了舆论战、文化战。

冷战结束以来，美国并没有放松对社会主义国家的舆论斗争。其所谓的人权、民主、自由都是其进行舆论斗争的重要抓手。

二、俄罗斯重视维护政治安全

在苏联解体初期，俄罗斯动荡不安，俄罗斯国家安全观的核心，是综合利用一切资源和手段，确保俄罗斯国家利益免遭威胁。俄罗斯迄今共通过了5份有关国家安全的文件：1997年版《俄罗斯联邦国家安全构想》、2000年版《俄罗斯联邦国家安全构想》、2009年版《2020年前俄罗斯联邦国家安全战略》、2015年版《2020年前俄罗斯联邦国家安全战略》和2021年版《俄罗斯联邦国家安全战略》。除这些文件外，与国家安全战略有关的还包括：总统的讲话与国情咨文、对外政策构想、《俄罗斯联邦军事学说》、《俄罗斯联邦能源安全学说》、《俄罗斯联邦海洋学说》等。俄罗斯把美国谋求军事霸权和北约东扩视为主要威胁，利用传统和非传统手段综合解决国家面临的各种安全威胁。

2014年3月，俄罗斯借乌克兰危机“收复”克里米亚，也因此彻底失去了乌克兰，并恶化了与欧美的关系。欧美对俄罗斯实施经济与政治制裁，俄罗斯也高度重视防范欧美国家干涉其内政、影响其政治安全，将预防和遏止“颜色革命”视为保障政治和社会安全的关键所在。外国情报机构的活动、对俄罗斯宪法制度的颠覆、宗教和极端主义，以及利用信息技术对俄罗斯国

① ［美］理查德·尼克松著，朱佳穗等译：《1999：不战而胜》，长征出版社1989年版，第12页。

民团结、传统价值观、领土完整等的破坏企图，被俄罗斯视为潜在威胁。[①]为此，俄罗斯严控非政府组织的发展，通过了多部法律，加大政府对非政府组织的监管力度。

2011 年西亚北非局势动荡以来，俄罗斯的周边也不断出现“颜色革命”，格鲁吉亚、乌克兰等原苏联地区国家中与俄罗斯关系不那么密切、本身问题又很多的国家，成为西方某些势力与其国内反对派结合、策动“颜色革命”的基地。通过“颜色革命”上台的政府奉行亲西方、反俄的政策。西方在俄罗斯搞“颜色革命”，目的是改变俄罗斯政权及其内外政策。为了防范西方在俄罗斯进行“颜色革命”，俄罗斯出台了不少法律，严防西方干涉俄罗斯内政。2020 年 8 月以来，围绕纳瓦利内“下毒”事件，俄罗斯与美欧进行了激烈斗争。在美国的支持下，俄罗斯反对派举行了大规模示威游行。2021 年的《俄罗斯联邦国家安全战略》明确提出：“防止俄罗斯联邦内政受到干涉，制止外国情报机构、情报组织和个人开展的有损俄罗斯联邦国家利益的侦察等活动以及它们通过煽动‘颜色革命’等方式对俄罗斯联邦宪法制度基础和公民权利及自由实施的犯罪侵害。”[②] 西方利用俄罗斯的内部问题对俄罗斯进行“颜色革命”是俄罗斯的重要安全威胁。“不友好国家妄图利用俄罗斯联邦现有社会经济问题打破它的内部团结，怂恿抗议运动并使其走向极端，支持边缘群体，推动俄罗斯社会分裂，越发积极地运用间接手法在俄罗斯联邦内部挑起长期混乱。”[③] 西方策动“颜色革命”的重要条件是利用对象国内部的问题，煽动民众对现政权的不满，通过群众运动施压迫使现政权垮台。从民调反映的民意看，俄罗斯民众更愿意生活在一个生活水平很高的国家，而不是生活在一个被其他国家尊重和畏惧的国家。

除防范“颜色革命”外，俄罗斯也重视防范美国等西方价值观威胁俄罗斯的传统价值观。普京多次谈到这个问题，强调奉行俄罗斯保守主义，弘扬传统价值观。2021 年版《俄罗斯联邦国家安全战略》指出：“传统的

---

① Василенко И. А. , Имиджевая стратегия России – в критексте мирового опыта. М. Международные отношения, 2013, с. 287.

② Стратегия национальной безопасности Российской Федерации°. PDF. 2 июля 2021, с. 16.

③ Указ Президента Российской Федерации от 02. 07. 2021 г. № 400, http://www. kremlin. ru/acts/bank/47046.

俄罗斯精神道德、文化历史价值观正受到美国及其盟友，以及跨国公司、外国非营利、非政府、宗教、极端和恐怖组织的积极攻击。”① “俄罗斯的长期发展前景和全球定位取决于它的内在潜力、价值体系的吸引力、通过提升国家治理效率实现竞争优势的决心和能力。”俄罗斯要维护的有吸引力的价值观包括：“生命、尊严、人权和自由、爱国主义、公民权、为祖国效力、对国家的命运负责、崇高的道德理想、稳固的家庭、创造性劳动、精神高于物质、人道主义、仁慈、公正、集体主义、互助和相互尊重、历史记忆和世代相传、民族团结。传统的俄罗斯精神道德价值观将把我们这个多民族、多宗教的国家团结起来。”② 俄罗斯与西方一直存在价值观的冲突，但俄罗斯在很长一段时间里尽量淡化与西方的价值观分歧，因为苏联时期与西方的意识形态斗争带来了极为消极的影响，现在俄罗斯明确把价值观作为大国竞争的重要方面并提高到国家安全战略层面，是不同于以往的，俄罗斯与西方的对抗从物质层面上升到了价值观层面。

三、法国重视维护价值观的安全

法国素来以自己的语言和文化为骄傲，重视维护本国的文化与价值观的安全。在冷战时期，法国虽然与美英一起遏制苏联，但从 20 世纪 60 年代起戴高乐奉行独立的外交政策，敢于坚持自己的政治观点和主张。1963 年 10 月，戴高乐将军授权法国前总理富尔携带他的亲笔信前来中国，代表他同中国领导人商谈两国关系问题。1964 年 1 月 27 日，中法两国政府发表联合公报决定建立外交关系，法国成为第一个与社会主义中国建立外交关系的西方国家。冷战结束以来，法国成为积极推进欧洲一体化的重要国家，长期与中国、俄罗斯等国家保持友好关系。在维护国家政治安全方面，法国有许多值得借鉴的经验。

第一，在国内注意防范右翼对法国价值观的挑战。法国勒庞的右翼力量在发展，2017 年总统大选，马克龙得票率比勒庞高两倍；2022 年 4 月，勒庞在总统大选第二轮投票中获得创纪录的 41. 46% 的得票率，其领导的

---

① Стратегия национальной безопасности Российской Федерации°. PDF. 2 июля 2021, c. 35.

② Стратегия национальной безопасности Российской Федерации°. PDF. 2 июля 2021, c. 35 – 36.

“国民联盟”在国会选举的577个议席中更是拿下89席，翻了11倍，成为最大单一反对党。2023年7月4日警察枪杀17岁北非裔少年纳赫尔引发全国骚乱，在法国极右翼势力眼中，这是赢得更多支持者、扩大影响力、改变国家政治生态的契机，在骚乱持续升级期间，勒庞的“国民联盟”积极招徕新党员、扩充队伍。法国右翼持反欧盟、反外来移民的立场，“法国优先、移民回家”与法国的主流价值观相悖。马克龙采取非常措施，迅速平息了骚乱，不给右翼以可乘之机。

第二，防止法国的制度与价值观受到外来冲击。2014年乌克兰危机发生后，法国参与了欧盟对俄罗斯的制裁，面对俄罗斯对乌克兰用兵的危险，马克龙积极劝和促谈。2022年2月，俄乌冲突发生以来，马克龙公开谴责普京，并在政治、外交和军事层面支持乌克兰。2024年1月16日晚，法国总统马克龙在新闻发布会上宣布，将于2月访问乌克兰。法国正在与乌克兰方面就双边安全保障协议进行合作，该协议应该会在几周内签署。马克龙宣布对乌克兰提供军事援助计划，其中包括40枚“斯卡普－EG”巡航导弹和数百枚炸弹及“凯撒”自行火炮。这些先进的武器系统将提升乌克兰的军事自主性和反击能力。马克龙要求国防工业加速向“战争经济模式”转型，他明确表示，“我们不能让俄罗斯以为它能获胜”，因为“俄罗斯的胜利意味着欧洲安全的终结”。法国要在捍卫欧洲价值观和秩序方面发挥主要作用。

第三节　发展中国家的主要做法

绝大多数发展中国家都是二战后获得独立的，一些国家政权并不稳定。发展中国家在维护国家政治安全方面，既面临防止大国，特别是前殖民国家干涉内政的任务，也面临着构建符合国情的政治体制、实现国家稳定发展的任务。

一、防止外来干涉，维护国家独立

对于发展中国家而言，最大的安全威胁是主权威胁。发展中国家因为自身实力有限，对大国存在防范心理，担心大国干涉其内政。1948年3月，在制定《美洲国家宪章》时，拉丁美洲国家执意要求附加一项关于指导西半球国际关系的原则，该宪章第十五条规定："任何国家或国家集团均无权以直接或间接的方式、基于任何理由去干涉任何其他国家的内部或外部事务。"第十六条规定："任何国家均不得使用或鼓励使用具有经济或政治性质的强迫性措施，去压迫另一个国家的主权意志，并从该国获取任何类型的利益。"① 从中可以看到拉丁美洲国家对美国的忧虑，但美国并没有因此规定而不干涉拉丁美洲国家的内政。在 2022 年 6 月举行的第九届美洲峰会上，面对美国政府拒绝向尼加拉瓜、委内瑞拉、古巴三国政府发出参会邀请，墨西哥、玻利维亚、洪都拉斯、萨尔瓦多等国总统相继表态不出席峰会，以此表达对美国的不满，抗议美国的过度干预。

20 世纪五六十年代，随着大批亚非国家获得独立，这些国家要求独立自主、反对外来干涉的声音也很强。1955 年 4 月，29 个亚非国家政府代表团在印度尼西亚的万隆召开会议，这是第一次在没有西方国家参与情况下讨论亚非国家切身利益的大型国际会议。会议通过的《亚非会议最后公报》，提出了各国和平相处和友好合作的十项原则，其中就包括承认一切种族的平等、承认一切大小国家的平等，不干预或干涉他国内政，不以侵略行为或侵略威胁、或使用武力来侵犯任何国家的领土完整或政治独立等这些维护政治安全的内容。

二战后美苏之间的冷战对峙局势日益加剧，严重威胁着亚非国家的独立与安全。1961 年代表广大亚非拉国家利益的不结盟运动兴起，这是发展中国家团结起来捍卫自身利益的标志。不结盟运动奉行独立、自主和非集团化的宗旨和原则，坚持反对帝国主义、新老殖民主义、种族主义和一切形式的外来统治和霸权主义，支持各国人民维护民族独立、捍卫国家主权。

在发展中国家中，古巴、越南等社会主义国家，相比于其他发展中国家，面临的反干涉压力更大，更重视维护国家的政治制度安全。古巴临近美国，在美国的敌视和封锁下顽强生存下来，得到国际社会越来越多的同情。1986 年 12 月，越南共产党召开第六次全国代表大会。大会认真总结了 1976 年以来社会主义建设中的经验教训，决定把党的工作重点转移到经济建设上来，提出了全面革新开放的路线。越南社会主义共

---

① ［美］沃尔特·拉费伯尔著，牛可等译：《美国、俄国和冷战》（修订第 10 版），世界图书出版公司 2014 年版，第 59 页。

和国在改革开放的过程中，注意加强和改善党的领导。越南共产党是越南唯一的政党，是“国家和社会的领导力量”。《越南社会主义共和国宪法》第四条明确规定，越南共产党是国家和社会的领导力量。越南宪法规定：“国家机关在行使各种立法权、执法权、司法权时，既有统一，又有分工，相互配合，相互监督。”越南共产党重视建设廉洁强大的党，进行自我革新、自我整顿。越南共产党坚决而经常性地批判、驳斥那些不利于党和国家发展的错误和敌对观点；制止和消除党内思想政治、道德、生活作风腐化变质和内部“自我演变”“自我转化”现象；重视反腐败、反官僚、反浪费斗争，纯洁党员干部队伍。越南正在建设有越南特色的社会主义，并取得了很大成绩。

二、确立稳定的政治体制，实现政权有序更迭

拉丁美洲国家独立较早，主要面临来自美国的压力，对于拉丁美洲的左翼和独裁者，美国时不时进行干涉，甚至颠覆其政权。战后新独立的非洲发展中国家，第一代领导人都很强势，并长期掌权，但在世界发展的大潮面前，很多国家并没有发展起来。20 世纪 90 年代，在苏联解体、东欧剧变的影响下，非洲在西方国家的推动下大多向多党制、民主选举和市场经济转型。2011 年 12 月，突尼斯事件又开启了西亚北非局势动荡，突尼斯、埃及、利比亚和也门等国家长期当政者被赶下台，至今仍有受其影响的国家处在动荡之中。发展中国家自身存在很多问题，很多国家没有建立起促进经济发展的政治体制。因此，在维护政治安全方面，确立稳定的政治体制、防止出现军事政变、实现政权有序更迭，是其重要任务。

美国和前殖民地宗主国法国、英国等认为，非洲本质上是它们的市场和资源基础，因而寻求维护它们的经济支配地位和政治影响力。非洲最不稳定的地区是西非的萨赫勒地区，它位于非洲撒哈拉沙漠以南，是一个宽 320—480 公里的区域，横跨塞内加尔、毛里塔尼亚、马里、布基纳法索、尼日尔等国。这一地区饱受贫困、武装冲突和自然灾害困扰，是“政变多发带”。马里、布基纳法索分别于 2021 年、2022 年发生政变，接管政权的军方均与法国分道扬镳。2023 年 7 月 26 日，尼日尔突发军事政变，总统卫队部分军人扣押了总统穆罕默德·巴祖姆，宣布解除其总统职权，由军方成立的保卫祖国国家委员会接管国家权力。这是该国自 1960 年独立以来

的第五次政变，也是时隔13年后再次发生政变。这些政变不断的国家，也是经济状况很差的国家，从中也可以看到，这些国家建立稳定有序的政治秩序很难。

非洲也有主动转型、情况比较好的国家，如卢旺达。卢旺达大屠杀发生后，该国从中吸取了教训，卡加梅政府注重提升治理能力，对标新加坡，启动国内公务员系统改革，严格公务员的录用与考核，官员的能力有了很大提升，建立了一个高效政府。政治稳定和注重治理成效，促进了国家的经济发展，在过去20年，卢旺达国内生产总值的平均增长率达到7.8%，成为非洲乃至全球增长最快的经济体之一。[①] 加纳也是主动转型的典型，是现在西非民主的典范。加纳总统罗林斯1981年通过军事政变上台，他从1991年开始“还政于民”。加纳向国家治理体系现代化的转型是当政者有控制地进行的，先制定新宪法，1992年4月全民公决通过了新宪法，又制定了政党法并开放了党禁，有了这些基本的法律规范后，于1992年11月举行大选，罗林斯当选总统，并在1996年大选中蝉联总统。在2000年的总统大选中，只有53岁的罗林斯宣布退出竞选，反对党领导人库福尔当选。加纳政局稳定，定期举行议会和总统选举。2010年，加纳吸引外国直接投资总额11.1亿美元，同比增长86.59%。加纳经济发展前景被国际市场看好。

在20世纪末，拉丁美洲许多国家开始实行民主制度和自由市场经济。许多国家的政治制度开始向西方国家的政治制度看齐，但其政治制度仍不成熟，存在许多问题。许多国家的政府都存在着贪污和腐败现象，影响政治制度的稳定性和公正性，也存在政治暴力、政治动荡和政治不稳定等问题。2019年以来，拉美共有19次总统选举，其中执政党输掉17次，两个例外是尼加拉瓜和巴拉圭，表明人们对现状不满，从而投票给表示要变革的右派或左派。在拉丁美洲比较成功的例子是智利。1990年皮诺切特下台之后，新的文官政府强调政治、经济和社会三方面的转型，正确定位政府、市场、社会三者的作用，积极推进民主化进程，坚持市场经济改革的基本方向，并不断提高民众的社会福利水平。到2012年，智利已经被世界银行列为“高收入经济与合作发展组织成员国”，成为拉美第一个实现现

---

① 姜璐、祝若琰：《产业政策、国家能力与发展意愿：卢旺达发展型国家模式初探（1994年至今）》，《区域与全球发展》2022年第4期，第96—118页。

代化的国家。

事实证明，只有建立强大的现代国家治理体系，提升治理能力，才能摆脱内部暴力、冲突和内战，实现发展和安全的良性循环。

第四节　对我国维护政治安全的启示

世界上存在不同类型的国家，不同的政治体制，对于维护政治安全有不同的举措。发达资本主义国家政治体制比较成熟，国内基本不存在威胁其制度的力量，其主要注意力在于应对来自制度不同国家的挑战。处于弱势地位的国家把防范他国的干涉放在重要地位。政治体制不稳定的国家寻求建立与经济基础相适应的稳定的制度。在维护政治安全的过程中，有的国家失败了，如苏东国家执政的共产党失去了政权；有的获得了成功，尽管付出了很大代价，如俄罗斯。中国是社会主义国家，但又是已经融入世界经济体系的国家，还是一个大国，从借鉴经验的角度看其他国家维护政治安全的经验，有以下几点启示。

一、保障政治安全需要有顺应历史发展潮流的体制机制

历史唯物主义的一个基本观点是，社会变迁的原因应该从社会经济与政治制度中寻找。苏联解体的根本原因亦应从制度中去找，而不能简单地归结为某些领袖人物。

在十月革命发生之时，不仅俄国人，连世界上其他国家的工人阶级、先进分子都对之寄予厚望，但苏联社会主义实践的结果却令人失望，苏共实际上被广大民众抛弃了。苏共是执政党，是苏联社会主义国家的领导核心力量，它本身的状况自然对苏联的兴衰起着重要作用。苏共长期以来存在严重弊端，如高度集权、缺乏民主与有效的监督机制、领导干部思想僵化、脱离群众、破坏法制、个人崇拜和特权盛行、“在册权贵”的形成、不断出现政策失误等。苏联解体的根本性原因是斯大林模式的社会主义制度以及体现这一模式的体制问题。1980 年，邓小平同志在总结社会主义历史经验，特别是“文化大革命”的沉痛教训时就指出：“不是说个人没有责任，而是说领导制度、组织制度问题更带有根本性、全局性、稳定性和长期性。这种制度问题，关系到党和国家是否改变颜色，必须引起全党的

高度重视。”“……制度好可以使坏人无法任意横行，制度不好可以使好人无法充分做好事，甚至会走向反面。即使像毛泽东同志这样伟大的人物，也受到一些不好的制度的严重影响，以至对党对国家对他个人都造成很大的不幸。”邓小平同志还说：“斯大林严重破坏社会主义法制，毛泽东同志就说过，这样的事件在英、法、美这样的国家不可能发生。他虽然认识到这一点，但是由于没有在实际上解决领导制度问题以及其他一些原因，仍然导致了‘文化大革命’的十年浩劫。这个教训是极其深刻的。”① 苏联东欧的政治体制突出的问题是领导者个人专权、个人崇拜、不重视法治、人民的民主权利得不到落实。这些都是与马克思主义的基本原则相背离的，也是与人类发展进步的潮流背道而驰的。

从一些国家成功的经验中我们也看到，顺应当今世界和平发展合作共赢的历史潮流，确立与市场经济相应的政治体制，实现政治稳定和政权的有序更迭，效果都不错。许多发展中国家因此发展起来了，如亚洲的韩国、新加坡，美洲的智利等国。

二、保障政治安全的根本是让人民满意

历史唯物主义和唯物辩证法的一个真谛，就是只有人民群众才是创造历史的主人。人民群众可以被蒙蔽一时，但不能长久被蒙蔽。维护政治安全，应该以人民是否满意为条件，执政党脱离群众是最大的危险。苏联共产党执政 74 年就下台了，一个重要原因是未能满足人民的物质文化需求。苏联人长期忍受生活用品短缺之苦，许多人没有单独的住宅。当戈尔巴乔夫进行改革，打开国门后，人们看到其与欧美国家的生活水平存在巨大的反差，自然引发了民众对苏共领导和苏联社会主义制度优越性的怀疑。人民在选举中表达他们对苏共的不信任，认为苏共并不能代表人民。

物质需求是人们最起码的需要。马克思和恩格斯认为：“我们首先应当确定一切人类生存的第一个前提，也就是一切历史的第一个前提，这个前提是：人们为了能够‘创造历史’，必须能够生活。但是为了生活，首先就需要吃喝住穿以及其他一些东西。因此第一个历史活动就是生产满足这些需要的资料，即生产物质生活本身，而且，这是人们从几千年前直到今天单是为了维持生活就必须每日每时从事的历史活动，是一切历史的基

① 《邓小平文选》第 2 卷，人民出版社 1983 年版，第 333 页。

本条件。”[①] 列宁也强调：“如果不提出经济要求，不直接而迅速地改善劳动群众的状况，劳动群众是永远也不会同意去考虑什么全国的共同‘进步’的。只有在改善劳动者的经济状况的条件下，群众才会投入运动，积极参加运动，高度重视运动，发扬英雄主义和自我牺牲、坚定不移的精神，并对伟大事业忠心耿耿。”[②] 发展生产力、改善人民生活是政治安全的保障。邓小平指出：“按照历史唯物主义的观点来讲，正确的政治领导的成果，归根到底要表现在社会生产力的发展上，人民物质文化生活的改善上。生产力发展的速度比资本主义慢，那就没有优越性，这是最大的政治，这是社会主义和资本主义谁战胜谁的问题。”“我们现在必须发展生产力，改善人民生活条件。”[③] 从历史上政权的兴衰看，人民安全才是政治安全与稳定最重要的保障。苏联的解体原因很多，但最重要的是苏共没有让苏联人民过上富裕的、有尊严的生活。中国能够抵御苏联解体、东欧剧变带来的冲击，很大程度上也是因为人民从改革开放中获得了实惠，真心拥护中国共产党。

三、通过不断进行改革维护政治安全

社会主义是一项前无古人的新事业，需要在探索中前进，需要不断对不适应发展的体制机制进行改革。邓小平同志强调：“社会主义基本制度确立之后，还要从根本上改变束缚生产力发展的经济体制，这是改革。”[④]“只有对这些弊端进行有计划、有步骤而又坚决彻底的改革，人民才会信任我们的领导，才会信任党和社会主义。”[⑤] 中国特色社会主义取得成功，正是基于改革。“中国改革开放 40 多年的实践表明，改革是解放和发展社会生产力的关键。随着中国进入新发展阶段，改革也面临新任务，我们将拿出更大勇气、更多举措破除深层次体制机制障碍，推进国家治理体系和

---

① 中共中央马克思恩格斯列宁斯大林著作编译局编译：《马克思恩格斯选集》第 3 卷，人民出版社 2012 年版，第 158 页。

② 中共中央马克思恩格斯列宁斯大林著作编译局编译：《列宁全集》第 21 卷，人民出版社 1990 年版，第 325 页。

③ 中共中央文献研究室编：《邓小平年谱（1975—1997）》（上卷），中央文献出版社 2004 年版，第 380—381 页。

④ 《邓小平文选》第 3 卷，人民出版社 1993 年版，第 370 页。

⑤ 《邓小平文选》第 2 卷，人民出版社 1994 年版，第 333 页。

治理能力现代化。”① 在苏联、东欧剧变后，中国在邓小平南方谈话的引领下，坚定不移地进行改革，坚定不移地发展生产力和改善人民的生活，实现了社会稳定和经济发展。

事业发展没有止境，深化改革没有穷期，新时代坚持和发展中国特色社会主义，根本动力仍然是全面深化改革。“中国的改革只有进行时，没有完成时。我们要扩大对外开放不停步，我们改革的步伐不会停歇，开放的大门不会关闭。我们要让制度更加成熟定型，让发展更有质量，让治理更有水平，让人民更有获得感、幸福感、安全感。”② 推进中国式现代化，必须进一步全面深化改革开放，破除一切制约中国式现代化顺利推进的体制机制障碍，不断解放和发展社会生产力、解放和增强社会活力。

四、重视意识形态工作

从社会主义发展正、反两方面的经验教训看，意识形态工作特别重要。在十月革命时期，正是列宁重视意识形态和宣传工作，使和平、土地、面包、自由深入人心，布尔什维克获得了民众的支持，取得了革命的胜利。也由于后来的领导人不重视理论创新，意识形态工作枯燥无味，无法吸引民众，苏共丧失了马克思主义话语权，最后也丧失了政权。

不能说苏共不重视意识形态工作，苏共各级机关都有宣传部门，苏共掌握着信息权，意识形态工作要有成效，能够入脑入心，能够激发人民的工作热情，关键要与时俱进。苏共意识形态工作的最大问题是教条主义盛行。苏共长期固守斯大林确立的社会主义理论，排斥市场经济和非公所有制，垄断对马克思主义理论的解释权，窒息了社会，固化了思想，使苏共不可能站在时代的潮头，更无法回应时代的挑战。检验真理的标准不是实践，而是最高领导人的著作和言论。对此，历史学家麦德维杰夫总结道：“在许多情况下，斯大林把列宁的某些原理绝对化，这些原理在一定的历史环境中是正确的，但在另一种政治、历史情况下就不适宜。实际上，斯大林对理论的态度本身就是不正确的。斯大林主要地不是从现实情况中引

---

① 习近平：《构建新发展格局 实现互利共赢——在亚太经合组织工商领导人对话会上的主旨演讲》，《中华人民共和国国务院公报》2020 年第 33 期，第 11—14 页。

② 管克江、杜尚泽、丁汀：《习近平同出席博鳌亚洲论坛 2018 年年会的中外企业家代表座谈》，《人民日报》2018 年 4 月 12 日，第 1 版。

出某些原理，而是强使理论迎合主观愿望，让理论去服从另外的情况，把理论政治化。此外，斯大林既在党的干部中，也在科学工作者中培养一种奴隶主义的对待理论的态度。除了斯大林以外，任何人都不能对马克思列宁主义经典作家的任何理论观点提出异议或进行修正，尤为甚者，对斯大林本人提出的原理也要这样对待。对这些原理只能奴隶式地遵循，而不许离开半步。”[①] 苏共二十大后，情况有所好转，但以赫鲁晓夫为首的苏共领导人理论素养不足，并没有完全抛弃斯大林那些社会主义理论，到勃列日涅夫时期又开始了“重新斯大林化”。20 世纪 70 年代，欧洲共产党提出了不同于苏联社会主义的“欧洲共产主义”，东欧国家开始探索改革传统社会主义之路，苏共的教条主义完全丧失了对马克思主义理论的引领作用。在戈尔巴乔夫改革时期，苏共试图借助列宁的晚年思想，焕发社会主义的活力，但因改革没有为民众带来实惠，苏共也没有形成领导改革的核心，戈尔巴乔夫关于“改革”“民主化”“公开性”等思想，有的被看成是在认同西方的价值观，有的被视为语意不详，无所适从。鉴于当时苏联社会对斯大林时期那些消极现象的揭露，苏共和苏联社会主义的威信受到很大影响，苏共也丧失了舆论阵地。

苏共的教训表明，意识形态工作必须从实际出发，要回答实践提出的问题。“面对改革发展稳定复杂局面和社会思想意识多元多样、媒体格局深刻变化，在集中精力进行经济建设的同时，一刻也不能放松和削弱意识形态工作，必须把意识形态工作的领导权、管理权、话语权牢牢掌握在手中，任何时候都不能旁落，否则就要犯无可挽回的历史性错误。要按照高举旗帜、围绕大局、服务人民、改革创新的总要求，做好宣传思想工作，加强社会主义文化建设，壮大主流思想舆论，重点推动统一思想、凝聚力量。”[②] 面对国内外的复杂形势，意识形态工作不能放松，但也要吸取苏共的教训，切忌教条化。

---

① ［苏］罗·亚·麦德维杰夫著，赵洵、林英译：《让历史来审判：斯大林主义的起源及其后果》（下册），人民出版社 1981 年版，第 852 页。

② 中共中央党史和文献研究院编：《习近平关于社会主义精神文明建设论述摘编》，中央文献出版社 2022 年版，第 110 页。

结束语

随着统筹高质量发展和高水平安全尤其是维护政治安全的重要性不断凸显，政治安全研究的重要意义也愈加突出，这主要表现在三个方面。

一是有助于更好地领悟“两个确立”的决定性意义，更坚决做到“两个维护”。坚决维护习近平总书记党中央的核心、全党的核心地位，坚决维护党中央权威和集中统一领导，是党的十八大以来我们党的重大政治成果和宝贵经验，是最根本的政治纪律和政治规矩，是检验党员、干部理想信念、政治立场、党性修养和能力作风的试金石，是保证全党团结统一、步调一致，带领全国各族人民奋力夺取新时代中国特色社会主义伟大胜利的根本政治保证。党的十八大以来，我们党战胜一系列重大风险挑战，解决了许多长期想解决而没有解决的难题，办成了许多过去想办而没有办成的大事，形成一系列原创性思想、变革性实践、突破性进展、标志性成果，根本在于习近平总书记领航掌舵和习近平新时代中国特色社会主义思想科学指引。新时代中国的快速发展正是在以习近平总书记为核心的党中央领导下实现的，因此需要坚决做到“两个维护”，从思想上认识到坚强有力的领导核心对中华民族伟大复兴的必要性。维护党的核心，维护共产党的领导，就是在维护广大人民群众的根本利益，就是在维护国家利益。从这个意义上讲，“两个维护”“两个确立”比任何历史时期都更具有维护国家安全的战略意义。[①] 维护政治安全无论从维护政权安全意义上还是从维护制度安全意义上都具有十分突出的重要性。

二是有助于提升斗争精神和斗争本领，敢于斗争、善于斗争、敢于胜利。习近平总书记指出，马克思主义产生和发展、社会主义国家诞生和发

---

① 袁鹏：《关于中国特色国家安全道路的战略思考》，《国家安全研究》2022 年第 1 期，第 16 页。

展的历程充满着斗争的艰辛。建立中国共产党、成立中华人民共和国、实行改革开放、推进新时代中国特色社会主义事业，都是在斗争中诞生、在斗争中发展、在斗争中壮大的。① 政治安全领域的斗争形势严峻，因此加强政治安全研究是提升斗争精神和斗争本领的必要途径。敢于斗争，就是要和危害政治安全的各类行为进行斗争，坚决维护中国共产党的领导，维护中国特色社会主义道路，维护马克思主义在意识形态领域的指导地位，深入贯彻习近平新时代中国特色社会主义思想。善于斗争，就是要掌握斗争方向、立场和原则，做到有理有利有节。共产党人的斗争是有方向、有立场、有原则的，大方向就是坚持中国共产党领导和我国社会主义制度不动摇。

三是有助于防范和化解政治领域重大风险，及时识别对党的领导和中国特色社会主义事业的各种内外危害因素。习近平总书记强调，面对波谲云诡的国际形势、复杂敏感的周边环境、艰巨繁重的改革发展稳定任务，我们必须始终保持高度警惕，既要高度警惕“黑天鹅”事件，也要防范“灰犀牛”事件；既要有防范风险的先手，也要有应对和化解风险挑战的高招；既要打好防范和抵御风险的有准备之战，也要打好化险为夷、转危为机的战略主动战。② 在各类重大风险中，政治安全风险尤为突出，是其中最具破坏性和影响最为广泛的风险，因此需要高度关注研判，加强战略预置，做足处突准备。“明者防祸于未萌，智者图患于将来。”只有对政治安全内外风险源头进行深入把握，对外部势力企图颠覆政权的手段和方式进行明确甄别，才能够做到有的放矢，有效应对政治安全风险。

既然维护政治安全和做好政治安全研究如此重要，那如何推进政治安全研究？国家安全学是综合运用多学科方法的交叉学科，政治安全研究也需要配套相应的研究方法。这需要从四个方面着手。

首先，从纵向角度出发，把政治安全研究与我国历史上维护政治安全的丰富经验相结合。习近平总书记指出，要“深入挖掘古籍蕴含的哲学思想、人文精神、价值理念、道德规范，推动中华优秀传统文化创造性转化、创新性发展”。③ 纵观我国历史脉络，政治安全特别是政权安全始终居

---

① 《习近平谈治国理政》第三卷，外文出版社 2020 年版，第 225 页。

② 《习近平谈治国理政》第三卷，外文出版社 2020 年版，第 219—220 页。

③ 《习近平在中国人民大学考察时强调：坚持党的领导传承红色基因扎根中国大地 走出一条建设中国特色世界一流大学新路》，中国政府网，2022 年 4 月 25 日，https：//www. gov. cn/xinwen/2022 – 04/25/content_5687105. htm。

于核心地位，是历代王朝和思想家最为关注的话题。我国古代思想史始终把政治安全放在第一位，一切以维护统治者统治地位的安全即政权安全为转移。维护政权稳定和长存，是封建专制时代一切国家安全活动最根本的目的。① 早在春秋战国时期，一些思想家就提出了维护政权稳定的方略，其中具有代表性的包括管子的“五害论”、墨子的“七患论”等。唐朝的由盛而衰更是凸显了政治安全的关键作用，正是唐王朝在政策制定和执行过程中忽视政治安全，导致中央式微和地方藩镇割据坐大，在军事安全上对胡人过度依赖，引发宦官专权和朋党之争，缺乏强大的主流意识形态。②最终导致政权始终处于不安全状态，多次发生中央政权被藩镇裹挟甚至架空的局面。因此，研究我国古代维护政治安全的历史具有重要的现实意义，有助于进一步丰富总体国家安全观的政治安全内涵，完善政治安全的理论与实践。在此方面，已经有部分学者开始了初步的探索，基于对西周、先秦等古典国家安全思想的考察，总结出以礼制、天人合一等为核心特征的政治安全思想，认为其在一定程度上奠定了我国 2000 多年国家安全思想的基调，当前的国家安全研究需要依据不同环境态势对此进行扬弃。③

其次，从横向角度出发，把政治安全研究与世界各国维护政治安全的理论和实践相比较。习近平总书记强调，文明因交流而多彩，文明因互鉴而丰富。文明交流互鉴，是推动人类文明进步和世界和平发展的重要动力。④ 从世界范围看，政治安全是所有国家的共同需求，各国也对此进行了符合自身历史和现实的探索。因此，运用比较的方法能够有效掌握他国维护政治安全的方式，将其与本国模式进行比照借鉴，取其精华，去其糟粕。比较分析法就是把国家安全问题置于不同国家、不同阶段、不同条件下进行比较研究，寻找彼此的相似性和差异性，对国家安全具有的国家特

---

① 刘跃进：《当代国家安全理论视角下的中国古代国家安全思想》，《中国人民公安大学学报》（社会科学版）2013 年第 3 期，第 122 页。

② 总体国家安全观研究中心：《总体国家安全观透视：历史长河、全球视野、哲学思维》，时事出版社 2023 年版，第 115—117 页。

③ 刘伟：《先秦时期国家安全思想述论》，《国际安全研究》2019 年第 5 期；魏志江、陶莎：《辽帝国的国家安全思想研究》，《国际安全研究》2019 年第 5 期；辛文、韩鹏杰：《国家安全学理论视角下的西周国家安全思想研究》，《国际安全研究》2020 年第 6 期；张永攀：《从先秦“王畿”到近代民族国家——论中国传统“国家安全观”的流变与转型》，《国际安全研究》2021 年第 6 期。

④ 《习近平谈治国理政》第一卷，外文出版社 2018 年版，第 258 页。

性、不同国家的安全问题进行宏观比较、微观比较以及定性比较、定量比较研究。[①] 例如，印度古代典籍《政事论》详细论述了治国安邦的相关策略，其中就有专门章节讨论防范他国间谍活动、维护政权稳定，至今仍然影响着印度的内政外交。再如，研究政治安全失败的案例能够时刻提高警示。苏联在戈尔巴乔夫执政时期主动放弃社会主义制度，接受西方国家的所谓“新思维”，最终导致了一个庞大国家的快速解体。习近平总书记指出，“苏联解体前，在所谓‘公开性’、‘民主化’的口号下，苏共放弃了民主集中制原则，允许党员公开发表与组织决议不同的意见，实行所谓各级党组织自治原则，一些苏共党员甚至领导层成员成了否定苏共历史、否定社会主义的急先锋，成了传播西方意识形态的大喇叭，苏共党内从思想混乱演变到组织混乱。最后，这样一个有着 90 多年历史、连续执政 70 多年的大党老党就哗啦啦轰然倒塌了”。[②]

再次，运用定性和定量相结合的方式开展政治安全研究。国家安全学需要运用自然科学、工程技术的研究方法和研究手段，分析国家安全相关事件、现象和技术实现等，使国家安全学研究建立在定量计算与分析基础上，包括实验研究法、模拟研究法、案例分析法、调查研究法、情景推演法、大数据方法、人工智能方法等。随着国家安全问题的综合性、复杂性、多变性更加突出，运用和发展国家安全学技术性方法是国家安全学研究的重要趋势。[③] 政治安全研究的前提是风险挑战，对风险的研判既需要定性分析也需要指标化和操作化，需要充足的数据进行管理和评估。当前，政治安全研究仍然相对偏重历史、案例等定性分析方法，对定量方法关注相对较少。政治安全研究应当更多吸纳定量方法，完善安全风险指标体系建设，整合风险数据建立平台机制，更好地做到安全预警。例如，美西方策动“颜色革命”往往首先通过它们所谓的“非政府组织”和基金会等团体渗透，以所谓“慈善”“人权”等为幌子，在目标国家内有针对性地拉拢部分群体。因此，需要严密监管美西方“非政府组织”和基金会的

---

① 范维澄等：《国家安全若干科学与学科问题的思考》，《国家安全研究》2022 年第 1 期，第 69 页。

② 习近平：《论坚持党对一切工作的领导》，中央文献出版社 2019 年版，第 19 页。

③ 《研究生教育学科专业简介及其学位基本要求》，中国学位与研究生教育学会网，https://www.acge.org.cn/encyclopediaFront/enterEncyclopediaIndex。

各类活动，对其信息渠道进行溯源调查，监控其资金去向，建立“非政府组织”和基金会的相关数据库，构筑风险监测预警和响应系统，及时识别各类危害政治安全的行为。

最后，需要借鉴采用其他学科的基本方法研究政治安全，特别是运用社会学、法学、政治学、心理学等学科原理和方法进行相关研究。我国政治安全关注政权安全和制度安全，因此需要从政治学和法学中的制度研究方法出发，分析一国制度形成发展的各种基础条件，以及不同国家制度之间的异同。特别是，从政治学出发有助于把握为何部分国家政治安全面临威胁，这些威胁的来源在何处等重大问题。此外，意识形态安全也是政治安全研究的主要对象，因此需要充分把握社会群体的认知动态和社会思潮的发展。社会学方法能够有效分析相关群体的社会活动，掌握社会整体认知和观念的现状与发展趋势，而心理学方法能够剖析相关群体对政治安全形势变化的心理状态和行为取向等，从微观角度切入宏观事件，提供不同维度的解释。

作为国家安全学的重要组成部分和重点领域，我国政治安全的研究对象明确、研究特点突出、研究意义重大、研究方法多元，与其他学科的关联度正在不断加深，因此亟须开展全面深入的研究。我国政治安全研究需要具备正确的政治立场、高屋建瓴的站位和运筹全局的意识，既有助于促进党和国家事业，也有助于实现个人成长，要推动政治安全研究在高校和青年学生群体中不断走深走实。

后　记

本书编写分工如下：绪论，高祖贵；第一章，韩爱勇；第二章，罗建波；第三章，孙东方；第四章，孙东方；第五章，陈积敏；第六章，刘恩东；第七章，李军；第八章，武斌；第九章，赵磊；第十章，左凤荣；结束语，高祖贵。高祖贵同志对全书进行了统稿。郑海琦和张彤提供资料整理、格式完善等方面的支持。

2024 年 5 月

图书在版编目（CIP）数据

政治安全概论／高祖贵主编. -- 北京：时事出版社，2025. 3.（2026. 1 重印）--（国家安全学学科建设工程系列丛书）. -- ISBN 978-7-5195-0623-0

Ⅰ. D631

中国国家版本馆 CIP 数据核字第 2024PM4368 号

出版发行：时事出版社
地　　址：北京市海淀区彰化路 138 号西荣阁 B 座 G2 层
邮　　编：100097
发行热线：（010）88869831　88869832
传　　真：（010）88869875
电子邮箱：shishichubanshe@sina.com
印　　刷：北京良义印刷科技有限公司

开本：787×1092　1/16　印张：17　字数：281 千字
2025 年 3 月第 1 版　2026 年 1 月第 2 次印刷
定价：128.00 元
（如有印装质量问题，请与本社发行部联系调换）